······· WALTRAUD HABLE ·······

FÜR ALLES UM DIE WELT

PER ONE-WAY-TICKET IN EIN NEUES LEBEN

1. Auflage 2021
© 2021 DuMont Reiseverlag, Ostfildern
Alle Rechte vorbehalten.

Lektorat: Regina Carstensen
Gestaltung: Werner Mink / AlbrechtMink, München
Bilder Umschlag: Front: Waltraud Hable;
Rückseite: Marina Diener; Klappe hinten: Christiane Toppler
Bilder Innenteil: Bildstrecke/erste Seite oben: Christiane Toppler; Südafrika: Marina Diener (oben links), Sandra Aicher (oben rechts, Mitte links und rechts); letzte Seite unten: Christiane Toppler; alle anderen: Waltraud Hable

Printed in Poland

ISBN 978-3-7701-9188-8

www.dumontreise.de

EIN KLEINES GESTÄNDNIS VORWEG.

Dieses Buch ist ein Tagebuch ohne Schloss geworden. Es erzählt vom Reisen um die Welt – und zwangsweise auch viel von mir. Offener und ehrlicher, als ich das ursprünglich geplant hatte. Aber der Schreibprozess löst das bei mir aus. Immer wenn ich versuche, etwas kryptisch und weise zu formulieren, meint mein Innerstes: »Pfeif auf Privatsphäre, alles muss raus.«

Dabei sollte ich es eigentlich besser wissen. Ich bin mit drei Geschwistern aufgewachsen. Jeder hat die Tagebücher des anderen geklaut, um darin zu lesen. Kinder sind grausam neugierig, und der schüchterne M., in den ich als Teenager heimlich verliebt war, hat nie verstanden, warum mein Bruder ihm so komische Blicke zugeworfen hat. Von damals weiß ich: Personen, über die man schreibt, sind zu schützen.

Auf Reisen treffen die unterschiedlichsten Menschen aufeinander. Man jagt zusammen Träumen und Sonnenunter-
gängen hinterher. Man lacht, liebt und wundert sich. Und am
Ende zieht jeder mit einer anderen Erkenntnis weiter. Auch
wenn ich überzeugt bin, dass sich Wege nie zufällig kreuzen:
Jeder hat das Recht auf seine eigene Story, und keiner hat darum gebeten, dass mein Tagebuch öffentlich wird. Also habe ich
von jenen Helden und Heldinnen, mit denen ich nicht regelmäßig in Kontakt geblieben bin, Namen und winzige Details
bei den Personenbeschreibungen verändert. Die Geschichte
an sich ist deswegen nicht anders. Ich habe nur eine Dosis
Respekt addiert – denn das ist bekanntlich eine nicht ganz
unwichtige Währung unterwegs.

INHALT

Prolog
Seite 10

1
Ich darf nicht unzufrieden sein.
Oder doch?
Seite 14

2
Ein toter Guru, ein scheintoter Unterleib,
ein Motto für den Weg
Seite 38

3
Alles Gute kommt von oben,
auch wenn man erst mal schreit
Seite 53

4
Eine Lüge führt ins Work-Life-Paradies
Seite 64

5
Kloputzen mit Meerblick
Seite 82

6
Bin ich reif für die Insel?
Seite 106

7
Eine Woche im Sterbehaus in Kalkutta
Seite 116

8
Die Lehre von der Leere
Seite 146

9
Wir brauchen alle mehr Magie
Seite 166

10
Wie wecke ich die Göttin in mir?
Seite 180

11
Eine Nacht mit Ayahuasca
Seite 199

12
Rollentausch in Südafrika
Seite 218

13
Wer leben will, muss stillstehen
Seite 240

14
Der Busch lehrt Sex, Crime und Toleranz
Seite 256

15
(K)ein Hafen wie jeder andere
Seite 274

Acht Milliarden Mal Danke
Seite 302

PROLOG

Ich dachte nie, dass ich dieses Buch mal mit einem Kuckuck beginnen würde. Zumal ich nicht mal genau weiß, wie der Vogel aussieht. Ich glaube, mich dunkel zu erinnern, dass die Kuckucksbrust schiefergrau-weiß gefiedert ist. Aber hundertprozentig sicher bin ich mir nicht.

Der Kuckuck fand mich im afrikanischen Busch. Ich war dort gelandet, weil ich mir eingebildet hatte, einen längeren Zwischenstopp in der Wildnis machen zu müssen (mehr dazu an späterer Stelle). Zwei Monate fernab der Zivilisation, um von der Natur über die Natur zu lernen. Die Sache war mit Camping verbunden. Ich hasse Camping. Aber hin und wieder muss man seine Komfortzone verlassen. Und dass die Sache im südafrikanischen Sommer, sprich im europäischen Winter, stattfand, kam mir gerade recht. Wenn ich etwas noch mehr als Camping hasse, dann ist es die Kälte. Außerdem wusste ich nicht, wohin ich zu dieser Jahreszeit sonst sollte.

Jedenfalls: Als ich mein Zelt unter einem großen Tamboti-Baum bezog, hatte ich bereits Tausende Kilometer zurückgelegt. Ich war von Westen nach Osten gezogen und von Osten nach Westen. Und egal wohin mein Weg mich auch führte, überall wurde mir stets dieselbe Frage gestellt: »Warum?« Warum war ich unterwegs? Ich hatte doch bereits eine Weltreise gemacht, mich ein Jahr austoben können, ein Buch darüber ge-

schrieben. Wieso hatte ich erneut das Bedürfnis, alles hinzuschmeißen – Karriere, Wohnung, Besitz? Selbst gute Freunde
schienen meine Entscheidung nicht nachvollziehen zu können.

»Irgendwann gehen deine Ersparnisse zur Neige – und
dann?«, sagte etwa meine Freundin Christiane vor meiner Abreise. Sie ist Unternehmensberaterin und eine höchst patente
Frau. »Das ist kein Lifestyle für ewig. Du bist vierzig, in unserem Alter findet sich so leicht kein neuer Job mehr. Rede mit
deinem Chef und deinen Vermietern, sag ihnen, dass du in einem Jahr zurück sein wirst, halte dir ein Hintertürchen offen.«

»Aber ich will gar kein Hintertürchen, das mich in mein
altes Leben zurückführt«, konterte ich. »Das mit dem Zurückkommen habe ich mehrfach probiert, und es hat mich nicht
glücklich gemacht. Ich will mich treiben lassen, schauen, was
passiert.«

Christiane seufzte. Wir diskutierten über unstillbares
Fernweh. Die Sehnsucht nach Abenteuer. Und dass ich es leid
war, mich in Gesprächen über Job-Beförderungen, Eigentums-
wohnungen und teure Privatkindergärten wiederzufinden.

»Wenn ich in meinem Job und in Wien bleibe, dann ver-
hungere ich emotional«, raunte ich.

Christiane meinte unbeeindruckt, dass ich vielleicht einfach zu viel vom Leben erwarten würde. Am Ende füllte sie
mein Weinglas neu auf und umarmte mich. Es war keine ver-
trauensvolle Umarmung, sondern eher eine, die Resignation
versprach. Auf beiden Seiten.

Kurz: Die Sache war kompliziert. Ich konnte mich niemandem richtig erklären. Nicht dass man das müsste, aber hin
und wieder schadet's nicht, so aufzutreten, als wüsste man, was
man tut. Und dann kam plötzlich der Kuckuck und lieferte mir
eine Metapher. Es war kein spezieller Kuckuck, sondern die
Vogelgattung an sich. Während ich im südafrikanischen Busch
alles über die Wunder der Natur lernte, die man eigentlich

schon in der Schule hätte lernen sollen, war irgendwann auch der *Cuculus canorus* als Studienobjekt dran. Ich hörte erst nur mit halbem Ohr zu, Raubkatzen schienen mir prinzipiell interessanter zu sein, aber schnell zog mich das Verhalten des Kuckucks in den Bann. Sobald die Temperaturen abkühlen, tut der Vogel etwas sehr Vernünftiges: Er folgt der Sonne dorthin, wo sie länger scheint. Hm. Interessant. Vielleicht war ich nicht nur am falschen Platz geboren worden, sondern auch im falschen Körper? Vielleicht wäre ich als Zugvogel besser dran? Immerhin hatte ich – dank niedrigem Blutdruck und noch niedrigerer Leidensfähigkeit – die vergangenen Winter nur mit Heizdecke überlebt. Das ließ mich mitunter etwas exzentrisch aussehen, vor allem bei den Kollegen im Büro, aber nachdem ich ihnen erklärt hatte: »Die Alternative zur Heizdecke ist der Erfrierungstod oder dauerhaft schlechte Laune von September bis April«, hörten die Frotzeleien auf.

Was ich aber eigentlich über den Kuckuck erzählen wollte: Der Vogel fliegt los, ohne sein Ziel zu kennen. Er breitet seine Flügel aus und landet instinktiv dort, wo es für ihn richtig ist. Es scheint, als würde ihn etwas leiten. Was umso erstaunlicher ist, weil er niemals gezeigt bekommen hat, wo's langgeht. Er folgt keinem Schwarm, geschweige denn seinen Eltern. Letztere kennt er nicht einmal. Denn diese haben sich lange vor seinem Schlüpfen vertschüsst. Kuckuckseltern jubeln ihre befruchteten Eier artfremden Vögeln zum Ausbrüten unter. Dennoch weiß ein Junges, was es zu tun hat. Sogar jene Kuckucke, die abgeschottet im Forschungslabor gezüchtet werden, machen sich irgendwann mit schlafwandlerischer Sicherheit in Richtung südlich des Äquators auf oder in Gefilde, wo sie andere ihrer Art finden.

Wenn der Kuckuck blind seinem Instinkt folgt und damit durchkommt, warum sollte das nicht auch für mich funktionieren? Jeder von uns hat eine innere Stimme. Und es gibt keinen Grund, ihr nicht zu vertrauen.

Genau davon handelt dieses Buch. Es beschreibt eine Reise durch die Welt, die einzig und allein auf der Vorahnung gründet, dass da draußen »irgendetwas« auf mich wartet, das mehr Zufriedenheit verspricht als das Jetzt. Es geht um einen Neuanfang. Ums Sich-treiben-Lassen. Ums Stolpern. Ums Wiederaufstehen. Um Zweifel. Um Kurswechsel. Um kleine und große Glücksmomente. Das Ganze ist keine Anleitung für Aussteiger. Ich garantiere, diesbezüglich gibt es qualifizierte Menschen da draußen. Aber ich kann mit meiner Geschichte zumindest Mut machen und versichern: Manchmal muss man springen und vertrauensvoll seine Flügel ausbreiten, um sich vom Wind und den eigenen Träumen tragen zu lassen. Denn Wind und Träume geben einem Auftrieb, aber vor allem eine neue Perspektive.

1

ICH DARF NICHT UNZUFRIEDEN SEIN. ODER DOCH?

Es gibt Dienstage, da passiert gar nichts. Und dann sind da diese Dienstage, an denen dir klar wird: »Ich kann mich nicht länger selbst bescheißen.«

Mein Dienstag ist im November. Ein nebelgrauer Tag, der nach Desinfektionsmitteln und Heizungsluft riecht.

»Ihre Haut hat begonnen, sich an gewissen Stellen selbst zu zerstören«, eröffnet mir die Ärztin, während ich hinter einem Vorhang wieder in meine Kleidung schlüpfe.

»Ah ja?«, sage ich und fiddle mit den Schnürsenkeln meiner Sneakers herum. Das ist sicherlich nicht der gehaltvollste Kommentar, aber ich habe keine Ahnung, wie ich sonst reagieren soll. Ich dachte, ich wäre für einen Routinecheck in die Praxis gekommen und vielleicht für eines dieser Karamellbonbons, die am Empfang in einer Glasschüssel rumliegen –, aber nicht für die Diagnose »Autoimmunerkrankung im Frühstadium« und für eine Verschreibung von Kortison.

Bevor sich jetzt allgemeine Betroffenheit einstellt – die Sache ist nicht weiter schlimm. Also nichts, was mich groß einschränken oder gar umbringen würde. Der Schutzmantel mei-

– 14 –

nes Körpers mag zwar irreparable Risse aufweisen. »Aber das kriegen wir fürs Erste mit einer Salbe hin«, sagt die Ärztin. Und: »Viele dieser Schübe werden durch Stress ausgelöst.« Sie versucht, das Ganze als Feststellung zu formulieren, ich sehe trotzdem eine Frage darin und fühle mich ertappt. Denn man muss kein Psychosomatik-Diplom an der Wand hängen haben, um zu wissen: Autoimmun bedeutet oft auch autoaggressiv. Keine Hautzelle der Welt begeht ohne Grund Selbstmord. Und man entwickelt auch nicht einfach so alle paar Wochen Herpes. Das Ganze verdeutlicht lediglich: Nicht nur mein Immunsystem verlangt nach ein bisschen mehr Aufmerksamkeit, sondern ebenso mein Seelenleben.

* * *

»Was muss ich ändern, damit ich von meinem Leben keinen Urlaub mehr brauche?« Das ist die Frage, die seit Monaten an mir nagt. Und in den dreizehn suchenden Worten steckt so viel Sehnsucht, dass es mir mitunter eng im Hals und im Brustkorb wird. Die Problemstellung ist zugegebenermaßen nicht ganz neu. An dem Punkt »Soll das bereits alles gewesen sein?« war ich bereits mehrmals in meinem Leben. Ich habe mir deswegen sogar eine Auszeit gegönnt und meine Ersparnisse auf einer Solo-Weltreise verprasst, in der Hoffnung, mein Fernweh und meinen Hunger nach Neuem damit stillen zu können. Doch die Zufriedenheit, die mein Big Trip brachte – ich kam mit tausend Sonnenflecken, einem vollen Herzen und der Gewissheit, dass Solo-Reisen das Beste für die Entdeckung des inneren Rhythmus ist, heim –, hielt nicht sonderlich lange an. Nach einem Jahr scharrte ich bereits wieder wie ein eingesperrtes Wildpferd mit den Hufen, wissend, dass da draußen mehr auf

ERSTES KAPITEL

mich wartet als die Hausdächer, auf die ich von meinem Büro-
fenster aus schaute.

Experten würden sagen: Bore-out statt Burn-out. Ich sage:
Wenn man nicht happy ist, sind einem solche Definitionen
herzlich egal. Interessanter ist, was man gegen die dunklen
Wolken am Geisteshimmel unternimmt. Wird man aktiv?
Oder übt man sich in Vogel-Strauß-Taktik? Ausprobiert habe
ich beide Strategien. Zuerst meinte ich, ich bräuchte einfach
nur neue Hobbys. Ein befreundeter Personaltrainer bot mir
gratis CrossFit-Stunden an. Dabei ließ er mich so leiden, als
hätte ich seiner Seele in einem früheren Leben etwas Schlimmes angetan. Aber die gewünschte Zerstreuung brachte es genauso wenig wie die YouTube-Tutorials, mit denen ich mir
selbst beibrachte, herrlich zitronige Körperbutter anzurühren.
Also ... gegenpoliger Versuch, Kopf in den Sand. Vielleicht
musste ich mich einfach damit abfinden, dass das Leben ein
unvermeidbarer Alltagstrott war – und wo ich schon mal im
Desillusionierungsprozess war, redete ich mir auch gleich die
Möglichkeit auf grundlegende Veränderung aus: »Was soll ich
denn machen? Ich kann ja nichts außer Schreiben. Hätte ich
mal besser was Vernünftiges gelernt.« Obendrein lähmte mich
ein schlechtes Gewissen: »Du hast null Grund, unzufrieden zu
sein«, schimpfte es mit mir. »Du bist ein verdammtes Glücks-
kind.« Was prinzipiell stimmte. Mein Hintern klebte von Montag bis Freitag an einem ergonomisch geformten Bürostuhl
und wurde dafür hochanständig bezahlt. Meine Freunde waren
nett, mit meiner Familie konnte man es aushalten, und ich war
Mieterin einer wunderschönen Altbauwohnung mit hohen
Fenstern, Nachmittagssonne und Blick auf einen Kastanien-
baum. Einzig eine Liebesbeziehung gab es keine. Aber daran
war ich selbst schuld. Wenn man jedem Kerl die Existenz-

ICH DARF NICHT UNZUFRIEDEN SEIN

berechtigung abspricht, nur weil er auf seinem Tinder-Profilfoto ein gut gebügeltes Hemd oder ein glatt rasiertes Gesicht zur Schau trägt und auf den ersten Blick nicht dem Typ risikofreudiger Abenteurer mit Wanderlust-Gen entspricht (dieses Gen gibt's wirklich, die Wissenschaft macht DRD4-7R für exzessives Fernweh verantwortlich), dann darf man sich nicht wundern, wenn man allein im Bett liegt.

Kurz: Nach außen hin gab's wenig zu meckern. Innen drin machte sich jedoch tiefe Zerrissenheit breit. Und diese ließ sich offenbar nicht länger leugnen, sie zeigte sich nun auch an meiner rissigen Haut.

Was will ich?

Wovon träume ich, wenn ich sehnsüchtig zum Fenster hinausstarre und denke: Ich muss hier raus?

Hm. Zum einen wünsche ich mir Vulkane. Das Meer. Dünen. Palmen. So viele Sonnenauf- und -untergänge wie möglich zu erleben. Pinguine. Warzenschweine. Haie. Das ganze Feuerwerk an Schönheit, das dieser Planet zu bieten hat. Die Welt ist schließlich nicht umsonst so groß erschaffen worden; das muss man sich anschauen. Und dann ... wären ein paar Gleichgesinnte um mich herum nicht schlecht, präferiert solche, die mehr Ja als Nein sagen. Leute, die Fernweh, einen Vollbart und das Herz am rechten Fleck haben. Wobei: Vergessen wir den Vollbart und das mit dem XY-Chromosom gleich wieder. Die große Liebe am Wegesrand aufzulesen, darum geht's mir gar nicht. Natürlich wäre das Ganze nett, aber ich bin alt genug, um zu wissen: Die große Liebe findet sich meistens dann, wenn man sein Leben und sich selbst so sehr liebt, dass man keinen Typen braucht. Ich wäre schon zufrieden damit, nur mal auf Menschen zu treffen, die auch ohne private Pensionsvorsorge oder MBA-Aufbaustudium ruhig schlafen können und denen das

Unbekannte näher als das Vertraute ist. Ich sehne mich nach Inspiration. Freigeistern. Aussteigern. Und erfahrungsgemäß findet man diese selten in Bussen auf dem Weg zur Arbeit. Dieser Schlag Menschen, den ich suche, schwirrt draußen in der Welt herum.

Dass dieses geistige Wunschkonzert himmelschreiend schwammig ist – geschenkt. Genau das ist ja mein Problem. Ich habe es bisher nicht geschafft, aus »Ich will, ich will, ich will« ein vernünftiges »Ich werde« zu machen.

Bis jetzt.

* * *

Der Dienstag bei der Ärztin mag nicht der beste Dienstag meines Lebens gewesen sein. Aber er gibt mir zumindest eine Idee davon, was passiert, wenn ich weiterhin nicht in die Gänge komme. Hauttechnisch wird die Sache unschön enden, und ganz ehrlich: Wenn der Körper schon sagt, dass es so nicht weitergehen kann, dann hat der Kopf erst recht keinen Grund mehr, sich weiter rauszureden.

Als ich mit der Straßenbahn nach Hause fahre, hypnotisiert von der Rushhour-Hektik und ihren monoton vorbeirauschenden Autos, zwinge ich mich, nachzudenken. Vielleicht ist es ja dem Zuckerschock der ärztlichen Karamellbonbons zu verdanken – beim Rausgehen habe ich mir trotzig eine Handvoll der Dinger geschnappt –, aber plötzlich schwingen Hirn, Herz und Bauch im selben Takt. Ein ungewohnter Gleichklang, der mir zumindest eine vage Vorstellung davon gibt, was sich aus der Wundertüte Leben zaubern ließe.

Du könntest jetzt, in diesem Moment, durch die afrikanische Steppe streifen und Löwengebrüll lauschen – hättest du vorher entsprechende Schritte gesetzt. Dein aktuelles Leben ist nur das Ergebnis deiner Entscheidungen von gestern. Das Afrika-Beispiel fasziniert mich. Es scheint so absurd weit hergeholt und dennoch irgendwie erreichbar. Zumal ich erst kürzlich im Internet über ein Sabbatical in der Wildnis gelesen habe. Tausche Busch gegen Bahn. Rote Erde und Barfußlaufen gegen Rollsplit und Winterstiefel. Ich hätte nur ein Flugticket buchen, meinen Job kündigen oder mich mit finanziellem Downgrading anfreunden müssen, dann wäre das jetzt meine Realität. Und die Sonne, die mir ins Gesicht scheinen würde, wäre trotzdem nicht fremd, es wäre dieselbe Sonne wie jetzt, nur wärmer.

»Wenn du nicht aufhören kannst, daran zu denken, hör nicht auf, dafür zu kämpfen«, stachelt mein inneres Trio mich an. »Sobald du deinen Träumen mehr Energie schenkst als deinen Ängsten, bist du frei.«

Ach, wenn's so einfach wäre, denke ich, während die Straßenbahn stur über die vorgegebenen Gleisspuren rattert.

»Aber es ist so einfach.« Hirn, Herz und Bauch bleiben beharrlich. »Ob du dich frühmorgens in einen Bürosessel oder in den warmen Ozean fallen lässt: Es liegt an dir.«

»Lotto-Millionen oder ein Banküberfall würden die Sache aber wesentlich leichter machen«, werfe ich ein und bin im selben Moment genervt von mir. Wollte ich mein Leben nun umkrempeln oder nur jammern? Veränderung ist immer möglich, weiß jener Teil von mir, der offen sein will für Neues. Veränderung klappt sogar dann, wenn der Zugang zu Dingen fehlt, die für viele selbstverständlich sind. Oder wie lassen sich sonst die inspirierenden Geschichten von Menschen erklären, die sich trotz widrigster Umstände ihre Ziele erkämpft haben? Der Seitenhieb gilt der privilegierten Erste-Welt-Single-Tussi in mir.

ERSTES KAPITEL

»Wenn du es denken kannst, kannst du es auch tun«, beschwört mich mein Unterbewusstsein und klaut damit ein Zitat von Walt Disney. Und ich weiß, worauf die Sache hinausläuft. Ich soll mir endlich die verdammte Erlaubnis erteilen zu träumen. Schließlich beginnt Veränderung immer mit einer Idee. Einer Spinnerei. Sogar die Vision vom Fliegen kann wahr werden, wie die Luftfahrtgeschichte beweist. Wobei ich ehrlicherweise bis heute nicht verstehe, wie man einen fünfhundert Tonnen schweren Jumbojet durch die Lüfte bewegt. Ich weiß nur, die Flugpioniere haben sich weder von Ausreden noch von der Angst vor der eigenen Courage ausbremsen lassen. Aus ihren Träumen wurden Skizzen, aus den Skizzen entstanden Pläne, diese mündeten in Versuchen, und auch, wenn sie scheiterten, standen die Pioniere wieder auf. (Die letzten zwei Zeilen liest man am besten mit Geigen-Gefiedel, zwecks Dramatik).

»Alles schön und gut«, zwinge ich mich in die Realität zurück. »Aber was, wenn ich unter der Brücke ende? Dann hilft mir das Träumen auch nichts.« Kohle futsch, sozialer Totalabsturz. Es sind schon ganz andere Leute mit besser durchdachten Plänen an ihrem Fernweh gescheitert.

»Ist die Brücke wirklich das Ende?«, fragt das innere Trio unbeeindruckt. »Was ist eigentlich noch da, wenn alles weg ist?«

Ich hasse Fragen, die kein Selbstmitleid zulassen. Aber nun gut, bei genauerer Betrachtung hätte ich Schutz vor Regen, das haben Brücken so an sich. Und vierzig Jahre Lebenserfahrung sowie ein Funken Restverstand wären auch noch im Pott. Damit ließe sich nach kurzer Resignation wahrscheinlich sogar was machen. Ich müsste mir bloß eine Notschlafstelle suchen ... schlafen, essen, duschen ... irgendwo putzen gegen Geld. Oder kreativ werden, so wie der obdachlose Rollstuhlfahrer, den ich einmal getroffen habe. Er faltete alte Werbeprospekte zu Papierstreifen, die er wiederum zu bunten Körben verwob und zum Verkauf anbot. Ich hätte schon beim Thema Rollstuhl aufgegeben, für ihn war das nur ein Nebenschauplatz. Er hatte Wichtigeres zu tun, als seine kaputte Wirbelsäule zu beklagen, er musste sich um Nahrung, Wasser und Obdach kümmern und war obendrein mit seiner Geschäftsidee auf Facebook präsent. Warum sollte ich hinschmeißen, bevor ich überhaupt anfing?

Auch wenn ich gerne behaupten würde: Diese zwanzig Minuten in der Straßenbahn haben mich zu einem neuen Menschen gemacht – so ist es nicht. An meiner Endhaltestelle rase ich weder zum Flughafen noch brenne ich mit meinem Reisepass und meiner Kreditkarte durch. Aber zumindest rattert es seitdem ordentlich in meinem Kopf. An diesem Abend verbiete ich mir, Netflix anzuwerfen. Stattdessen fläze ich mich mit meiner Kuscheldecke auf die Couch, verpasse dem schlechten Gewissen einen Maulkorb und signalisiere meinem Herzen: »Du bist dran. Du darfst sprechen.«

»Echt jetzt?«, fragt es.

»Ja, echt.«

Erst läuft die Sache zögerlich an. Doch bald wird daraus ein angeregter Dialog. Es gibt Vorschläge, die das Herz an die Logik verliert. Aber überraschend viele dringen zu mir durch. Und irgendwann, nach Wochen, löst sich der emotionale Knoten, und ich kann verkünden: »Ich glaube, ich habe das Vier-Stufen-Programm, das mein Leben braucht, damit es sich mehr nach mir anfühlt.«

Der wichtigste Pfeiler: Ich werde reisen, allerdings ohne Rückflugticket oder der Intention, nach Wien zurückzukehren. Das mit dem Heimkommen habe ich mehrmals probiert. Ich hatte jobtechnische Auslandsaufenthalte, ich war auf

ERSTES KAPITEL

Weltreise, und aus heutiger Sicht kann ich sagen: Es funktioniert nicht für mich. Obendrein ist mir der Prozess – Zelte abreißen, Möbel einlagern, Zelte wieder aufbauen – zu mühsam geworden. Es wird Zeit, etwas Radikaleres auszuprobieren. Soll heißen: Die Fremde wird fürs Erste oder für immer mein Zuhause sein, Ziel oder Ende gibt es erst einmal nicht, beides wird sich finden. Und es wird gut werden. Immerhin hat das Nomadentum schon Jahrtausende vor den digitalen Hipstern existiert, die mit ihren Apple-Computern und Fotofiltern um die Welt ziehen.

Zweitens: Meine Routenplanung wird den ewigen Sommer zelebrieren. Alles unter zwanzig Grad ist Folter und somit gestrichen. Ich habe mir in Europa lange genug den Allerwertesten abgefroren, und Heizdecken sind auf Dauer gefährlich, man liest immer wieder, dass die Dinger ganze Häuser abfackeln. Außerdem wiegt luftige Kleidung gepäcktechnisch weniger, oder man kann mehr davon in den Koffer stopfen, je nachdem, wie man es sieht. Und wo wir schon über Selbstliebe-Maßnahmen reden, kommen wir zu Punkt drei: Herz schlägt Kopf. Und Jein heißt Nein. Nur was sich hundertprozentig richtig anfühlt, wird gemacht. Die Vernunft wird deshalb nicht abgeschafft, aber sie hat bei großen Entscheidungen weniger zu melden.

Last, but not least: Ich werde mich jobtechnisch ausprobieren. Das ist kein Resultat einer Midlife-Crisis, sondern längst fällig. Immerhin habe ich mich in der Vergangenheit nicht nur einmal gefragt: »Und jetzt? Braucht's einen Karrierewechsel? Soll ich für viel Geld einen Weiterbildungskurs machen oder, so wie viele, die Ausbildung zur Yogalehrerin?« Am Ende wurde es weder noch. Meine Fingerspitzen erreichen beim Bücken nicht mal den Dunstkreis meiner Zehen, und

ICH DARF NICHT UNZUFRIEDEN SEIN

seien wir ehrlich: Ich hasse Yoga. Für Karriere-Booster-Lehrgänge wiederum habe ich beruflich zu viel erreicht ...»Arbeite mit den Händen. Schaffe etwas, das angreifbar ist, und du fühlst dich niemals leer.« Diesen Satz hatte mir Marianna, eine Bauersfrau auf Sardinien, einmal mitgegeben. Vielleicht sollte ich erwähnen, dass die Gute hundertunddrei war und trotz Sehschwäche unermüdlich Tischdecken aus Baumwollgarn häkelte. Frauen, die ein derart biblisches Alter mit derart entspannten Gesichtszügen erreichen, die zweifelt man nicht an. Die ahmt man besser nach. Warum also nicht unterwegs auch ein bisschen Wanderarbeiterin und freiwillige Helferin spielen? Einem Gap Year für Erwachsene frönen, nur ohne Zeitlimit? Ich könnte gärtnern an den schönsten Plätzen der Welt, Bananen ernten im Dschungel. Acht Stunden Frischluft statt Laserdrucker-Feinstaub – das hörte sich doch nicht übel an. Außerdem ließe sich so auch mal etwas ausprobieren, das Sinn macht. Also mehr Sinn als mein bisheriges Tagwerk. Als Magazin-Journalistin im Lifestyle-Bereich berichtet man selten über Dinge, die die Weltordnung umschmeißen – mich sozial zu engagieren, wäre für mein Karma nicht schlecht.

Und die Hilfsarbeiten unterwegs würden nicht nur meine sensorische Wahrnehmung schulen (»Hallo Schwielen an den Händen!«) oder für mein Ego interessant sein (»Ich bin doch wer! Ich habe Teams geleitet!«), sie könnten auch das Reisebudget entlasten. Nicht dass ich große Verdienst-Hoffnungen hegte, aber freie Kost und Logis als Ausgleich zum Freiwilligen-Engagement würden zumindest helfen, weniger schnell unter der Brücke zu landen. Und bis ich abstürze, muss mein Sparkonto herhalten. Ich mag seit der Rückkehr von meiner Weltreise in puncto Lebensplanung orientierungslos gewesen sein, aber zumindest in einer Sache agierte ich höchst zielgerichtet:

ERSTES KAPITEL

Kaum dass ich wieder einen Job hatte, habe ich auf Teufel komm raus gespart. Kein Fitnessstudio, kein Auto, Do-it-yourself-Pediküre, und beim Online-Frustshopping half, die Dinge erst mal nur in den digitalen Warenkorb zu legen und dann mindestens drei Nächte drüber zu schlafen. Am Ende wollte ich das Zeug oft gar nicht mehr. Ich habe das Sparen fast schon als Sport gesehen. Wie viel kann ich mir von meinem Gehalt zur Seite legen, ohne dass am letzten Tag des Monats der Kühlschrank leer bleibt? Fürs Reisen braucht es keine Unsummen an Geld, aber etwas auf der hohen Kante zu haben, lässt einen schneller dort ankommen, wo man hinwill. Wenn man denn mal weiß, was man will.

Aber das wäre jetzt ja halbwegs geklärt.

One-Way-Ticket. Nomadenleben. Immer der Sonne nach. Herz schlägt Kopf. Ein bisschen Freiwilligenarbeit nebenbei. Wunderbar. Das ist eine Basis, auf der man Pläne schmieden kann. Oder doch nicht? Als ich mögliche Routen und Hilfsengagements zu recherchieren beginne, drehe ich mich schnell wie ein verwirrtes Kaninchen im Kreis, dem jede Richtung, in die es auszubrechen versucht, versperrt scheint. Merke: Mit dem Vorhaben, sich unterwegs nützlich zu machen, geht auch ein großer Teil der Reiseunabhängigkeit flöten. Einfach Job kündigen, Flug buchen und los geht's, das funktioniert so nicht. Man ist plötzlich von Rückmeldungen, Terminvorschlägen und Launen der Gastgeber abhängig. Die erste Klatsche muss ich einstecken, als ich den Suchbegriff »Work & Travel Visum« bei Google eingebe. Sowohl Australien als auch Neuseeland, Hongkong, Kanada, Chile, Taiwan, Südkorea, Japan und Israel lassen mir über ihre Botschafts-Webseiten ausrichten: »Du bist zu alt für diese Welt.« Jene Einreisegenehmigungen, die mehrmonatiges Herumstreunen inklusive Jobben

ICH DARF NICHT UNZUFRIEDEN SEIN

erlauben, gelten nur für »junge« und »förderungswürdige« Menschen zwischen achtzehn und dreißig (Kanadier sind bevorzugt, die dürfen oft bis fünfunddreißig). Brennen einmal so viele Geburtstagskerzen auf der Torte, dass sich der Zuckerguss binnen Sekunden in flüssiges Nichts auflöst, gilt: »Bleib daheim und widme dich der Seidenmalerei.«

»Kannst du bitte ein paar Länder für mich verklagen? Oder besser noch, verklagen wir die ganze Welt?«, rufe ich einen Freund an, der einige Semester Rechtswissenschaften studiert hat.

»Darf ich fragen, was der Klagegrund ist?«, gibt dieser zurück.

»Himmelschreiende Ungerechtigkeit«, schimpfe ich.

»Ich fürchte, das ist zu unkonkret.«

»Dann probier's mit Diskriminierung«, gebe ich nicht auf.

»Ich meine, das ist doch hirnverbrannt. Warum soll ich nicht das tun dürfen, was eine Achtzehnjährige darf? Noch dazu, wo ich wahrscheinlich sogar kompetenter wäre. Immerhin habe ich fast ein Vierteljahrhundert mehr Lebens- und Berufserfahrung.«

»Na ja. Das gilt es erst einmal zu beweisen, dass du die bessere Wahl wärst«, sagt mein Kumpel, als ich ihn über den Sachverhalt aufkläre.

»Ach, hör mir auf. Müsstest du als Bananenbauer über Erntehelfer entscheiden, wem würdest du wohl den Vorzug geben? Jemandem, der frisch dem Kinderzimmer entkommen ist? Oder nimmst du die Vierzigjährige, die frühmorgens zumindest verlässlich den Dienst antritt, weil sie weder kifft noch Tequila-Trinkspielen zugetan ist?«

»Fürs Protokoll: Es existieren auf diesem Planeten auch sehr verlässliche, unberauschte Achtzehnjährige«, wirft der Fast-Jurist ein.

– 25 –

ERSTES KAPITEL

»Ich weiß«, entschuldige ich mich im Geiste bei der Jugend. »Aber es geht ums Prinzip.«

Mein unfreiwilliger Anwalt seufzt. Er weiß, Prinzip-Diskussionen führen ins Nichts. »Es wird ja wohl noch andere Möglichkeiten als Work & Travel Visa geben. Oder ist das deine einzige Option?«

Nun ja. Es gibt Alternativen, so ist es nicht. Ich könnte mich natürlich auch dem »Voluntourismus« verschreiben, einer Kombination aus Volunteering (Freiwilligenarbeit) und Tourismus. Doch das Ganze wird für mich schnell zum roten Tuch. Denn auch hier führt Recherche zu Desillusionierung, diesmal vor allem finanzieller Natur.

Zwei Monate in einem Waisenheim in Ostafrika mithelfen? Indiens Flüsse von Plastikmüll befreien? Bei der Dorfentwicklung in Guatemala unterstützen? Gerne doch, aber nur nach Berappen einer »Programmgebühr«, die zwischen 100 und 1000 Euro pro Woche liegt. Geld, das selten direkt in die jeweiligen Communities fließt, sondern für Kursunterlagen, Help-Service und »Organisation« draufgeht. »Da kann ich mich gleich wie eine Weihnachtsgans ausnehmen lassen«, murmle ich, als ich das Kleingedruckte lese. Die Kosten für Anreise, Unterkunft, Verpflegung, Impfungen und Ausrüstung kommen nämlich obendrauf.

Nicht falsch verstehen: Ich finde gemeinnützige, soziale und ökologische Projekte wichtig und richtig. Die Hilfsinitiativen vermitteln nicht nur Know-how, sie sind auch fantastische Schulen für die Herzensbildung. Aber die Sache darf nicht einseitig oder eine Bereicherungsquelle für geschäftstüchtige Reiseanbieter sein. Ich arbeite gerne gratis, von mir aus wochen- oder monatelang. Aber dafür möchte ich im Austausch wenigstens eine Unterkunft und eine Mahlzeit pro Tag bekommen. Als Zeichen der Wertschätzung. Wenn ich guten Willen zeige, soll die Gegenseite das bitte schön auch tun.

* * *

Wochen vergehen. Ich komme keinen Schritt weiter und habe deshalb weder bei meinem Arbeitgeber gekündigt noch einen Flug ins neue Leben gebucht. Innerlich aber bin ich bereits weit, weit weg, und genau deswegen ist die Sache zermürbend. Gibt es überhaupt Lösungen für Leute wie mich? Ich kann doch nicht der einzige mittelalte, spätberufene Möchtegern-Hippie mit Ausbruchsgelüsten aus dem Hamsterrad sein? Irgendwann schieße ich mich auf drei halbwegs brauchbar klingende Anlaufstellen ein: grassrootsvolunteering.org, ein kostenloses Portal, das von einer Ex-Weltreisenden gegründet wurde und kleine Sozial- und Umweltinitiativen in aller Welt vorstellt. Man handelt die Details direkt mit den Organisatoren aus, ohne zwischengeschaltete Agentur. Zusätzlich verbringe ich viele Stunden bei wwoof.net, dem in den Siebzigern gegründeten Netzwerk, das Biobauern in über hundert Ländern mit arbeitswilligen Erntehelfern verbindet. Ein Jahreszugang zur Datenbank kostet so viel wie ein Burger und ein Bier. Dafür kann man die Bewertungen der Landwirte einsehen, denen man unter die Arme greift, und sich das Leben als Dienstmagd schönreden. In letzterer Disziplin bin ich großartig. Obwohl ich auf dem Bauernhof meiner Großeltern nie mit anpacken wollte, weil mir der Kuhstall zu stinkig und die Feldarbeit zu nieder war, sehe ich mich plötzlich die Mistgabel auf Hawaii schwingen und über Äcker auf den Fidschi-Inseln stiefeln.

ERSTES KAPITEL

»Eine hawaiianische Kuh stinkt genauso wie ein heimisches Tier«, meint meine Freundin Christiane, als ich ihr von meinem Vorhaben erzähle.

»Aber ich kann beim Ausmisten wenigstens aufs Meer schauen«, juchze ich.

Christiane verdreht die Augen, und sie wird sich freuen zu hören: Aus den Biobauern und mir scheint nichts zu werden. Ich vermag vielleicht die Arbeit zu romantisieren, aber bei den Unterkünften klappt das nicht. Jene Schlafplätze, die die Landwirte anbieten, gehen selten mit meinen Mindeststandards an Komfort und Privatsphäre einher. Entweder teilt man sich mit einem Dutzend anderer Helfer eine Bretterbude, was das Risiko von Lagerkoller und Bettwanzen birgt. Oder es gibt die Ansage: »Bring dein eigenes Zelt mit.« Auf meine Nachfrage, wo ich denn warm duschen könnte oder Zugang zum Internet fände, antworten viele gar nicht mehr. Ich kann es ihnen nicht verdenken. Also konzentriere ich mich hauptsächlich auf workaway.info, eine Plattform, die ähnlich wie das Farm-Netzwerk funktioniert und Gastgeber von A wie Albanien bis Z wie Zimbabwe vereint. Allerdings ist die Bandbreite an Hilfsarbeiten größer, sie reicht von Gartenzaunstreichen bis hin zu »Babysitter/Hilfskoch/Hostel-Rezeptionistin/Zimmermädchen gesucht«.

Ich kann die Sache nur jedem raten. Der Bewerbungsprozess auf Workaway ist wie eine Gratis-Psychotherapie. Will ich mit einem Rudel von zwanzig Rottweilern zusammenleben? Stört es mich, dass die Gastgeber Hardcore-Veganer sind und ich nicht mal Käse oder Gummibären aufs Anwesen bringen darf? Mit jedem Inserat tauche ich in ein Paralleluniversum mit mir bis dato unbekannten Lebensformen ein, und jede Lifestyle-Blase enttarnt meine eigene, neurotische Intoleranz. Die Antwort auf die Köter-Frage lautet übrigens: »Nur über meine

ICH DARF NICHT UNZUFRIEDEN SEIN

Leiche!« Und wo wir schon dabei sind, ich bin auch kein Fan von Haushalten, in denen es mehr Katzen als Schindeln auf dem Dach gibt. Die vegane Diktatur hingegen stört mich weniger. Dann halt kein Käse und keine Gelatine-Bären, ist eh besser für die Darmflora. Je mehr Anzeigen ich lese, desto mehr wird mir bewusst: Kinderbespaßung – nein. Altenbetreuung – ja. Ich war nach meiner Schulzeit für ein Jahr Au-pair in den USA, ich habe dort sechs kleine Racker auf einmal betreut, das reicht für drei Leben. Außerdem kann man mit Senioren im Gegensatz zu Kindern vernünftige Gespräche führen. Und als ich mich selbstkritisch frage: »Wie alternativ bin ich wirklich? Wie hoch ist meine Bong–Dreadlocks- und Bob-Marley-Beschallungstoleranz?«, muss ich mir eingestehen: So richtig warm werden die Super-Alternativen und ich nicht miteinander. Was aber vor allem an mir liegt. Ich bin zu Wischiwaschi, sprich zu wenig radikal, bei Themen wie Konsum, Globalisierung, pflanzenbasierte Ernährung und ökologischer Fußabdruck. Letzterer ist bei meiner Reisevergangenheit ohnehin nur schwer zu retten, da kann ich beim Buchen von Flügen so viel CO_2-Kompensation an Umweltschutzorganisationen zahlen, wie ich will.

Kürzen wir die Sache ab. Von den Tausenden Gastgebern und damit Tausenden potenziellen Möglichkeiten bleiben vielleicht fünfzig Optionen über. Und auch davon klappt nicht jede. Nicht immer liegt's an meiner Attitüde, sondern oft an ganz banalen Punkten wie »Wettbewerb«. Bei Arbeitgebern, die auf sonnenverwöhnten Inseln und in Postkartenkulissen leben, muss man sich ganz hinten in der Warteschlange anstellen. »Wir haben zwanzigmal mehr Bewerber, als wir aufnehmen können«, schreibt mir ein Kaffeebauer von der Hawaii-Insel O'ahu. »Es wird erst wieder etwas in neun Monaten frei.« So lange will ich nicht warten. Eine natürliche Auslese ergibt sich

- 29 -

auch durch mein fortgeschrittenes Alter. Schon wieder die Jahrgangs-Keule, ich weiß. Aber Fakt ist: Die Workaway-Community ist prinzipiell eher jung. Das Gros der Reisenden bewegt sich zwischen zwanzig und fünfunddreißig, selbst die Gastgeber sind selten älter. Ergo gibt's gewisse Berührungsängste mit ... ähm ... gereifteren Persönlichkeiten. Weil die Frage aufkommt: »Scheidung, Lebenskrise, Karrieresuizid: Was ist da los? Und lässt sie sich überhaupt rumkommandieren?« Auch die Erwähnung meines Journalistenberufs ist nicht rasend hilfreich. Niemand will sich die Medien ins Haus holen, zumal das nomadische Zuarbeiten nicht hundertprozentig wasserdicht ist. Offiziell wird bei Workaway zwar von kulturellem Austausch gesprochen, aber wer dabei erwischt wird, jemandes Haus zu streichen, tut aus einwanderungs-, arbeits- und versicherungsrechtlicher Sicht gut daran, was von »Ich helfe nur alten Bekannten aus« zu faseln. Das Ganze ist ein Graubereich. Mehr sage ich dazu nicht.

* * *

Täglich schicke ich Bewerbungen raus. Von manchen höre ich gar nichts, und wenn es dann mal eine positive Rückmeldung gibt, dann ist diese oft nervtötend vage, von wegen: »Okay, du kannst gerne kommen.« – »Großartig, vielen Dank! Welches Datum würde denn passen?« – »Melde dich einfach, wenn du im Lande bist.« Ah ja.

Terminkalender, Routen, Arbeitsangebote – kaum etwas scheint vernünftig zusammenzupassen. Nach dem Bed & Breakfast in Thailand sofort um die halbe Welt jetten, zum Avocadoernten nach Ecuador? Noch dazu, wo das Zimmer dunkel und der Besitzer auf manchen Fotos zum Fürchten aussieht?

ICH DARF NICHT UNZUFRIEDEN SEIN

In einer stillen Minute erinnere ich mich daran, was ich unter Punkt drei als Prämisse für meinen Weg ausgegeben habe. Herz schlägt Kopf. Und Jein heißt Nein. Was sich nicht hundertprozentig stimmig anfühlt, wird nicht gemacht. Eben. Ich atme tief durch und sage dem pensionierten Ex-Surfprofi, der mir seine unaufgeräumte Garage als Schlafplatz im Austausch für Gartenarbeit angeboten hat, dankend ab. Hawaii gerne, aber nicht auf einer staubigen Matratze. Und schon gar nicht will ich wochenlang allein mit dem alten Knacker auf seinem doch recht abgeschiedenen Anwesen sein. Ebenso verabschiede ich mich von der Idee des Cocktail-Mixens während der Regenzeit auf Sri Lanka.

Stattdessen kontaktiere ich in einem letzten Versuch Projekte, die mich wirklich interessieren, auch wenn diese laut Online-Kalender offiziell keinen Helfer-Bedarf angemeldet haben. Und siehe da, plötzlich flutscht die Sache. Ich erhalte zwei Zusagen aus Vietnam. Ein Boutique-Hotel mit Strandzugang kann sich vorstellen, mich als Englischlehrerin für sein Personal aufzunehmen. Nichts Kompliziertes, nur Phrasen, die man in der internationalen Gästebetreuung braucht. Und wenn Zeit bleibt, soll man auch ein bisschen an der Rezeption aushelfen. Ein Webseiten-Projekt in Zentral-Vietnam freut sich ebenfalls auf Unterstützung, dort soll ich Artikel schreiben. Außerdem schaffe ich es in die Endrunde für eine Öko-Farm auf Hawaii, und ich fülle das Anmeldeformular für den Safari-Kurs in Südafrika aus, der mir schon seit geraumer Zeit im Kopf rumgeistert.

Ich bin hochzufrieden. Ich werde es mit der Hilfsarbeit nicht übertreiben und habe so genug freie Zeit zur Verfügung, um mir die Welt anzusehen. In diesem Taumel aus Vorfreude kündige ich bei meinem Chef. Tatsachen schaffen.

– 31 –

ERSTES KAPITEL

Sich selbst keinen Ausweg mehr lassen. Er meint: »Ich wünschte, du würdest bleiben. Aber du musst tun, was dich glücklich macht.« Eine weitere Zusammenarbeit sehen wir beide nicht. Immerhin habe ich weder ein Ziel noch eine fixe Route, das verträgt sich schlecht mit dem Zeitungsgeschäft. Die Heimatredaktion muss planen können, wann beziehungsweise wo der Schreiber eingesetzt wird. Aber Tage später scheint die Sachlage plötzlich anders auszusehen: »Ich habe nachgedacht«, sagt er. »Wir entwickeln ein neues Magazin, und ich hätte gerne, dass du dafür eine Reisekolumne schreibst. Was hältst du davon? Du kriegst thematisch völlig freie Hand.« Und zack, habe ich plötzlich ein Freelance-Zusatzeinkommen für unterwegs. Nichts, was meine Ausgaben im Entferntesten decken würde, dafür ist das vereinbarte Honorar zu gering und der Deal zu wackelig, er basiert auf »Schauen wir mal, wie's läuft«, aber etwaige Nächte unter der Brücke rücken damit zumindest ein Stück in die Ferne. Es ist, als würde das Universum mich belohnen und sagen: »Wenn du tust, was für dich stimmig ist, dann fügen sich die Dinge auf magische Weise.« Anders kann ich es nicht erklären, auch wenn ich weiß, dass das ziemlich wirr und esoterisch klingt. Aber ich schwöre, seit meinem Kurswechsel – volles Herz voraus – passieren nur noch wunderbare Dinge. Plötzlich findet sich dank meiner gewieften Steuerberaterin ein Guthaben auf meinem Finanzamtskonto. Die Redaktionskollegen überreichen mir, als mein letzter Arbeitstag naht, einen viel zu großzügigen Goodbye-Gutschein. Ärzte stecken mir kostenlose Medikamente für die Reiseapotheke zu. Ich bin geplättet von so viel Starthilfe.

* * *

ICH DARF NICHT UNZUFRIEDEN SEIN

Am Tag des Auszugs, als ich durch meine leer geräumte Mietwohnung wandere – mein Besitz und jene Möbel, die ich nicht verscherbeln konnte, sind auf dem Weg zu Omas wetterfester Gartenscheune, um dort eingelagert zu werden –, hallt jeder meiner Schritte auf dem Parkett. »Danke, Apartment, dass du mir ein Nest warst«, sage ich ein wenig melancholisch. Ich weiß, wenn die Tür hinter mir ins Schloss fällt, bin ich offiziell wohnungslos, aber auch für keine Haushaltsversicherung und keine Internet-, Strom- und Gasrechnungen mehr verantwortlich. Das ist ein großer Schritt. Der ganz leise daherkommt. Klack macht es. Und mit diesem kaum hörbaren Geräusch geht ein Kapitel zu Ende und das Tor ins Unbekannte auf. Ich habe mir vorgestellt, wie ich mit erhobenem Kopf und einem zuversichtlichen Lächeln in die Freiheit stolziere. Vornehmen kann man sich bekanntlich vieles. Anstatt wie eine ernst zu nehmende Weltentdeckerin voranzuschreiten, renne ich buckelig und wie ein begossener Pudel ins Leben hinaus. Draußen hat es wie aus Kübeln zu schütten begonnen, und Regenschirm, wer braucht schon einen Regenschirm? Logisch wäre, sich irgendwo unterzustellen, zu warten, bis der Wolkenbruch vorbeizieht. Doch das kann ich nicht. Ich habe bereits zu viel Zeit mit Warten vergeudet. Also wische ich mir die klatschnassen Haare aus der Stirn und beginne, die Straße entlang zu marschieren. Wild entschlossen, den Regen als eine Art kosmische Reinigung zu sehen. Und als Konfetti des Himmels. Let the party begin.

```
BEVOR ICH ES
VERGESSE ...
```

SIEBEN FRAGEN, DIE'S VOR EINEM »REISEN UND JOBBEN«-ABENTEUER ZU KLÄREN GILT

Ich mag nicht die prädestinierteste Wanderarbeiterin sein. Aber auch Reisende, die weniger verweichlicht sind als ich, tun gut daran, sich über folgende Punkte vorab Gedanken zu machen:

1. Wie groß ist die Gruppe, mit der ich arbeiten und/ oder wohnen werde?
Darum geht's wirklich: Bin ich eher introvertiert oder extrovertiert? Wie viele Leute halte ich um mich herum aus, ohne bereits an Tag zwei Mordgelüste zu entwickeln?
Es sind schon ganz andere Menschen wegen kleinerer Lappalien durchgedreht. Stichwort: Lagerkoller, Kühlschrankdiebe und Dauergelaber.

2. Wie alt sind meine Gastgeber, wie jung meine Kollegen?
Darum geht's wirklich: Zugehörigkeitsgefühl.
Wer ständig zu hören bekommt:»Oh, meine Mama und mein Papa sind in deinem Alter, die sagen das auch immer«, fühlt sich schnell wie der Hauptdarsteller in *Die Mumie lebt*. Kontakt zu

– 34 –

Gleichaltrigen beziehungsweise zu Menschen, die mehr als zwei Punkte in ihrem Lebenslauf auflisten können, ist nicht zu unterschätzen. Und wenn's nur ein Gespräch über erste graue Haare oder ein Austausch über »Ach, die Neunzigerjahre« ist – besser als nichts.

3. Was verstehe ich unter »vernünftige« Unterkunft?
Darum geht's wirklich: Ein Zelt im Garten. Ein Bett im Schlafsaal. Ein Einzelzimmer. Ein freies Plätzchen auf der Veranda, gleich neben dem Hundekorb (gesehen auf Hawaii: Eine Familie, die Betreuung für die gebrechliche Großmutter suchte, inserierte ihre Veranda als adäquaten Freiwilligen-Schlafplatz). Was ist ein akzeptabler Deal im Austausch für die Arbeit, die ich leiste? Und wie viel Privatsphäre brauche ich, ohne Schlafstörungen oder Verfolgungswahn zu entwickeln? Auch die Parkplatzsituation (»Darf ich mein Mietauto/Motorrad mitbringen, um nach Feierabend die Gegend zu entdecken?«) sowie Möglichkeiten zum Wäschewaschen und zum Kochen zu erfragen, schadet nicht. Gibt's nur Kühlschränke, aber keine Kochplatten oder wenig Geschirr, ist wochenlange Brot-Käse-Wurst-Chips-Fadesse vorprogrammiert.

4. Wie viel Klugscheißer steckt in mir (und wie sehr kann ich diesen kontrollieren)?
Darum geht's wirklich: Altersweisheit und Arbeitserfahrung. Wird mein Ego Anweisungen von jemandem akzeptieren, der gerade mal der Pubertät entwachsen ist oder den ich fachlich in Grund und Boden reden könnte? Ehrlich sein.

5. Wie oft muss ich nachts zur Toilette?
Darum geht's wirklich: Komfort nach einem langen Arbeitstag. Privatsphäre. Scham.

Gibt es ein nahes Badezimmer, oder muss ich zum Pinkeln jedes Mal vollständig bekleidet ans andere Ende der Welt pilgern? Existiert kein vernünftiger Lokus (und will man die Unterkunft trotzdem in Betracht ziehen), sollte man sich zumindest kurz die Regenstatistik der Region ansehen. Drei Wochen Freiluft-Pinkeln bei Dürre – da hilft am Ende nur eine Nasenklammer oder ein geruchstolerantes Umfeld.

6. Wie viel Zeit kann und soll ich investieren?
Darum geht's wirklich: Hierarchien und Lerneffekt.
Wer nur eine Woche bleibt, bekommt die Arbeiten zugeteilt, die niemand sonst machen will. Das ist nicht unbedingt fair. Aber das ist ungeschriebenes Freiwilligengesetz. Es braucht mindestens vierzehn Tage, um seinen Platz in der neuen Umgebung/in der Gruppe zu finden. Bestechungsschokolade oder andere Opfergaben können die Sache beschleunigen, müssen es aber nicht.

7. Was tun bei Krankheit oder Verletzung?
Darum geht's wirklich: Selbstschutz mit Selbstbewusstsein.
Es ist okay, sich zu weigern, auf die mörderisch morsche Leiter zu klettern. Ja, man darf auf Wasserfilter bestehen, wenn nur stinkig-trübe Flüssigkeit aus der Leitung kommt. Und wer noch nie mit der Motorsäge oder anderen amputationstauglichen Werkzeugen hantiert hat, sollte um Himmels willen nicht bei seinem Freiwilligen-Einsatz damit anfangen. Niemand will krank werden oder sich verletzen, schon gar nicht im Graubereich Work & Travel, den zwar spezielle Reisekrankenversicherungen wie worldnomads.com versichern. Was aber im Ernstfall, sprich bei fehlenden Gliedmaßen oder gar Invalidität, droht, verrät keine Klausel so genau.

Prinzipiell gilt: Versicherung abschließen. Mir hat bei der Entscheidung zum besten Anbieter geholfen: Ist eine Haftpflichtversicherung mit vernünftiger Höchstsumme dabei (falls ich unabsichtlich ein Auto zerkratze oder in einer Unterkunft was zerstöre), und deckt der Vertrag ein halbwegs breites Spektrum an Reise-Aktivitäten ab (Scooter fahren, Tauchgänge, Reiten, was einem halt so einfällt, wenn man Freiheit schnuppert)? Weniger wichtig erschien mir, Geld bei Flugverspätungen, verlorenem Gepäck oder gestohlenem Laptop zu bekommen (was weg ist, ist weg, und die Erstattungssummen sind ohnehin lächerlich gering). Weiters ratsam: Sich beim Hausarzt oder Tropenmediziner eine Reiseapotheke zusammenstellen lassen, mit der man von Malaria bis zur Harnwegsinfektion alles kurzfristig eindämmen kann. Und ansonsten immer ein paar hundert Euro Fluchtgeld einkalkulieren, um nicht an einem Ort bleiben zu müssen, an dem man nicht sein will. Ein Exit-Szenario ist für die eigene Würde und die weitere Reisemotivation essenziell.

2

EIN TOTER GURU,
EIN SCHEINTOTER UNTERLEIB,
EIN MOTTO FÜR DEN WEG

»Geldbörse.« Der alte Drache thront auf einem Plastikstuhl und zeigt auf das kleine Schließfach, in das ich gleich mein Leben sperren soll.

»Kann ich noch schnell ein paar Scheine rausnehmen? Für Snacks oder so?«

»Nein, kein Geld nötig, es gibt hier keine Snacks zu kaufen«, brummt der Drache und streicht stoisch den Punkt »Portemonnaie« auf der Bestandsliste aus. »Reisepass.«

Ich krame in meiner Tasche und überreiche das Dokument.

»Bücher, Schriften, Magazine.«

»Ich besitze bloß einen eReader.«

»Nicht erlaubt«, sagt der Drache und greift auch gleich nach meinem Laptop. »Handy? Eines?«

Mein Gesicht wird rot und heiß. Nur nichts anmerken lassen. Ich kann die Geräte in meiner Hosentasche fühlen. Einfach weiter atmen ... lügen ... lächeln. »Nein ... ähm ... zwei Smartphones«, platzt es schließlich aus jenem Teil von mir heraus, der

– 38 –

an Karma und »Ehrlich währt am längsten« glaubt. Ich bereue die Offenlegung augenblicklich, aber beide Geräte sind schon im Nichts verschwunden, und das Schließfach klappt zu.

»Du bist ab jetzt Nummer siebenunddreißig.« Ich bekomme einen Zettel mit entsprechender Zahl überreicht. Wunderbar. Ich habe Wien verlassen, um in die Freiheit zu starten. Zweiundsiebzig Stunden später bin ich namenlos im thailändischen Knast.

»Warum legst du dich in Südostasien nicht erst einmal ein, zwei Wochen an den Strand? Den ganzen Tag Sonne, Pad Thai, Inselleben, frische Mangos – das wäre doch ein guter Start«, hat mich meine beängstigend kluge Schwester vor meiner Abreise gefragt. Sie ist jünger als ich, zweieinhalb Jahre nur, aber sogar meine Mutter findet: Sie hat den größten Prozentsatz an Gehirnmasse in unserer Familie abgekriegt. Immerhin hat sie Tolstois *Krieg und Frieden* auf Russisch gelesen, ist gut mit Excel-Tabellen und auch sonst sehr geeignet für die Weltherrschaft. Einzig Autofahren ist kein Talent von ihr. Oder sagen wir, beim Linksabbiegen hapert's. Aber da gehe ich jetzt nicht näher darauf ein, sonst wird sie sauer, und das kann ich mir in Sachen organisatorischer Unterstützung nicht leisten. Die Schwester ist nämlich nicht nur beängstigend klug, sie ist auch mein Notfall-Kontakt auf Reisen, und vor allem hat sie sich breitschlagen lassen, unbezahlt Sekretärin/Mädchen für alles für mich zu spielen. Meine Post wird an ihre Adresse zugestellt, obendrein besitzt sie die Zugangscodes zu meiner Daten-Wolke, was bedeutet, sie kann mich überall tracken.

»In der Sonne braten werde ich in den kommenden Monaten noch genug«, sagte ich als Antwort auf ihren Faulenzer-Vorschlag. »Aber ich habe das Gefühl, ich muss zuerst die

ZWEITES KAPITEL

Reset-Taste drücken, ein bisschen Abstand von allem gewinnen, emotionale Altlasten abwerfen.«

»Und das geht nur, wenn du dir zehn Tage die Birne rausmeditierst?«

»Genau.«

Rückblickend betrachtet war meine Antwort ... nun ja, sagen wir, sie war etwas vorschnell. Wie das halt so passiert, wenn man mit rosaroter Brille etwas Lebensveränderndes sucht. Wobei, über das Vipassana-Meditationszentrum, sechs Stunden westlich von Bangkok, lässt sich prinzipiell nicht meckern. Die tropisch-dampfige Einöde ist zum Niederknien schön, mein Zimmer hell und sauber. In der Ferne grasen Wasserbüffel, und wenn die Sonne langsam hinter den Hügeln untergeht, stimmen die Zikaden orgiastische Zirp-Konzerte an. Ach ja, das Beste habe ich noch gar nicht erwähnt: Die Angelegenheit kostet mich so gut wie nichts, Unterkunft und Kurs basieren auf freiwilliger Spende.

Trotzdem sitze ich mit zusammengekniffenen Lippen auf meinem Meditationskissen im großen Saal. Die Ventilatoren surren unermüdlich gegen die Hitze an, und in mir braut sich ein Sturm zusammen. Mein Ego hadert mit allem und jedem. Mit der Nummer-siebenunddreißig-Anonymität. Mit dem mir zugeteilten Blechnapf, aus dem ich essen soll. Mit den gefährlich dauerlächelnden Helferinnen, die einen zurechtweisen, sobald die nackten Fußsohlen für einen Moment nach vorne zeigen oder das Shirt zu viel von den Oberarmen freigibt. Und Himmel, was stand eigentlich auf diesem Wisch, den ich beim Empfangsdrachen unterschrieben habe? Ich wusste, dass man hier täglich um vier Uhr dreißig aufsteht, elf Stunden meditieren und volle zehn Tage schweigen muss. Kein Fleisch, kein Alkohol, kein Sex, nicht stehlen, nicht lügen, nichts töten, nicht mal einen Moskito – gebongt. Aber demütig zu Boden zu schauen und dabei jeglichen Augenkontakt zu den übrigen Teilnehmern vermeiden?! Duschen nur zu strikt vorgegebenen Zeiten?! Kein Betätigen der Klospülung nachts?! Und niemals Stretching, nicht mal dann, wenn der Rücken schmerzt?! Ich wollte ein bisschen Om-Shanti-Auszeit, keine sektenartige Gehirnwäsche, bei der man seinen freien Willen am Eingang abzugeben hat.

Einatmen. Ausatmen. »Du bist auf eigenen Wunsch hier«, sage ich mir. »Du wolltest alles auf Anfang setzen, also hör damit auf, dich zu sabotieren.« Auf meiner ersten Weltreise hatte ich ein dreitägiges Meditationsseminar besucht. Ich fand's gut. So gut sogar, dass ich – jetzt, wo ich Zeit ohne Ende hatte – tiefer in die Sache eintauchen wollte. Zehn Tage schienen perfekt. Vipassana findet in Modulen dieser Länge statt, das Kursdatum passte mit meinem Reisestart zusammen, warum also lange fackeln? Und nein, natürlich hatte ich vorher nicht das Kleingedruckte gelesen. Und wo wir schon dabei sind: Ich wusste auch nicht, dass der Lehrer tot ist – und via Video aus dem Jenseits zugeschaltet wird.

»Blendet alles um euch herum aus«, sagt Satya Narayan Goenka. »Atmet ein, atmet aus. Fokussiert ausschließlich auf den Eingangsbereich eurer Nasenlöcher. Beobachtet euren Atem, aber greift nicht in seinen natürlichen Rhythmus ein.« Seit eine der Helferinnen den Beamer angeworfen hat, nimmt ein kugelbauchiger alter Inder mit schelmischen Augen und grauem Seitenscheitel die Videoleinwand ein. S. N. Goenka mag zwar 2013 mit neunundachtzig Lebensjahren ins Nirwana vorangegangen sein. Aber das hält ihn nicht davon ab, posthum die Welt auf den rechten Weg zu führen. Ton- und Videoaufzeichnungen von ihm gibt es genug. Und mithilfe dieser unter-

ZWEITES KAPITEL

richtet der Gute nicht nur meinen Kurs – ich teile mir den Meditationssaal mit vierundsiebzig internationalen Teilnehmern, darunter Studenten, Großmütter, Backpacker und Leute, die wie Finanzberater und Marketingmanager aussehen. Goenka steht als Ober-Guru über zweihundert weiteren Zentren von Asien bis Ozeanien vor. Nachdem er zu Lebzeiten offenbar ziemlich großartig war, hat man sich nie die Mühe gemacht, eine Nachfolge zu suchen. »Bhavatu sabba mangalam«, stimmt Goenka auf Pali an, der altindischen Sprache des Buddha. »Mögen alle Lebewesen glücklich sein.« Und ich kann nicht umhin zu denken: An seinem Gesang kann's schon mal nicht liegen, dass der Typ eine Legende ist. Denn wenn Goenka singt, klingt das wie das wehmütige Gejaule eines Seemanns, der ein ganzes Schnapsfass leer getrunken hat und auf der Suche nach neuem Fusel ist. Worte enden in einem röchelnden Gurgeln, Phrasen werden in die Länge gezogen, so geht es endlos viele Strophen lang. Nummer neunundzwanzig, die junge Thai vor mir – eine zierliche Modepuppe mit aufgeklebten Wimpern, kaputt blondierten Rapunzelhaaren und Louis-Vuitton-Schaltuch –, lässt irgendwann resigniert ihren Oberkörper nach vorne plumpsen und legt ihre Stirn auf ihren verknoteten Beinen ab. Ich fühle mit ihr.

»Start again«, sagt Goenka, wenn er nicht singt. »Fokussiert auf dem Dreieck zwischen Mund und Nasenlöchern.« Seit zwei Tagen geht das so. Immer nur diese eine Botschaft. Mund. Nasenlöcher. Keinen Zentimeter weitergehen mit der Konzentration. Mein Kreuzbein pocht, meine Schultern schmerzen. Der alte Inder will nicht nur meinen Rücken, sondern auch meinen Willen brechen, stöhne ich innerlich. Und mit dieser Annahme liege ich gar nicht mal so falsch. Vipassana hat nichts mit der üblichen Ich-schicke-Liebe-ins-Universum-

EIN TOTER GURU

Meditation zu tun, so viel ist mittlerweile auch zu meiner un-
informierten Wenigkeit durchgedrungen. Das Ganze ist knall-
harte Psychoarbeit. Es geht nicht darum, Gedanken in positive
Bahnen zu lenken. Es geht tiefer. Goenka zelebriert den unge-
schönten Blick auf die Realität. »In der Akzeptanz des Seins
steckt Erlösung«, sagt er. Die rechte Schläfe juckt? Wunderbar.
Lass sie jucken. Ein Windhauch kitzelt den linken Ellenbogen?
Beweg dich nicht. »Alles fließt, alles geht vorbei, wehrt euch
nicht, nehmt diesen Moment an«, brummt Goenka. »Körper
und Unterbewusstsein sind verbunden. Millisekunden bevor
Gefühle wie Hass, Liebe oder Wut in euch aufsteigen, erlebt
ihr eine physische Reaktion. Ihr müsst lernen, diese Körper-
impulse zu erkennen, dann könnt ihr eure Gefühle kontrollieren und wieder ausgeglichen schwingen.« Bei mir schwingt gar
nichts. In der Theorie mag das nett klingen, aber ich habe
keine Ahnung, was er praktisch meint. »Ihr seid die Chirurgen
eures Unterbewusstseins«, sagt Goenka. »Schneidet mit dem
Skalpell tief rein, enthüllt Schicht für Schicht eure Traumata,
lasst den Eiter fließen, schaut hin.«

* * *

»Wir müssen reden!« Kurz vor der Nachtruhe schnappe ich mir
eine der Helferinnen. In Ausnahmefällen darf man sich an das
Personal wenden und sprechen. Das ist ein Ausnahmefall. »Ich
muss weg von hier, mein Kreuz bringt mich um.« Dann erörte-
re ich in unnötig vielen Details mein abgeknicktes Steißbein,
das von einem alten Reitunfall stammt. Besser einmal zu dick
auftragen, als weiter leiden – und hey, gegen medizinische
Gründe kommt nicht mal der untote Goenka an. Die Helferin,
eine weiß gewandete, asiatische Lichtgestalt, lächelt.

ZWEITES KAPITEL

»Könnte vielleicht ein Stuhl deinem Rücken helfen?«, fragt sie engelsgleich.

»Ähm ...«, stammle ich perplex. Ich hatte nicht mal an die Möglichkeit eines Stuhls gedacht. Die Dinger gibt es nur für die gebrechlichen Superalten hier, die humpelnde Thai-Großmutter etwa. Und überhaupt, hallo, das war auch nicht der Punkt!

»Gut. Ab morgen steht im Meditationssaal ein Stuhl für dich bereit, Nummer siebenunddreißig«, sagt sie.

»Aber ...«

»Gute Nacht, Nummer siebenunddreißig.«

Konversation beendet. Das war's mit meiner Flucht.

* * *

Andere haben sich offenbar geschickter angestellt. Am nächsten Tag bleibt ein Sitzkissen auf der Männerseite im Saal leer. Nummer zehn, ein Mittfünfziger-Werbertyp mit Hornbrille, wahrscheinlich Deutscher, hat erfolgreich ausgecheckt. Keine vierundzwanzig Stunden später tut es ihm die dunkelhäutige Schönheit mit den tollen Kaftan-Kleidern gleich. Ich schwanke zwischen Bewunderung und Neid, kann mich aber zu keinem weiteren Ausbruchskomplott aufraffen. Draußen ist es brüllend heiß, und ich habe keine Ahnung, wie ich allein und vor allem mit meinem übergewichtigen Rollkoffer im Schlepptau nach Bangkok zurückkommen soll. Also verharre ich weiter auf meinem Stuhl im Oma-Eck und sinniere darüber, welche Gemüsesorten wohl in der asiatischen Frühstückssuppe waren. Pak Choi oder Chinesischer Brokkoli? Die ausschließlich vegetarische Kost ist das einzige Highlight hier. Frühstück wird um sechs Uhr dreißig ausgeteilt, Mittagessen um elf Uhr, danach ist keine Nahrungs-

– 44 –

aufnahme mehr erlaubt. (Die Schokoriegel, die ich ganz unten in meinem Koffer versteckt habe, ein Abschiedsgeschenk der beängstigend klugen Schwester, erwähnen wir jetzt nicht.)

❋ ❋ ❋

Ich glaube, es war Pak Choi. Kein Brokkoli. Jedes noch so gehaltlose Thema ist mir als Ablenkung willkommen, Hauptsache, ich muss mich nicht mit Goenkas Nasenloch-Fixierung herumschlagen. Nach der Suppenfrage stelle ich mir vor, wie es wohl wäre, meine Zehennägel anzumalen. Erlauben das die Helfer? Ich habe nur Ferrari-roten Lack dabei. Nebenbei denke ich, ganz wichtig, über die Vaterqualitäten von Prinz Harry sowie die britischen Royals nach und höre Goenka sagen: »Zweifelt die Vipassana-Meditationstechnik nicht an.« Ach, wirklich? So ein Schweigegelübde ist praktisch, nicht wahr? Es erstickt jedwede Kritik im Keim. »Schaut euch diese Methode vorurteilsfrei zehn Tage an«, sagt Goenka weiter. »Verdammen könnt ihr sie später immer noch.« Ich verdamme vor allem, dass ich mein zweites Handy in dieses Schließfach gelegt habe. Es gibt so viele Sachen, die ich googeln möchte. Busverbindungen nach Bangkok zum Beispiel. Oder Goenkas Werdegang. Denn wer ist, Verzeihung, wer *war* der Typ eigentlich, der mir meine Freiheit und meinen Willen abspricht? Aber am meisten vermisse ich, jemanden anrufen zu können, um mich mitzuteilen.

Start again. Nachdem das Kopfkino mit den britischen Royals nicht abendfüllend ist und mir langsam die Themen zur Zerstreuung ausgehen, beginne ich doch noch, mich mit mir selbst auseinanderzusetzen. Warum sträubt sich mein Ego eigentlich so sehr gegen Vipassana? Der Kurs mag nicht das sein, was ich mir erwartet habe. Aber ist nicht der Sinn meiner Reise,

ZWEITES KAPITEL

mich auf Neues einzulassen? Es sind doch nur zehn Tage. Zwei-
hundertvierzig Stunden, die ich als Folter sehen kann. Oder als
Chance, unbekannte Sphären meines Denkens und meines
Fühlens zu entdecken. »Was sich nicht hundertprozentig richtig anfühlt, wird nicht gemacht, schon vergessen?«, schmollt die
Prinzipienreiterin in mir. »Ja, aber das Herz wollte hierher«, ruft
die Optimistin sich in Erinnerung. »Es kam mit der Hoffnung,
in der Stille Kraft und ein paar Antworten zu finden.«

Also mache ich einen Deal: Ich gehe dahin, wo es wehtut.
Immerhin habe ich sonst nichts Großartiges zu tun. Also kann
ich auch mal ausprobieren, was Goenka predigt. Einatmen.
Ausatmen. Ich starte bei den Nasenlöchern und scanne unter
Goenkas Anleitung meinen Körper. Gehe im Geiste sämtliche
Gliedmaßen, Organe und Hautareale durch. Nichts. Nichts.
Zehnmal nichts. Bei einem der Versuche wird es mir plötzlich
eng im Hals und die Brustwirbelsäule schmerzt. Ich habe
Mühe, meinen Oberkörper aufrecht zu halten. What the fuck?
Wobei, intuitiv weiß ich, wo es hakt. Mein ganzes Ich sehnt
sich nach jemandem, der mich stützt. Mich auffängt. Ich wünsche mir eine Schulter zum Anlehnen. Und ein Name kommt
mir in den Sinn. Er gehört zu einem Mann, in den ich mich auf
meiner ersten Weltreise Hals über Kopf verliebt habe und der
mich nach Wochen des Beisammenseins leider nicht so vermisst hat, wie ich mir das vorgestellt hatte. Mehr als zwei Jahre
ist das her. Wieso frisst mich die innere Leere, die er hinterlas-
sen hat, bis heute auf? *Die Leere war schon lange vorher da. Er ist
nur ein Symptom, nicht die Lösung. Du liebst nicht das, was du bist,
sondern vor allem die Version, die du sein könntest.* Autsch. Das tat
weh. *Das tut die Wahrheit immer.* Nur nicht heulen jetzt.

Ich öffne die Augen. Eine Asiatin, drei Reihen vor mir, hat
ihre Stirnfransen zu einer windschiefen Haarpalme hoch-

EIN TOTER GURU

gebunden. Sie läuft Marathon, zumindest lassen ihre T-Shirts
diese Vermutung zu. »City Run für die Rettung der Wälder«,
sagt der heutige Aufdruck auf ihrem Rücken. »London Marathon« war gestern. Ich muss lächeln. Sie läuft. Und läuft. Und
läuft. Aber fürs Seelenheil gibt es keinen Lauf, dafür heißt es
stillsitzen, egal wie sehr das Ego und die Arschbacken schmerzen. Start again.

* * *

Die Tage vergehen quälend langsam. Goenka ist überall. Sogar
in meinem Bett. Schon beim Aufstehen beschallen die Helfer
das Anwesen flächendeckend mit seinem Singsang, in den Bäumen sind Lautsprecher versteckt. Nicht selten döse ich im Meditationssaal ein. Wenn mein Kinn auf meinen Brustkorb
sackt, schreckt die Thai-Oma neben mir kurz auf, aber sie würdigt mich regelkonform keines Blickes.

An Tag sieben dann der Durchbruch. Ich fühle mich, als
hätte ich einen elektrischen Weidezaun gestreift. Jede Faser
meines Körpers kribbelt, von innen genauso wie von außen.
Das sensorische Feuerwerk dauert nur Sekunden, aber das Erlebnis reicht, um zu erahnen, was Goenka meint, wenn er sagt:
»Alles ist Schwingung – jedes Lebewesen, jede Pflanze, jeder
Stein. Wir sind alle über unsere Schwingungen miteinander
verbunden.« Mein Ehrgeiz ist geweckt. Her mit den Good
Vibrations. Ich werde kein totes Tier mehr essen, nicht lügen,
moralisch einwandfrei handeln, ich habe verstanden, wie das
mit dem Universum funktioniert. Erleuchtung scheint kein
Hexenwerk zu sein. »Versucht nicht, Angenehmes zu wiederholen. Nehmt Empfindungen an, wie sie kommen.« Spielver-
derber. Trotzdem: Einatmen. Ausatmen. Weiter probieren. Es

ZWEITES KAPITEL

gibt Regionen in meinem Körper, die spüre ich gut. Ich empfinde es fast als Spaß, sie anzusteuern. Andere hingegen scheinen schwerer zugänglich als Fort Knox zu sein. Zu meinem Unterleib, meinem persönlichen Stresszentrum – ich war als Kind lange Bettnässerin und als Erwachsene viel zu oft wegen Blasenentzündungen in Behandlung –, kann ich null Verbindung aufbauen. Genauso geht es mir mit dem Hautareal, das sich autoimmun selbst zerfrisst. Alles ein graues, totes Schlachtfeld. Dennoch will ich nicht glauben, dass da kein Leben mehr sein soll. Ich lasse mich von meinem Atem tiefer hineinführen, probiere es viele Stunden lang, gehe weiter zurück in meiner Geschichte. Flashbacks kommen auf, Warnsignale, die mir in der Vergangenheit geschickt wurden. Meine Antwort war, Antibiotika nachzupumpen, um zu funktionieren. Ich habe Mitleid mit meinen Zellen und der jungen, unsicheren Version von mir. Und vielleicht brauchte es genau diese Empathie. Aber plötzlich schießt mir Energie in die Wirbelsäule ein. Sie flitzt vom Nacken bis zum kaputten Steißbein, und mein Unterleib beginnt zu zucken. Ein Aufbäumen, das sagt: »Ich bin noch da. Irgendwie tief unter den Trümmern. Ich kann heilen. Aber ich kann es nur im Team mit dir, du musst dich gemeinsam mit mir um dich kümmern.« Zurück im Zimmer greife ich zu einer Pinzette und operiere einen winzigen Glassplitter aus meiner Fußsohle heraus. Ich hatte ihn offenbar aus Europa mitgenommen, er hat erst hier in Thailands Einöde zu drücken begonnen.

Ich gebe zu, nach diesem Tag bin ich etwas nah am Wasser gebaut. Ein paar anderen Teilnehmern scheint es ähnlich zu gehen. Immer wieder streift man tränennasse Augen, obwohl man sich offiziell nicht in die Augen schauen darf. Mein kleindimensioniertes Hirn kann die Bandbreite des Erlebten nicht mal in Ansätzen schlüssig verarbeiten, aber ich weiß zumindest, wie sich harmonische Schwingung anfühlen muss. Und mir ist klar: Wenn nichts schwingt, ist das nicht gut. Dann besteht Handlungsbedarf.

Tag acht: Ich will mein Hirn auslüften und wandere im Garten umher. Ein Schild sagt:»Die Frauenzone endet hier.« Überall Beschränkungen, Beschränkungen, Beschränkungen. Nur nicht zu weit davongaloppieren, nicht in Gedanken und auch nicht im realen Leben.

Tag neun: Ich beschließe, dem Mann, der mich so schnell vergessen hat, keine Nachricht zu schicken, wenn das alles vorbei ist. Sobald der Drache die Schließfächer für uns öffnet, wird seine Nummer aus meinem Handy gelöscht.»Die Vergangenheit ist vergangen, hängt ihr nicht nach«, sagt Goenka.»Träumt auch nicht von der Zukunft, sie ist noch nicht passiert.« Ich lasse den Kerl, der mein Herz noch immer in seinen Händen hält, ziehen. Wobei, er ist ja ohnehin längst weitergezogen, ich befreie mich nur aus dem selbst gesponnenen Netz meiner Hoffnungen und Prinzessinnenträume.

Tag zehn: Meine Zehennägel sind ohne Patzer rot lackiert. Keiner der Helfer hat mich dafür gerügt. Obenrum sehe ich dank der hohen Luftfeuchtigkeit und meiner Neigung zu Frizz wie ein explodierter Pudel aus.

Ich bin frei. Und ich weiß jetzt schon, ich werde Goenkas Singsang vermissen. Ich mag den alten Guru mittlerweile, er hat nichts Böses an sich, im Gegenteil.

❄ ❄ ❄

Mit Ende des Schweigegelübdes werden die Nummern wieder zu Menschen. Ich glaube, ich habe selten so viele glückliche, gelöste Gesichter auf einmal gesehen. Sogar die Helfe-

ZWEITES KAPITEL

rinnen geben sich plötzlich nahbar und gratulieren zu unserem Durchhaltevermögen. Obwohl wir einander nicht kennen, erzählt jeder jedem die privatesten Dinge. Palm etwa, eine junge Thai, soll in zwei Monaten in Deutschland heiraten. Ihr Zukünftiger will sich so schnell wie möglich fortpflanzen. Für sie sind Kinder kein Thema, sie möchte erst mal einen Job und Freunde in der Fremde finden. »Ich wollte mithilfe von Vipassana klären, was ich brauche.« Kurze Pause. Nachsatz. »Ich habe keine Ahnung, wie ich das Ergebnis meinem Verlobten beibringen soll.«

Anh wiederum, Mutter eines Sohnes und eine Ex-Finanzmanagerin aus Saigon, entpuppt sich als Goenka-Groupie. Sie hat den Kurs in den vergangenen fünf Jahren zehnmal besucht. »Zehnmal?« Ich starre sie ungläubig an. »Du hast Goenkas Knast hundert Tage durchgestanden?« Ich schwanke zwischen »Die Gute ist verrückt« und »Sie wird der nächste Buddha/ Heiland/Wasweißich«. Zumal ich dachte, dass man so eine Erfahrung nur einmal im Leben macht, das Grundprinzip der Lehre ändert sich ja nicht.

»Es gibt Leute, die kündigen ihre Jobs, um eine Zeit lang nichts anderes als Vipassana zu machen«, erklärt sie mir. »Vipassana kostet nichts. Du kannst theoretisch ein Jahr gratis leben, und mit jedem Kurs lernst du mehr über dich selbst.«

Ich setze eine geistige Notiz: Bevor ich unter der Brücke ende, kann ich immer noch bei Goenka einchecken, zumindest das Essen hier ist fabelhaft.

»Und es werden immer dieselben Videos und Tonbänder abgespielt?«, frage ich.

»Ja, aber auch wenn das Gesagte gleich ist, deine Erfahrung wird jedes Mal eine andere sein. Es geht tiefer, du beginnst das große Ganze besser zu verstehen.«

EIN TOTER GURU

Okay, geistige Notiz wieder löschen. Ich brauche ein Alternativprogramm zur Brücke, gutes Futter bei Goenka hin oder her.

»Warum hast du mit Vipassana überhaupt begonnen?«, will ich von Anh wissen.

»Ursprünglich, um den Tod meiner Eltern zu verarbeiten. Sie sind beide knapp nacheinander verstorben. Da waren nur noch Leere und Trauer. Gleichzeitig hatte ich Angst, auch meinen Mann und meinen Sohn zu verlieren. Ich dachte, wenn ihnen etwas zustößt, würde ich endgültig daran zerbrechen. Vipassana hat mich Abnabelung gelehrt. Alles ist vergänglich, wenn du dich an nichts klammerst, dann bist du frei.« Anh lacht, sie hat ein schönes Lachen. »Demnächst fahre ich zu einem dreißig Tage dauernden Vipassana-Kurs. Mein Sohn wird das Problem der zu engen Bindung später einmal nicht haben, ich bin ja nie daheim.«

Wir stehen beide still auf der Veranda, schauen auf Bananenstauden, die Morgensonne, den Dschungel. Der Bus soll uns in einer Stunde abholen und zurück in die Großstadthektik bringen.

»Und, welche Lehren ziehst du aus dem Ganzen?«, meint Anh irgendwann.

Gute Frage. Was bleibt von dieser Zeit? Das Bedürfnis, Liebe und Mitgefühl in die Welt hinauszutragen? Ja. Unterleibszuckungen? An denen muss ich definitiv dranbleiben.

»Ich schätze, um mit jeder Faser richtig zu schwingen, muss ich netter zu mir selbst sein. Ich versuche, andere immer nett zu behandeln, aber mich selbst drille ich unerbittlich, und dadurch überschreite ich gerne Belastungslimits. Ich muss mehr darauf vertrauen, was der Erfahrungsschatz meiner Intuition mir sagt.« Dabei belasse ich es erst mal.

ZWEITES KAPITEL

Anh nickt und fragt: »Wo geht es als Nächstes für dich hin?«
»Erst mal ein paar Tage auf eine thailändische Insel, dann
ziehe ich weiter in deine Heimat, nach Vietnam. Ich habe dort
zwei Freiwilligen-Engagements, eines im Süden des Landes,
eines in der Zentralregion.«

Anh warnt mich vor den Vietnamesen.

»Solltest du nicht vielmehr sagen: Vietnam ist wunderbar?«, frage ich belustigt. Ich habe mittlerweile schon des Öfte-
ren zu hören bekommen, Vietnam sei für Reisende anstrengend. Sogar die beängstigend kluge Schwester – eine weltoffene
und höchst tolerante Frau – befand: »Das konstante Feilschen
und dass man beim Wechselgeld wie ein Schießhund aufpassen
musste, weil die vielen Nullen auf den Dong-Scheinen verwirrend sind – müssen so schnell nicht wieder sein.«

»Nein, nein. Vietnam ist wunderschön. Aber in den Groß-
städten wird viel geklaut, pass auf dein Handy auf, Motorrad-
fahrer rasen nah an den Gehsteig heran, um es dir zu entrei-
ßen.« Dann steckt Anh mir ihre Telefonnummer zu, für den
Fall, dass ich in Saigon Hilfe brauche, und sie schaut mich lange an. »Dein Vorhaben fühlt sich weiterhin richtig an, trotz der
Erfahrung bei Vipassana?«

»Ja, klar. Ist ja alles geplant und mit den jeweiligen Betrei-
bern ausgemacht.«

»Vergiss nicht, die Zeichen zu sehen.«

Die Hexe in mir ahnt, was sie meint. Und die Waltraud, die
es gerade bequem haben will, stöhnt auf. »Hört das nie auf?
Muss ich wirklich schon wieder alles umwerfen?«

3

ALLES GUTE KOMMT VON OBEN, AUCH WENN MAN ERST MAL SCHREIT

»Warum? Warum? Warum?«, hämmert es in meinem Kopf, als ich keuchend durch den Dschungel renne und das tropische Grün links und rechts neben mir verwischt. »Warum können die Dinge nicht einfach sein, nur ein verdammtes Mal?« Am Himmel formieren sich dunkle Gewitterwolken, doch ich sehe sie kaum. Ich bin zu sehr beschäftigt, meine Welt wieder in Ordnung zu bringen. Als ich am Haupthaus ankomme, laufen mir Schweißperlen über die Stirn. Doch der Retter, auf den ich gehofft hatte, ist nicht da. Mr Sem, der Besitzer der Bungalowanlage, in der ich mich für ein paar Tage eingemietet habe, scheint ausgeflogen zu sein. Dafür erspähe ich seinen wohlgenährten Teenager-Sohn, der am Handy rumspielt. Okay, dann muss der kleine Dicke eben ran. »Schlange! Grün!«, rufe ich aufgebracht und deute mit ausgestreckten Armen ein Wesen monströsen Ausmaßes an. Der Junge sieht mich stoisch an, den Bildschirm seines Smartphones findet er tendenziell spannender. »Schlange!«, sage ich noch einmal, und meine

DRITTES KAPITEL

Augen schicken ein »Bitte, bitte, bitte« nach. Schließlich hievt er sich doch seufzend aus dem Rattansessel, trottet zur Garage und greift sich eine Dose Anti-Kakerlaken-Spray. Offenbar das Allheilmittel für alles hier.

* * *

Rückblende. Ich habe mir selbstzufrieden auf die Schulter geklopft, als ich nach Abschluss des Vipassana-Kurses Koh Yao Noi ansteuerte. Die Insel, die dreißig Fährminuten östlich von Phuket liegt, ist das, was es in Thailand eigentlich nicht mehr gibt. Sie ist noch weitestgehend ursprünglich. Unter den Einwohnern finden sich sonnengegerbte Fischer, Kautschuk-Bauern und Familien, die von einem Dutzend Hühner und einer Kuh leben. Reisende lassen das Eiland oft links liegen, weil die Strände hier nicht wirklich badefreundlich sind. Das Meer zieht sich bei Ebbe ungewöhnlich weit zurück und legt riesige Sandzungen frei. Viele kommen aber auch gar nicht erst, weil ihnen das Nachtleben fehlt. Im muslimisch geprägten Koh Yao Noi wird Alkohol nur in wenigen Lokalen ausgeschenkt, und das Höchste der Entdeckergefühle ist ein Besuch des lokalen Gemüse- und Fischmarkts. Ich hatte in einem Zeitungsartikel über die Insel gelesen und wusste sofort, ich muss hierhin. Zumal Koh Yao Noi für orientierungslose Globetrottel wie mich verirrungssicher aufgebaut ist. Ich zähle zu jenem Typus Mensch, der sich überall verläuft. Sogar in der Gegend, in der ich aufgewachsen bin, schaffe ich es, nicht mehr nach Hause zu finden. Diesen Fehler im System hat mir meine Mutter vererbt, auch sie sollte man niemals nach dem Weg fragen, außer man will viele Extrameilen und Umwege laufen. Aber hier scheine ich vor mir selbst geschützt zu sein. Es gibt nur eine große Stra-

- 54 -

ALLES GUTE KOMMT VON OBEN

ße, und diese führt praktischerweise im Kreis. Navigations-App? Unnötig. Die Kuh, die unter dem Mandelbaum angeleint steht und mich nie eines Blickes würdigt, dient mir als Wegweiser. Sobald ich mit meinem Motorroller an ihr vorbeiknattere, muss ich links abbiegen und dann den steilen Hügel zu meiner Unterkunft und zu Mr Sem hinauf.

Mr Sem ist ein freundlicher Mittfünfziger, der einen Drei-Millimeter-Schnauzbart trägt wie anno dazumal Rhett Butler, der Typ aus dem Hollywood-Klassiker *Vom Winde verweht*. Englisch spricht er nur in Brocken, ganze Sätze gibt es bei ihm nicht. *Hello. Goodbye. Water? You like? You before?* Die Frage »You before?« (Hast du schon mal ...?) bezog Mr Sem bei meiner Ankunft auf meine Fähigkeit, einen Motorroller zu lenken. Bei Linksverkehr. Als ich beides verneinte und ihn das trotzdem nicht davon abhielt, mir eines seiner Fahrzeuge auszuleihen, wusste ich, auf den Mann kannst du zählen. Er zog sein Scooter-Angebot auch nicht zurück, als ich beim ersten Fahrversuch im Straßengraben landete. Mr Sem schob das Geschoss seelenruhig auf die Fahrbahn zurück und ignorierte die Kratzer im Lack. »Want ...?«, fragte er dann und fasste sich mit beiden Händen an den Kopf. Einen Helm? Ja, vielleicht keine so schlechte Idee.

Was soll ich sagen? Ich wähnte mich im Paradies, zumindest drei wundervolle, unwissende Tage lang. Von meiner Holzhütte mit Palmwedel-Dach, bei der die Baumeister großzügig über Ritzen und Spaltöffnungen hinweggesehen hatten, überblickte ich zufrieden das Meer. Ich hatte die Unterkunft zwar für mich allein gebucht, doch der thailändische Dschungel lieferte ungefragt ein paar Mitbewohner dazu. Zwei streitlustige Eichhörnchen etwa, die sich Tag und Nacht auf dem Dach fetzten. Dazu: eine Fledermaus, die bei Einbruch der Dunkelheit ein paarmal um die Veranda flog und dann wieder ins

- 55 -

DRITTES KAPITEL

Nichts entschwand. Und natürlich war da auch ein Gecko, ein Jing Jok, wie die Einheimischen den Superhelden der Tierwelt nennen, der elegant an der Decke laufen kann und alles frisst, was kleiner als er ist und sich bewegt: Schaben, Spinnen, Heuschrecken, Moskitos. Ein Nonstop-Putzservice quasi. Mit Tieren kenne ich mich nicht sonderlich gut aus, ich weiß nur:»Mein« Gecko hatte ein großes Ego, und er war faul. Wenn ich es wagte, in der Abenddämmerung, zu seiner Hauptjagdzeit, die Hütte zu betreten, regte er sich mörderisch mit»Gecko, Gecko«-Rufen auf. Ich sagte nichts. Ich ließ ihn machen. Und dass er die Kakerlaken nicht in die Flucht schlug – von mir aus. Die Schaben saßen bevorzugt in meiner Nasszelle, das Wort Badezimmer verdiente das fensterlose Dusch- und Toilettenloch nicht. Doch sie waren mein kleinstes Problem, wie ich bald lernen sollte. Denn bei einem meiner Versuche, das Bad zu entern, bewegte sich plötzlich, abgesehen von den Käfern, auch etwas anderes: eine schwarz glänzende Schlange, die in Zeitlupe im Holzspalt zwischen Tür und Fußboden verschwand. Mein Herz schlug bis zum Hals. In diesem tropischen Streichelzoo weiterhin übernachten? Nur über meine Leiche. Das war ein Fall für Mr Sem. Im Dunkel der Nacht hetzte ich zum Haupthaus, wo er und seine Angetraute sich gerade anschickten, zu Bett zu gehen. »Schlange!«, rief ich aufgelöst, und Mr Sem griff sich heldenhaft einen Besen.»Nein, Sie verstehen nicht! S-n-a-k-e! Schlange!«, versuchte ich es noch einmal und gab mit gebleckten Zähnen gefährlich klingende Zischlaute von mir. Mr Sem rüstete nach, indem er sich eine Dose Kakerlaken-Killerspray holte und seine Frau mitnahm. Dann trabten wir gemeinsam zurück zu meiner Hütte, wo von der Schlange nichts mehr zu sehen war. Auch die Kakerlaken hatten sich verabschiedet. Nur der fette Nichtsnutz-Gecko saß noch da. Ich kam mir dämlich vor.

– 56 –

ALLES GUTE KOMMT VON OBEN

Mr Sem kletterte unter meine Behausung, die auf Stelzen stand, und leuchtete mithilfe seiner Stirnlampe jede Ritze aus, um mal hier, mal da ein bisschen Chemie zu versprühen. »Okay«, beschloss er irgendwann. Er hatte getan, was er tun konnte. Seine Holde war zäher. Unerschrocken stapfte Mrs Sem mit der Taschenlampe ihres Handys im verwilderten Gebüsch herum, in der anderen Hand hielt sie eine Leiste aus Stahl, keine Ahnung, woher sie diese plötzlich hatte. Auf einmal ging alles schnell. Die Dame des Hauses kreischte: »Hier!«, ihr Ehemann nahm ihr die Stahlleiste ab, holte weit aus und drosch dreimal damit auf den Boden ein. Dann hielt er triumphierend einen rund einen Meter langen, schlaffen Schlangenkörper hoch, der im Licht des Mondes schwarz und feucht glänzte. »Dead now!«, meinte er, und den Rhett-Butler-Schnauzer umrahmte ein stolzes Lächeln. »Tot jetzt.« Und: »Nicht gefährlich. Frisst Insekten.« Eine Art Blindschleiche. Ich sagte nichts. Ich fühlte mich elend.

Denn Mr Sem mochte zwar eine Schlange erschlagen haben, aber es war definitiv nicht meine Schlange. Mein Badezimmergast war kleiner gewesen als der Kadaver in seinen Händen. Doch ich war zu erschöpft und irgendwie auch zu beschämt, um ihm die Wahrheit zu sagen. »Du sollst nicht töten«, hämmerte es in meinem Kopf. Zehn Tage hatte Goenka, der indische Guru im Vipassana-Kurs, uns diesen Grundsatz eingebläut. Ich hatte seitdem nur noch vegetarisch gespeist. Und selbst wenn Mr Sem nachweislich der Mörder war und kein Schlangenblut an meinen Händen klebte – ohne meine Hysterie würde sich das unschuldige Tier noch des Lebens erfreuen. Ich wollte nicht, dass etwas gemeuchelt wird, ich wollte nur meine Ruhe im Bad.

Für diese Nacht stellten Mr und Mrs Sem mir die leere Nachbarhütte zum Übernachten zur Verfügung. Ich glaube, ich

DRITTES KAPITEL

tat ihnen leid. Von der »Ich liebe mein Leben«-Soloreisenden war gerade wenig zu sehen, ich glich einem Häufchen Elend, und wenn ich ehrlich war, fühlte ich mich zum ersten Mal unterwegs verletzlich und allein. Am liebsten hätte ich mich ins Sem'sche Ehegemach einquartiert, nur um nicht allein schlafen zu müssen. Verloren und müde stand ich in der neuen Bude herum. Sie schien größer. Alles war still. Ich blickte auf den Schrank, den ich nicht zu öffnen wagte. Es roch fremd. Auf Zehenspitzen tapste ich ins spartanisch eingerichtete Bad und lugte hinein. Keine Kakerlaken. Auch in diesem Bungalow schien ein Gecko zu residieren, ich hatte aus den Augenwinkeln etwas flitzen gesehen. Wollte ich unter dem Bett nachschauen? Besser nicht. Ungeduscht und ohne Zähne geputzt zu haben, legte ich mich auf die Matratze und unter die dünnen Laken. Die Außenwelt versuchte ich mit Ohrenstöpseln auszublenden. »Wenn du eine Situation nicht unter Kontrolle hast, ergib dich ihr«, sagte ich mir. Dann fiel ich in einen unruhigen Schlaf.

* * *

Und jetzt sind wir fast da, wo ich seit Anfang dieser Erzählung hinwill (danke fürs Durchhalten). Am Morgen nach der nächtlichen Aufregung tischt mir Mrs Sem einen wagenradgroßen Banana Pancake auf und erklärt, dass ich gerne weiter in der größeren Hütte hausen dürfe, ohne Extrakosten. Ich blicke aufs Meer, die Sonne scheint versöhnlich, und auch wenn meine Schultern arg verspannt sind, weil ich mich die ganze Nacht vor möglichen Gefahren in die Embryonalstellung geflüchtet habe: Dieser Tag verdient eine neue Chance. Mit Zweckoptimismus marschiere ich in den »entweihten« Bungalow, um meine Siebensachen zu packen. Augen zu und durch! Nach

- 58 -

ALLES GUTE KOMMT VON OBEN

erfolgreicher Umsiedelung lege ich mich in die Hängematte der neuen Terrasse, um mein Buch weiterzulesen. *American Gods* von Neil Gaiman. Ein fabelhaftes Epos über Menschen und Götter, Sex, Magie und Verderben, aber vor allem ein Buch, bei dem man irgendwann zwischen Traum und Wirklichkeit nicht mehr unterscheiden kann. Während ich eines der ersten Kapitel lese, reißt mich etwas mit lautem Rums in die reale Welt zurück. Komisch, wie der Gecko in dieser Hütte randaliert, denke ich und schaue durch die Terrassentür ins Innere, wo ich die Schwanzspitze der Echse in einem Loch in der Decke zu erkennen glaube. Ein paar Buchseiten später wieder ein Rums. Etwas Großes, Schweres ist zu Boden geplumpst. Irritiert spähe ich durchs Fensterglas. Was sich vor mir auftut, scheint surreal. Da ist kein Gecko. Auf dem Fußboden, direkt neben meinem weit aufgeklappten Koffer, liegt eine anderthalb Meter lange giftgrüne Schlange, die offenbar aus dem Loch in der Decke gefallen ist. Den Kopf hält sie merkwürdig nach oben gestreckt, die Hälfte ihres Körpers wiegt sich hin und her, als würde ein Schlangenbeschwörer mit einer Flöte vor ihr sitzen. Ich kneife meine Augen zusammen. Das Tier hat offenbar seine Zähne in den Vorhang gehauen, oder die Beißer haben sich irrtümlich darin verfangen – und ich beginne zu rennen.

Dass Mr Sems Teenager-Sohn seinen Vater heldenmäßig vertreten muss – nun ja, seine Begeisterung hält sich wie gesagt in Grenzen. Mama Sem wirkt dafür engagiert wie eh und je. Sie zieht sich ihr Kopftuch zurecht und folgt uns mit einer Machete. Als wir vor der verglasten Verandatür stehen, ist die Schlange noch im Inneren. Ich habe mir die Sache also nicht eingebildet. Gut. Allgemeines Zögern. Was tun? Zumindest die Schlange scheint mehr Plan zu haben, sie schießt direkt auf uns zu und

DRITTES KAPITEL

reckt ihren Kopf an der geschlossenen Glastür empor. Überrascht springt der dicke Junge zurück, ich quieke wie ein Meerschweinchen im Mixer und rette mich auf einen Sonnenstuhl. Schlangen suchen, sobald sie Menschen sehen, das Weite. Warum diese nicht? Letztlich befindet Mama Sem: Niemand will seine Waden riskieren, aber irgendjemand muss die Tür öffnen. Wir lassen dem Teenager den Vortritt, er ist noch jung, er hat die Nerven dafür. Und kaum hat der Sohnemann mit einem Stock die Tür einen Spalt aufgedrückt, zischt das Tier – zack – an uns vorbei und lässt sich von der Veranda in die nächste Bananenpflanze fallen, wo Mrs Sem mit der Machete wartet und die halbe Staude niederhackt. Die Schlange bleibt heil, die Pflanzenwelt rund um Mrs Sem nicht. Unermüdlich saust die Klinge durchs grüne Dickicht, es bringt alles nichts, es wird nur Grün umgebracht, und davon nicht wenig.

* * *

In diesem Moment bricht ein Gewitter los, mit Donner, so laut, als würde Thor persönlich beleidigt sein. Regen prasselt aufs Palmwedel-Dach. Und auch bei mir bricht der Damm, sehr zum Leidwesen des Teenie-Sohnes.

»Okay?«, fragt er peinlich berührt. »Die Schlange ist weg, keine Angst.«

»Nein, ich bin nicht okay«, schluchze ich, und meine Gesichtszüge entgleisen. Ich stehe komplett neben mir. Die vergangenen vierundzwanzig Stunden haben meinem sonst eigentlich unerschütterlichen Urvertrauen einen Dämpfer versetzt. Ich mag die Welt und die Überraschungen, die sie einem spontan entgegenwirft. Aber wenn man reist und ständig Tausenden Unbekannten ausgesetzt ist, braucht man eine Art

ALLES GUTE KOMMT VON OBEN

Nest, in dem die Dinge erwartbar und vor allem sicher sind. Ein paar Quadratmeter, in denen nur Ruhe und Privatheit auf einen warten, aber keine Schlangen mit Action- und Deckensturzgelüsten. Vielleicht liegt es auch daran, dass ich allein unterwegs bin. Ich kann bei verdächtigen Geräuschen niemanden mit »Schau doch mal bitte, was da los ist« vorschicken.

Mr Sems Sohn heule ich schließlich mit meinem Status quo die Ohren voll: »Das Viech hat mir einen Scheiß-Schrecken eingejagt. Was, wenn ich es nicht zufällig gesehen und mich heute Abend unwissend ins Bett gelegt hätte? Jedes Geräusch in dieser Bleibe versetzt mich mittlerweile in Alarmbereitschaft. Fällt als Nächstes eine Python von der Decke, die mit mir kuscheln will?«

»Andere Hütte?«, schlägt der Sohn hilflos vor.

In der Nebensaison ist auf Koh Yao Noi noch weniger los als sonst, von den zehn Bungalows der Familie Sem stehen sieben frei.

»Andere Insel«, schluchze ich. »Sobald sich das Gewitter gelegt hat, reise ich ab.«

»Okay«, sagt Mama Sem mit sanfter Stimme.

Dann stehen wir zu dritt nebeneinander und starren in den Regen. Irgendwo da draußen tut die Bambusotter dasselbe.

* * *

Eine Stunde später, im Longtailboot auf dem Weg zur Nachbarinsel, atme ich durch. Koh Yai Noi ist wunderschön. Aber ich kann nicht bleiben, alles in mir sträubt sich und wittert Gefahr. Melancholisch schaue ich auf den Hügel, wo bis vor Kurzem noch das erklärte Paradies für mich lag. Und dabei lässt mich ein Gedanke nicht los. Schlangen sind eigentlich nachtaktiv und

DRITTES KAPITEL

menschenscheu. Die Blindschleiche in der Nasszelle – okay, ein Irrgänger, kann passieren. Aber dass keine zwölf Stunden später, am helllichten Tag, in der neuen Unterkunft auch noch eine Bambusotter – eine durchaus giftige Spezies – von der Decke fällt? Das ist ein Fingerzeig des Himmels. Mag sein, dass ich überreagiere, aber seit Ende des Vipassana-Kurses gehe ich wie ein hypersensibel kalibrierter Seismograf durchs Leben. Ich war schon immer dünnhäutig-sensibel, aber mittlerweile habe ich das Gefühl, ich nehme nicht nur die Stimmungen anderer Menschen viel zu deutlich wahr, ich sehe auch Zeichen, wo vorher nur Zufälle waren. Und weil der Vipassana-Guru nun mal tot ist und nicht befragt werden kann, mache ich das, was jeder tut, der Antworten sucht. Ich google die Sache. Genauer: Ich gebe vier Worte ins Handy-Suchfeld ein: »Schlange« – »sehen« – »spirituelle Bedeutung«. Als Ergebnis poppt etwas auf dem Bildschirm auf, das irgendwie Sinn macht, so schräg es auch klingt: »Schlangen stehen durch ihre Fähigkeit, sich zu häuten, für Neuanfang und Veränderung. Die Schlange zeigt einen besonderen Weg auf, mit Veränderungen umzugehen. Tritt sie in dein Leben, lehrt sie dich, in dich hineinzuhören. Öffne dich für ein intuitives Handeln.« Ah ja. Veränderung. Das scheint für meine Situation zu passen. Ich habe mich mit der Entscheidung, in die Welt aufzubrechen, von vielem gelöst, quasi gehäutet. Aber etwas scheint noch nicht auf Kurs zu sein. Kam vielleicht deshalb die Schlange als Erinnerungshilfe vorbei?

* * *

Das neue Hotel, in das ich einchecke, hat gemauerte Wände, vier Sterne, ein frisches Blütenarrangement im Springbrunnen und ein Spa. Es kostet fünfmal so viel wie eine Nacht bei

ALLES GUTE KOMMT VON OBEN

Mr Sem, aber meine Nerven und ich brauchen ein Upgrade. Als der Concierge mir erklären will, welche Massagen das hauseigene Wellnesszentrum im Programm hat, höre ich kaum zu. »Fallen bei Ihnen Schlangen von der Decke? Oder sonstige Tiere? Ratten? Kakerlaken? Skorpione?«, unterbreche ich ihn. Die Gäste, die gerade ihre Zimmerschlüssel abgeben wollen, horchen auf. Der Concierge sieht mich an, als hätte die Konkurrenz mich zum Aufmischen des Ladens geschickt.

»Nein, natürlich nicht«, antwortet er thailändisch-freundlich, aber merklich entrüstet.

»Gut, das ist alles, was ich wissen wollte«, sage ich und rolle meinen Koffer an ihm und dem Spa-Programm vorbei, um mein Zimmer zu beziehen. Ich will nur schlafen und hänge das »Do not disturb«-Schild an die Tür. Das soll gegen überengagierte Putzfeen helfen. Ich hoffe, es hilft auch gegen ungebetene Reptilienbesucher.

Ein paar ereignislose Nächte später fühle ich mich wieder wie ich selbst. Schlaf ist etwas Wunderbares, vor allem, wenn der Körper dabei entspannen kann und sich nicht verängstigt zusammenrollt. Und ich glaube, ich weiß jetzt, was zu tun ist und was die waghalsige Bambusotter mir sagen wollte. »Öffne dich für ein intuitives Handeln«, so legte das Internet den Schlangenbesuch aus. Genau. Intuition. Keine Pläne. Sondern emotionsgetriebenes, impulsives Handeln. Kann ich liefern. Und damit ist beschlossen: Ich werde nach Vietnam fahren, aber nicht in den Süden des Landes zu meinem ersten Arbeitsengagement im Hotel. Das werde ich canceln, bevor ich es überhaupt probiert habe. Ha!

4

EINE LÜGE FÜHRT INS
WORK-LIFE-PARADIES

Hallo Andrew! Ich kann kommende Woche leider meinen Dienst nicht antreten. Ich habe mir den Knöchel ~~verstaucht gebrochen~~ *verletzt und* ~~muss das erst einmal auskurieren~~ *fliege deshalb von Vietnam nach Europa zurück. Tut mir wirklich leid für die Unannehmlichkeiten und die kurzfristige Absage. Liebe Grüße, Waltraud*

Okay, bloß nicht zu viel erklären jetzt. »Verstaucht« könnte mich in die Bredouille bringen, immerhin soll ich nicht als Gäste-Animateurin herumspringen, sondern nur den Hotelangestellten ein paar Brocken Englisch beibringen, und das geht erwiesenermaßen auch einbeinig oder sitzend. »Gebrochen«? Irgendwie zu dramatisch. »Verletzt« hingegen ... ja, das liest sich gut, das ist schön unkonkret, das könnte klappen ... Einatmen. Ausatmen. Ein allerletztes Mal den E-Mail-Entwurf überfliegen. Auf »Absenden« klicken. OhGottohGottohGott. War die Rückkehr nach Europa zu dick aufgetragen? Und was, wenn Andrew mein Social-Media-Profil stalkt und

– 64 –

herausfindet, dass alles erstunken und erlogen ist? Ich bin der schlechteste Mensch der Welt.

Wobei, dass Andrew jetzt auf die Schnelle eine Ersatz-Arbeitsbiene suchen muss, ist auch ein bisschen seine Schuld. Und das behaupte ich nicht, um von meinem armseligen Rückzieher abzulenken. Aber die Kommunikation mit ihm, dem britischen Rentner, der mit seinem Know-how ein Strandhotel im Süden Vietnams zum Laufen bringen will, war von Beginn an suboptimal. »Freiwillige Helfer für Beach Resort gesucht«, so lautete das Online-Inserat, das mein Interesse weckte. Als ich per E-Mail das konkrete Aufgabengebiet erfragen wollte, kamen nur kurz angebunden ein paar Stichworte zurück. »Englisch lernen mit Staff«, »Unterstützung an Rezeption«, »generelle Hilfe im laufenden Hotelbetrieb«. Kein »Hallo«, kein »Danke für dein Interesse«, kein Grußwort überhaupt. Ich konnte nicht sagen, ob Andrew im Stress oder schlicht unhöflich war. Ich weiß nur, ich musste ihm jede Info aus der Nase ziehen und war am Ende trotzdem nicht viel schlauer. Dennoch willigte ich in drei Wochen Gratisarbeit ein. Weil: Sonne, Meer und Dünen hinterm Haus. Aber vor allem gefiel mir das überschaubare Risiko eines Lagerkollers. Das Hotel nimmt nur maximal zwei Helfer auf einmal auf. Wenn man jahrelang Single ist und sich daran gewöhnt hat, allein zu leben, wird man mitunter leicht verschroben.

Eigentlich war also alles klar. Bis die Bambusotter bei Mr Sem von der Decke fiel und die Google-Gurus und meine Wenigkeit ein Zeichen darin sehen wollten. Fahr da nicht hin!, dachte ich plötzlich und begann nach einer Begründung für meine Eingebung zu suchen. Zuerst las ich alle Gästebewertungen im Internet. Etwas, das ich ohnehin längst hätte tun sollen, aber ich war zu euphorisch, nach der langen Suche

VIERTES KAPITEL

endlich eine Freiwilligenstelle fixieren zu können, die meinen Grundvorstellungen entsprach, dass ich dachte: Ach, wird schon passen. Die Kritiken im Internet waren nicht überragend gut, aber auch nicht grottenschlecht. Auffallend war nur, dass jede Anmerkung eines Urlaubsgasts von Andrew mit schnippisch-aggressiven Kommentaren bedacht wurde. Wollte ich für so einen kritikresistenten Chef arbeiten? Jein. Ich studierte via Satellitenbilder das Hotel und entdeckte windschiefe, zugige Bambusbauten. Das mussten die Belegschaftsbaracken sein. Schon wieder nachts bei jedem Geräusch aufschrecken und mit einem Haufen Reptilien Bett und Tisch teilen? Nein ... Darum die Lügen-E-Mail und das erfundene Knöchel-Heimflug-Drama. Zugegeben, nicht die erwachsenste Wahl, um einen Job abzusagen (zumal meine Vermutungen über die Schrecklichkeit Andrews und der Baracken ja nicht bewiesen sind). Aber für klare Ansagen à la »Ich hab's mir anders überlegt, ich komme nicht« hatte ich nicht den Mumm. Ich schätze, weil der konfliktscheue Feigling in mir noch nicht verinnerlicht hat, dass man sich im Leben nicht allen erklären muss. Andrew hat übrigens nie geantwortet.

* * *

Ich bin der Schlange ewig dankbar für ihren Deckensturz und dass sie mich dazu animiert hat, noch mal klarzustellen: Was geht? Was nicht? Nachts allein in Bambushütten zu schlafen, geht jedenfalls nicht mehr. Und letztlich bin ich so schneller in Hoi An gelandet, einer zauberhaften 150 000-Einwohner-Stadt in Zentralvietnam, die zu Recht als Indochinas Antwort auf Venedig gilt. Diesen Ruf hat ihr der Kanal eingebracht, der sich malerisch durch die Altstadt zieht. Dazu tauchen

nachts Hunderte Lampions die Gassen in ein sanft-romanti-
sches Licht, und Schreine mit Räucherstäbchen zieren die
Gehwege. Wenn ich zum fünf Kilometer entfernten Strand
radle, führt mein Weg an Reisfeldern und Wasserbüffeln vorbei, und ich fühle mich wie in einem kitschigen Asien-Film.
Okay, das Bild stimmt vielleicht nicht ganz, denn in Asien-
Filmen sind die Titelheldinnen zart und schlank. Mir hingegen
hängt beim Radeln mittlerweile die Wampe raus, aber an den
knusprigen Banh-Mi-Sandwiches, die in Hoi Ans mobilen
Garküchen zubereitet werden, kommt man nicht vorbei.
Weißmehl und Fett pur, herrlich! Und dann Mi Quang erst,
die aromatische Brühe mit den dicken, gelben Nudeln, Kräu-
tern und Wachteleiern. Vierzehn Tage sind seit meiner Ankunft vergangen, und in den mitgebrachten Klamotten wird's
stündlich enger. Was ich offiziell natürlich darauf schiebe, dass
die Wäscherei meine Sachen in den Trockner wirft. Darin läuft
alles ein, auch tausendmal gewaschene Teile.

Wieder ist ein Tag im Paradies vorbei, denke ich, wenn die
Sonne vor meinem Balkonfenster malerisch hinter den Palmen
untergeht und der Himmel orange, rot und pink zu glühen be-
ginnt. Ein Tag im Work-Life-Balance-Paradies, um genau zu sein.
Ich habe tatsächlich eine Stelle angetreten – Applaus bitte –,
und das Beste ist: Sie fühlt sich absolut nicht wie Arbeit an. Mein
Freiwilligen-Engagement beim Onlineportal, das auf Hoi-An-
Stadt-Tipps spezialisiert ist, hat sich als Volltreffer herausgestellt.
Ich kann hier als Journalistin arbeiten, also in meinem echten
Beruf, und darf Beiträge über lokale Restaurants, Bars, Hotels
und lohnende Ausflugsziele in der Umgebung verfassen. In englischer Sprache und obwohl ich noch nie zuvor in Hoi An gewesen bin. Das hat mich kurz etwas überfordert, vor allem das professionelle Schreiben auf Englisch bereitete mir Sorgen. Aber

VIERTES KAPITEL

man wächst bekanntlich mit seinen Aufgaben, und das Rund-herum-Paket ist zu gut, um vorschnell aufzugeben. Als das Taxi mich und meinen Rollkoffer an der vereinbarten Adresse absetzte, wollte ich erst meinen Augen nicht trauen. Ich war überzeugt, der Fahrer hätte sich in der Hausnummer geirrt. Eine Auffahrt mit Kopfsteinpflaster. Ein begrünter Innenhof mit Pool. Weiß getünchte Gebäude. Und ein geschmackvoll eingerichtetes Häuschen, offenbar eine Empfangshalle oder Rezeption. Letztere war verwaist, niemand zu sehen. Adresse? Korrekt. Auch mit Double-Check.

»Bist du Wuuultrud?«, hörte ich plötzlich. Ein Mittdreißiger Rockabilly mit Tattoos, Haartolle und Tunnel-Ohrloch kam mit offenem Lächeln auf mich zu und stellte sich als mein Chef vor. Trevor ist ein britischer Fotograf, der seit einem Jahr in Hoi An lebt und mit dem ich hin und her geschrieben hatte, um die Stelle zu fixieren.

»Was ist das hier, Trevor?«, fragte ich ungläubig lachend. »Ein Hotel!?«

»Korrekt. Allerdings ist es offiziell außer Betrieb. Der Besitzer hat dichtgemacht, weil das Haus nebenan abgerissen werden soll. Der Staub, der Dreck, das wäre nicht gut fürs Geschäft. Er stellt uns die Zimmer kostenlos zur Verfügung, er ist ein Unterstützer unseres Webseiten-Projekts.«

»Aber hier sind kein Staub und kein Dreck. Das Haus nebenan steht noch«, warf ich ein.

Trevor zuckte mit den Schultern. »Keiner weiß, wann die Abrissbirnen wirklich kommen. Das geht seit Monaten so. Vietnam eben.«

»Leben alle freiwilligen Schreiber hier?«

»Ja.« Trevor öffnete seinen Rucksack und warf mir einen Zimmerschlüssel zu. Nummer 207. Zweiter Stock. Dreißig

- 68 -

EINE LÜGE FÜHRT INS WORK-LIFE-PARADIES

sonnige Quadratmeter mit Doppelbett, Sitzecke, Kühlschrank, geräumiger Glasdusche und Balkon. »Den Trinkwasserspender findest du im Hof. Es gibt einen Hausmeister, Jim, er kümmert sich um den Pool und die Gartenanlage. Wenn du frische Handtücher willst, bring ihm einfach deine gebrauchten vorbei. Jim spricht kein Englisch, aber er wird verstehen, was du meinst. Einmal pro Woche bezieht eine Putzfrau die Betten neu.« Anschließend führte Trevor mich durch ein leeres Restaurant – »unser Meetingraum für die montägliche Redaktionskonferenz« –, gab mir das WiFi-Passwort, ein paar Tipps zum Entdecken der Nachbarschaft und verabschiedete sich mit: »Viel Spaß, und schön, dass du da bist. Wir sehen uns am Montag um zehn.«

Ich blieb verdutzt stehen. Das war's? Erst mal zwei Tage nichts? Nur das Leben genießen? Offenbar.

* * *

Seitdem fühle ich mich wie in der Neunziger-TV-Serie *Melrose Place*, nur ohne Heather Locklear und ohne Intrigen. Wir bewohnen das Hotel zu fünft – und die Leute sind alle ziemlich brauchbar. Ein junges Pärchen aus Florida dreht Videos für die Webseite. Die beiden lachen viel, grüßen immer, aber vor allem knutschen sie ständig im Pool. Ein hagerer, einsiedlerischer Mittfünfziger aus Australien bewohnt das Zimmer über mir. Er tourt seit vier Jahren als Nomade durch die Welt, hat kein Mobiltelefon und will auch keines, Hoi An ist seine vierzigste (!) Freiwilligenstelle. Und dann ist da noch eine Lehrerin aus Südkorea, Anfang dreißig, ein großartig optimistisches Wesen, das seit elf Monaten auf Reisen ist. Aber vor allem ist sie die einzige Asiatin, die ich kenne, die gerne in der Sonne brät.

VIERTES KAPITEL

Man kann Kontakt miteinander halten, muss aber nicht. Neulich haben wir abends ein paar Flaschen Wein geleert und sind dann von meinem Balkon in den Pool gesprungen. Hausmeister Jim war nur semi-begeistert von der Aktion. Nicht etwa, weil er ein strenger Geselle wäre. Ich glaube, er fürchtet eher, dass wir uns versehentlich die Zähne am Beckenrand ausschlagen und er dann mit unserem weinerlichen Gejammer leben muss. Wenn's so weitergeht, ist aber ohnehin bald kein Wasser mehr zum Reinspringen da. Durch den heißen Sommer sind die Speicher der Stadt leer, was bedeutet: Seit drei Tagen kommt nichts mehr aus meiner Dusche, nicht mal ein Tröpfchen. Den anderen geht es ähnlich. Jim, der Hausmeister, hat zwar in einem Nebengebäude der Anlage noch ein Zimmer gefunden, das dank eines halb vollen Tanks auf dem Dach Wasser hat. Dort duschen wir nun nacheinander. Für Toilettengänge ist mir der Weg aber zu weit. Also spüle ich mein Klo mit vollgeschöpften Eimern aus dem Swimmingpool. Jim grinst immer, wenn er mich morgens im Bademantel Poolwasser nachfüllen sieht. Er gießt dabei den Rasen. Keine Ahnung, woher er das Wasser dafür nimmt. Vielleicht will er uns auch einfach nur ein bisschen ärgern.

Ich kann tun und lassen, was ich will. Und arbeiten, wie ich will. Einen Artikel pro Woche muss ich abliefern, das war's. Es sind inhaltlich umfangreiche Storys, zweitausend Worte lang. Meistens recherchiere und schreibe ich zweieinhalb Tage durch, Trevor legt mir die Kontakte, er kennt viele Leute in der Stadt, und liest mein Englisch Korrektur. Ich will die Pflicht erledigt haben, um so schnell wie möglich zur Kür überzugehen. Kür heißt in meinem Fall: Ich liege entweder am pulvrigweißen Sandstrand von Hoi An und brate in der Sonne (meine Dermatologin, die meine vielen Muttermale mit Sorge sieht, möge diese Zeilen ignorieren). Oder aber ich wühle mich stundenlang durch den lokalen Stoffmarkt, befühle Baumwolle, Leinen, Seide, Chiffon in wild-verrückten Mustern, die nur während eines Opiumrauschs entstanden sein können. Mit meiner Ausbeute treibe ich dann Van und ihre Familie in den Wahnsinn. Van ist Rezeptionistin in einem kleinen Hotel, in dem ich mich vor dem Start meiner Freiwilligenstelle eingebucht hatte. Um bei der Wahrheit zu bleiben: Ich war nur deshalb dort abgestiegen, um das Ganze als Fluchtort zu »testen«. Sollte sich die Unterbringung bei Trevor als unzumutbar herausstellen, so wollte ich eine Alternative haben. Jedenfalls, Van und ich klickten sofort.

»Was genau versteckst du in deinem Koffer? Eine Leiche?«, fragte sie, als sie mein schweres Gepäck erblickte.

»Nein.« Ich lachte. »Viel zu viele Klamotten. Ich reise ohne Endzeitpunkt, da übertreibt man es packtechnisch gerne. Außerdem habe ich mich bei meinen Zwischenstopps in Hanoi und Ho-Chi-Minh-Stadt dazu hinreißen lassen, Stoffe zu kaufen.«

Das war Vans Stichwort. »Stoffe? Zeig her!« Sie klatschte begeistert in die Hände. »Weißt du schon, was du daraus machen lassen willst? Ich bin ausgebildete Schneiderin, ich kenne mich aus.«

Zehn Minuten später waren wir auf Social Media befreundet, studierten auf Vans Computer Bilder von Säumen, Faltenwürfen und Flatterärmeln. Van kritzelte einen Entwurf auf die Rückseite meines ausgedruckten Flugtickets, nahm telefonierend meine Maße – Hals, Brust, Rücken, Arme, Hüfte, Taille – und verkündete schließlich mit jenem zufrieden-irren Grinsen, das nur Multitaskern vorbehalten ist: »Dein Maxikleid ist morgen fertig. Meine Schwester, ebenfalls Schneiderin, näht es für dich.« Für umgerechnet zwanzig Euro. Ich liebe Van.

VIERTES KAPITEL

Seitdem kreuze ich alle paar Tage bei ihr und ihrer Schwester auf. In der Familienküche, die eigentlich das Hinterzimmer eines Brillengeschäfts ist, werden meine kühnsten Designträume wahr. Wenn ich halb nackt, nur in Unterwäsche, zwischen Suppentopf und Nähmaschine stehe, damit Van und ihre Schwester an mir rumstecken können, jubiliert mein kreatives Ich: endlich Sommerkleider, die lang genug und obendrein praktisch auf Reisen sind. In jedes Teil näht Vans Schwester mir seitliche Eingrifftaschen für Handy und Schlüssel ein. Vier blumige Walle-Walle-Kaftane sind bereits entstanden. Ein Kleid habe ich designtechnisch vergeigt, obwohl Van mich gewarnt hatte. Für den gewählten Schnitt war der Stoff zu steif und zu blass, das Ergebnis kam einer Gespensterverkleidung für den Fasching gleich, aber das macht nichts. Material für weitere Versuche ist gekauft. Ich habe keine Ahnung, wo das noch hinführen soll, mein Koffer quillt jetzt schon über. Aber das Wichtigste: Mein Herz ist ebenfalls übervoll. Als Kind wollte ich unbedingt mal Modedesignerin werden. Stundenlang malte ich prinzessinnengleiche Tüllexplosionen auf viel zu dünne Frauenfiguren.

»Warum habe ich diesen Traum nicht weiterverfolgt?«, frage ich mich jetzt. Die Antwort hat mit meinen verpeilten Eltern zu tun. Ich weiß, Versäumnisse auf die Erzeuger zu schieben, ist ein billiger Trick, um von seinen eigenen Fehlern abzulenken. Aber an meiner unerfüllten Modekarriere sind sie tatsächlich nicht ganz unschuldig. Mit vierzehn wollte ich unbedingt eine Modeschule besuchen, die hundert Kilometer von meinem Heimatkaff entfernt lag und ein Internat bedingt hätte. Ich überredete meine Eltern, sich das Institut anzusehen. Pro Studienjahr gab es einen Infoabend für interessierte Schüler und ihre Familien. Und was soll ich sagen? Die beiden kamen wie immer viel zu spät von der Arbeit weg, wir rasten wie die Irren auf der Autobahn und verfuhren uns böse. Der schlechte Orientierungssinn meiner Mutter kam mit dem Lesen der Straßenkarte und den dunklen Straßen nicht zurecht. Mein Vater wiederum ist nicht der geduldigste oder lösungsorientierteste Mensch. Er hatte eingewilligt, den Fahrer zu geben, aber was sollte er groß machen, wenn die Mutter ihn in die falsche Richtung lotste? Jedenfalls, nach einer Stunde Herumirren beschloss er: »Das war's. Wir finden da nie hin, wir drehen um, außerdem ist der Infoabend sowieso gleich vorbei.« Die Schule war danach nie wieder ein Thema. Hätte es damals bereits Navi-Apps gegeben, wer weiß, was aus mir geworden wäre. Diese Möglichkeiten! Aber der Vollständigkeit halber sei erwähnt: Neben Modedesignerin gab ich in meiner Jugend auch Friseurin, Psychologin und Tierärztin als Berufswünsche an, bis mir dämmerte, dass man als Veterinärmedizinerin nicht nur flauschige Babykatzen behandeln muss, sondern auch Kühe und Ratten. Addieren wir also Unentschlossenheit meinerseits auf das »Wer hat Schuld?«-Konto, und gut ist's.

Außerdem, jetzt kann ich mich ja austoben. Und ich muss nicht morgens in den Spiegel schauen, um zu wissen: Alles an Hoi An lässt mich aufblühen. Der Webseiten-Job, dessen Recherchen mich in Ecken der Stadt führen, die ich sonst nie zu Gesicht bekommen hätte. Die kreativen Kleider-Experimente bei meinen tapferen Schneiderinnen-Schwestern. Der Strand. Aber ein bisschen ist an meinem debilen Dauergrinsen wahrscheinlich auch John schuld. Ein fünfundvierzigjähriger Australier, der die längsten Wimpern von Sydney bis Perth und dahinter wunderschön freundliche Augen hat. Wir haben uns auf Tinder kennengelernt, jener Dating-App, die mir bereits auf meiner ersten Weltreise gute Dienste erwiesen hat. Und bevor

VIERTES KAPITEL

hier ein falscher Eindruck entsteht: Ich bin weder eine lüsterne Reise-Nymphomanin noch eine zölibatäre Nonne. Ich bin Single. Soll heißen: Wenn mein Herz zu hüpfen beginnt, sage ich nicht Nein. Aber erfahrungsgemäß passiert das eher selten. In fünfundneunzig Prozent der Fälle fungiert Tinder für mich als Kontaktbörse zu Einheimischen, die mir Insidertipps zur jeweiligen Destination geben. Manchmal fahnde ich online auch nach gleichaltrigen Reisenden. Unterwegs trifft man zwar durchaus andere Fernwehkranke, aber diese sind oft blutjung oder als Pärchen unterwegs, also nicht die beste Begleitung für ein Abendessen, außer man will sich wie eine Greisin am Tisch oder das fünfte Rad am Wagen fühlen.

In Vietnam hatte ich bisher zwei Typen getroffen: Graham, einen weltumrundenden Radfahrer. Ihm fehlte unten links ein Zahn, aber vor allem fehlte es ihm an Humor. Letzterer geht offenbar verloren, wenn man unzählige Stunden nur stur geradeaus starrt und die ödesten Straßen entlangradelt. Mit Dimitri, einem bosnisch-australischen Tausendsassa wiederum, traf ich mich auf einen Drink in Saigon. Er wollte mir weismachen, dass er sowohl erfolgreicher Schuhdesigner als auch Architekt, DJ, Clubbesitzer, Künstler und heterosexuell sei. Kurz: zweimal nichts außer bemühtes Geplänkel. Und dann kam John. Ein Mann, der nicht zu den fünfundneunzig Prozent gehört, sondern zu den guten fünf Prozent.

Dabei hätten sich unsere Wege fast nicht gekreuzt. John wollte eigentlich nicht nach Vietnam. Zumindest nicht allein. Er hatte bei einer Charity-Auktion in seiner Heimat Australien einen Hotelgutschein für Hoi An ersteigert – und dieser drohte, abzulaufen. Weil keiner seiner Freunde Zeit für Urlaub hatte, buchte er zähneknirschend einen Flug, sein erster Solo-Trip. Und ich selbst sollte noch gar nicht in der Stadt sein. Wäre alles

- 74 -

EINE LÜGE FÜHRT INS WORK-LIFE-PARADIES

nach Plan gelaufen, wäre ich zu diesem Zeitpunkt noch gar nicht in Hoi An gewesen, sondern als vermeintliche Englischlehrerin in dem Hotel, dem ich abgesagt hatte. Aber genau solche Zufälle mag ich, sie machen unser Dasein schön. Als ich mich zu unserem Treffen in der Altstadt von Hoi An aufmachte, begann es in Strömen zu regnen. Binnen Minuten war ich klatschnass und suchte unter der Plastikplane eines Geschäfts Zuflucht. Ein Taxi zu erwischen, schien utopisch, denn wenn sich die Himmelsschleusen über Hoi An einmal öffnen, dann verwandeln sich Straßen in Flüsse. Der Boden ist zu ausgetrocknet, um die blitzartigen Wassermengen aufzunehmen. Sollte ich absagen? Nach dem zahnlückigen Radfahrer und dem sexuell verwirrten Tausendsassa-Date war ich ein bisschen desillusioniert, was neue Begegnungen betraf.

»Ich schaffe es nicht, pünktlich zu sein. Vielleicht sollten wir verschieben?«, schrieb ich John eine Nachricht.

»Stress dich nicht. Ich warte«, kam zurück. »Bin in einem Pub und im Trockenen, alles gut.«

Dreißig Minuten später kreuzte ich dort wie eine nasse Katze auf – und war positiv überrascht. Normalerweise sind die Fotos auf Dating-Apps immer ein wenig geschönt, da nehme ich meine Bilder nicht aus (es lebe der »Strahlend«-Fotofilter!). Hier war es umgekehrt. Vor mir saß jemand, der wesentlich besser als sein Profilbild aussah. John hat die gerade Haltung jener Menschen, die ganzheitlich auf ihren Körper schauen. Wenn vom Nacken bis zu den Waden sämtliche Muskelgruppen athletisch auf Zack sind – und nicht nur der Bizeps schnell aufpumpt wird –, ist das immer ein gutes Zeichen. Dazu: dunkelblonder Dreitagebart, alle Haare auf dem Kopf, weit gereist, geschieden, zwei Teenager-Töchter. Das war ein Novum für mich, ein Mann mit Kindern. Aber so stolz, wie

- 75 -

VIERTES KAPITEL

John von seinen Mädchen sprach, wurde ich plötzlich ganz wunderlich und dachte: Vielleicht sind Töchter-Väter ja der Heilige-Dating-Gral. Diese Männer überlegen sich eher, was sie gegenüber dem weiblichen Geschlecht tun und sagen, weil sie nicht wollen, dass ihrem Nachwuchs so etwas passiert.

Kurz: Ich war mehr angetan, als man das bei einem ersten Treffen sein sollte. Vielleicht lag es aber auch einfach nur am Wein und der Euphorie, endlich mit jemandem plaudern zu können, mit dem ich mich auf Anhieb gut verstand. Am ersten Abend – nach sieben Stunden Dauerreden – brachte John mich mit dem Motorrad nach Hause. Küsschen links, Küsschen rechts, »Schlaf gut«. Der Ausflug am nächsten Tag endete anstelle eines Küsschens mit einem Kuss, und seitdem erkunden wir gemeinsam die Gegend. Was insofern großartig ist, als John wie gesagt ein Motorrad hat. Ich hingegen bin aus Schiss vor dem chaotischen vietnamesischen Verkehr bisher nur mit einem Drahtesel herumgegurkt.

Sobald meine Arbeit erledigt ist, brausen wir über Landstraßen zur antiken Tempelstadt My Son oder schauen uns den Sonnenuntergang bei der größten Buddha-Statue Vietnams an. Lady Buddha misst siebenundsechzig Meter, und ich habe keine Ahnung, warum diese Statue eine Frau ist, aber warum sollte man Buddha nicht gendern? Zeit wird's. John, so habe ich mittlerweile gelernt, liebt Mathematik und erneuerbare Energien, alles Themen, bei denen mein Hirn streikt. Dass er zusätzlich mit starkem westaustralischem Akzent spricht, macht die Sache nicht besser. Oft habe ich keine Ahnung, was er mir gerade erzählen will, und ich wünschte, er käme mit Untertiteln. Aber das Verständigungsmanko gebe ich nur zu, wenn er mich konkret fragt: »Did you get that?« – »Not really ...« Was ich aber schon verstanden habe: Wir mögen grundverschieden sein,

– 76 –

EINE LÜGE FÜHRT INS WORK-LIFE-PARADIES

aber genau das macht die Sache spannend. Von John lerne ich, wie man Fische fängt, Strömungen im Meer voraussagt, Swimmingpools baut und Naturgas aus der Erde gewinnt. Ich wiederum bringe ihm bei, wie man meditiert, Kaffee mit Ei trinkt (der Job bei Trevors Webseiten-Projekt hat Vorteile, man ist über das kulinarische Geschehen in Hoi An immer top-informiert) und die besten Dachterrassen-Bars der Stadt findet.

* * *

»Wenn dir Hoi An so gut gefällt, dann bleib doch einfach dort«, meint meine Freundin Christiane, als sie mich in meinem Knutsch-Design-Fress-Taumel dann endlich mal am Telefon erwischt. »Denkst du nicht, das täte dir gut? Vielleicht hat dann deine Rastlosigkeit ein Ende. Du suchst ja eigentlich nur ein Zuhause in tropisch warmen Gefilden.«

»Kommst du mich dann besuchen?«, frage ich lachend. Dazu muss man wissen: Christiane mag das Östliche nicht. Jede ihrer Reisen in den indo-asiatischen Raum hat bisher in einem Desaster geendet. In China bekam sie eine Suppe mit dicken Maden serviert. Und sie schwört bis heute Stein und Bein, die Proteinbeilage habe nicht auf der Karte gestanden. Als dann noch ein Mann vor ihr auf der Straße entspannt seinen Darm entleerte, war ihr der Appetit auf Land und Leute endgültig vergangen. Im indischen Delhi wiederum machte sie Bekanntschaft mit dem Geschlechtsteil eines Exhibitionisten. Und in irgendeinem Hotel, ich glaube, es war in Kasachstan, plumpste der Hotelaufzug zwanzig Stockwerke in die Tiefe. Mit Christiane drin.

»Ich überleg's mir«, sagt sie. Wir wissen beide, dass das Nein heißt.

»Aber du hast schon recht: Hoi An haut mich echt um«, seufze ich. »Ich habe nichts erwartet und so viel hier bekommen. Ich frage mich ja selbst täglich: Kann es sein, dass ich meinen Platz in der Welt beim zweiten Stopp gefunden habe?«

»Ja, und?«, pocht Christiane auf eine Antwort.

»Vielleicht ja. Aber da draußen wartet noch zu viel. Ich habe meinem Herzen versprochen, mich treiben zu lassen, dieses Versprechen löse ich jetzt erst mal ein. Außerdem, zurückkommen kann ich immer. Jetzt geht es weiter nach Hawaii. Zu den Hippies, auf diese Öko-Farm oder was weiß ich, was das ist.«

Christiane lacht auf. »Oh Gott, stimmt, die Hippies. Die hatte ich schon fast vergessen. Da wirst du dich schnell nach Hoi An zurückwünschen.«

»Oder auch nicht«, gebe ich kampfbereit zurück. »Das Leben schreibt bekanntlich die schönsten Märchen. Vielleicht werde ich die Hippie-Königin dort.«

Genug Blumenkleider für das Amt hätte ich ab sofort zumindest im Gepäck.

```
┌─────────────────────────────┐
│                             │
│    BEVOR ICH ES             │
│    VERGESSE ...             │
│                             │
└─────────────────────────────┘
```

SECHS REGELN FÜRS REISEGEPÄCK

Ich habe den Reißverschluss meines Koffers mehrfach gesprengt und winselnd beim Reparaturservice richten lassen müssen. Aber es muss ja nicht jeder auf die harte Tour lernen. Insofern: Bitte sehr, gern geschehen.

1. Du sollst eine digitale Kofferwaage mitführen
Die Dinger bewahren vor Selbstbetrug à la: Ach, das klappt schon. Wenn ich mein Shampoo aufbrauche, dann ist locker Platz für sieben neue Maxikleider im Gepäck. Nein, ist es nicht. Minus vierhundert Gramm machen nicht plus vier Kilogramm wett. Und es ist auch nicht ratsam, die Notfall-Schokolade aufzuessen. Am Ende siegen Mathematik und Selbstliebe. Niemand will ständig vor dem Check-in-Personal am Flughafen zu Kreuze kriechen müssen. Zumal das Ganze erfahrungsgemäß ohnehin nichts bringt. Darum Kofferwaage. Wirklich.

2. Plus eins = minus eins
Wird ein neues Teil gekauft, muss ein altes weichen oder etwas Gleichwertiges in Größe und Gewicht entsorgt werden. Wobei: Besser, als die Teile in einen Mülleimer zu geben, ist, sie

neben der Tonne zu platzieren, mit einem »Zu verschenken«-Zettel drauf. Oft findet noch jemand Gefallen daran.

3. Zwei Fragen gegen Übergepäck

Steht man vor einem Berg an Klamotten und vor einem Entscheidungsproblem, hilft: *Brauche* ich das wirklich? *Warum* führe ich das mit? Vor allem letztere Frage ist psychologisch verräterisch. Ich sag nur: Wunschdenken versus Realität. Statusgelüste gegen Freiheit.

4. Packschu(h)le

Ja, man kann mit nur drei Paar Schuhen um die Welt düsen. Meine Formel lautet: »S–F–S«. Sneakers. Flip-Flops. Sandalen. (Wer sich in kühleren Gefilden herumtreibt, tauscht einfach Sandalen gegen Halbschuhe aus.) Der wahre Trick ist aber, die Dinger optisch und orthopädisch klug zu wählen. Meine Sneakers zum Beispiel sind schwarz mit minimalen Farbelementen. Ich habe fünf Fachgeschäfte abgeklappert, bis ich endlich einen Schuh fand, der beim Sport die notwendige Stütze für meinen Senk- und Spreizfuß bietet und abends keine Türsteher und Stilwächter verschreckt. Flip-Flops wiederum – unerlässlich für Nassräume, den Strand und kurze Spaziergänge – besitze ich in einem Bronzeton, das passt immer. Und als Sandalen müssen bei mir Birkenstock herhalten. Bequemes Fußbett für lange Märsche und gar nicht mal so hässlich, wenn man sie geschickt kombiniert. Sich einzureden, dass die Dinger im Trend sind, hilft auch.

5. Schön minimalistisch

Sollte ich nur ein Produkt im Kulturbeutel mitführen dürfen, dann wäre das unraffinierte Sheabutter. Das Zeug kann quasi zaubern. Es dient als Hautcreme und Abschminkhilfe, repariert rissige Fersen und Lippen, nährt trockene Haarspitzen, sonnenverbrannte Nasen – und kochen lässt sich damit auch, falls die Butter zum Eierbraten alle ist. Weitere platzsparende Beauty-Helfer: Cremeparfums oder Parfumöle (ein Duftwechsel sorgt nicht für Identitätsverlust, keine Sorge, ich hab's probiert). Deocreme im Glas, eine Menstruationstasse (ersetzt Binden und Tampons), und statt Duschgel verwende ich Seife. Letztere spart Verpackungsmüll und wäscht wasserfeste Sonnencreme am effektivsten von der Haut ab – zumindest ist das meine Erfahrung.

6. Allzeit bereit
Dinge, die ich immer mitführe und die fast nichts wiegen:
* **Ein Näh-Kit aus dem Hotel.** Hilft bei losen Knöpfen, mit der (desinfizierten) Nadel lassen sich auch Splitter oder eingewachsene Härchen aus der Haut operieren.
* **Superkleber.** Eine Mini-Tube rettet vieles, zumindest kurzfristig.
* **Grußkärtchen.** Danke sagen bringt einen weit in der Welt. Hilfsbereite Vermieter und Reisebekanntschaften, die Geburtstag oder einen schlechten Tag haben, freuen sich immer über ein paar persönliche Zeilen. Und erfahrungsgemäß findet man nie diese Kärtchen, wenn man welche braucht, darum führe ich sie mit.
* **Originalverpackter Spülschwamm.** In Unterkünfte, in denen der Spülschwamm in der Küche nicht taufrisch aussieht, kommt man oft. Wurden damit das Klo geputzt und die Gläser gespült? Ein frisches Teil aus dem Gepäck zu fischen, um damit das Geschirr fürs erste Frühstück grundreinigen zu können, macht happy.

PS: Mehr Reise-Hacks sind in meinem ersten Buch *Mein Date mit der Welt* gelistet. Klingt wie Schleichwerbung, ich weiß, ich will mich nur nicht wiederholen. Wer's lesen mag, ist willkommen. Man schafft's aber auch ohne das Buch durch die Welt.

5

KLOPUTZEN MIT MEERBLICK

In der Ferne breitet sich der Pazifik in all seiner glitzernden Schönheit aus. Dort, wo die Bäume einen Lichttunnel freigeben, sind die dunstige Silhouette eines Tempels und die dichten, grünen Klippen Mauis zu erkennen. Würde man vom Weltall aus auf die Szenerie schauen, sähe man nichts außer einer stecknadelgroßen Insel, die auf einem endlosen Wasserteppich schwimmt. Erst viertausend Kilometer weiter schlagen die Wellen wieder am Festland auf, rechts beginnt Amerika, links Japan.

»Okay Carly, erklär's mir. Warum machen wir das hier noch mal genau?«, frage ich und bleibe schnaufend stehen. »Wieso zum Teufel stapfen wir seit zehn Minuten mit Putzeimern, Besen und Wischmopp durch den Wald?« Meine Füße sind zerstochen von Mücken, und meinen kleinen Zeh habe ich mir irgendwo im Gestrüpp aufgeritzt, zumindest blutet er jetzt.

»Der Musiktempel bei den Klippen muss regelmäßig gründlich gereinigt werden, so lauten nun mal die Regeln«, sagt Carly.

»Bescheuerte Regeln«, raune ich. »Da verirrt sich doch nie im Leben jemand hin! Die wenigsten Gäste wissen, dass dieser

Tempel existiert, geschweige denn, wie sie den Weg durch die Bäume finden sollen.«

Carly lacht, das tut sie immer. Mit ihren himmelblauen Augen und den platinblonden Haaren ist sie der personifizierte Sonnenschein. »Ich habe aufgehört zu hinterfragen, warum man Dinge hier macht oder nicht macht«, sagt sie und stößt die Tür zu unserem neuen Putzobjekt auf.

Gecko-Kötel kleben überall, sogar den chinesischen Gong, die Meditationskissen und die Djembe-Trommel haben die Echsen zugeschissen. Und während Carly leise summend den Fliesenboden zu kehren beginnt, gebe ich mich der wahrscheinlich sinnlosesten Aufgabe im Universum hin. Ich putze die Rundum-Verglasung, zwanzig bodentiefe Fenster, wissend, dass die Scheiben durch die Salzluft und den nächsten Regenschauer sofort wieder verschmieren, da kannst du Wasser und Essigspray anschleppen, so viel du willst.

»Schau mal. Hast du eine Ahnung, was das hier sein soll?«, murmle ich, als ich mittendrin eine geschnitzte Holzkiste verrücken muss und darin ornamentverzierte Döschen finde.

»Das Zeug in der Truhe?«, fragt Carly. »Sei vorsichtig damit. Das ist die Asche von toten Menschen.«

Warum wundert mich das jetzt nicht?

* * *

Als Grayson mich vor einer Woche mit einem verbeulten Pickup-Truck am Flughafen abholte – ohne Lei-Blumenkranz, den gibt's auf Hawaii nur als Begrüßungsgeste von Hotels, oder man zieht sich das Teil selbst für 25 US-Dollar am gekühlten Selbstbedienungsautomaten –, wusste ich: Jetzt heißt's tolerant sein oder umdrehen und zurück nach Vietnam fliegen. Ich entschied

FÜNFTES KAPITEL

mich für Ersteres, zwängte meinen Koffer zwischen Säcken mit Hühnerfutter sowie einer Kiste alten Werkzeugs ein und strahlte Grayson zur Begrüßung an: »Aloha, ich habe so viele Fragen.« Grayson ist alterstechnisch irgendwas um die siebzig, und er sieht auch keinen Tag jünger aus. Ein hagerer Alt-Hippie mit schütterem Haar und eingefallenen Wangen, der sich immer leicht zerstreut gibt, dabei aber aufmerksam wache Augen und ein offenes Lächeln hat. Gemeinsam mit seiner Ehefrau Esther betreibt er ein Öko-Resort auf Maui, in dem ich mich als Freiwillige beworben habe. Wobei, »gemeinsam betreiben« stimmt so nicht. Esther führt das Regiment. Sie mag zwar mit ihrer dunklen Wallemähne und den bunten Kleidern wie eine bestens erhaltene »Love, Peace & Happiness«-Pionierin aussehen, doch wenn's ums Geld geht, hat sie den Instinkt eines Wall-Street-Hais. Vor Jahren kaufte sie ein verwildertes Dschungel-Grundstück und verwandelte es in ein ansehnliches Zuhause und eine Oase für Sinnsuchende. Tantra-Yoga, schamanische Rituale, Trance-Musik, Bioenergetik – you name it, they did it. Oft fanden die Seminare nackig statt, das Anwesen wurde teilweise als Nudistencamp geführt. Mittlerweile aber sind alle, inklusive Grayson, wieder vollständig bekleidet. Die Jeans, die von seinem schlaksigen Körper hängen, und das Leinenhemd, das seine verknitterte Brust großzügig freilegt, trägt er allerdings eher unwillig.

»Die Gäste, die heutzutage kommen, sind anders drauf«, seufzt Grayson, und man hat das Gefühl, er trauert den alten Zeiten nach. Genauer dem Kalifornien und dem Hawaii der Siebzigerjahre, wo er im Dunstkreis von New-Age-Gurus wie Werner Erhard (Autor), John Lilly (Neurophysiologe), Allen Ginsberg (ebenfalls Autor) und Fritz Perls (Psychiater) alles ausprobierte, was die Hippie-Bewegung hergab. Grayson war immer von Hochkarätern der spirituellen Gemeinde umgeben, die Flit-

terwöchner und naturverbundenen Hawaii-Entdecker, die jetzt
auf sein Anwesen kommen, haben aber selten von Gestaltthera-
pie oder der Fünf-Rhythmen-Lehre gehört. Dafür sitzen bei ihnen zumindest die Kreditkarten locker. Mehrere hundert US-
Dollar pro Nacht stellt man den Gästen für den Meerblick und
ein bisschen Heile-Welt-Feeling in Rechnung. Rund ums Anwesen wird kompostiert, es werden ein Gemüsegarten und ein
Hühnerstall betrieben und Kokos-Kefir hergestellt. Viel Arbeit.
Esther und Grayson haben aber ein System gefunden, wie sie
selbst wenig anpacken müssen und der Laden trotzdem läuft,
auch in finanzieller Hinsicht. Statt Zimmermädchen und Gärtnern lassen sie freiwillige Helfer werkeln. Diese verpflichten sich,
dreißig Stunden pro Woche zu jäten, zu hämmern und zu putzen.
Dafür gibt's einen Schlafplatz, von den Besitzern gestifteten Reis
und Bohnen, Gemüse aus dem Garten sowie das Angebot der
»spirituellen Weiterbildung«. Ob der Arbeitsdeal fair ist? Wahrscheinlich nicht. Trotzdem habe ich beschlossen, ich spiele für
drei Monate mit. Immerhin ist Maui die teuerste Insel Hawaiis.
Außerdem: Einzelzimmer! Den ganzen lieben langen Tag an der
frischen Luft! Und: Man lernt von allem, irgendwie.

* * *

Die Asche im Musiktempel soll übrigens von einem honorigen
Mediziner stammen. Oder war's ein Musiker? Womöglich auch
beides. Jeder erzählt hier etwas anderes. Jedenfalls: Die, die in
den Metalldöschen stecken, fühlten sich zu Lebzeiten dem Ort
so verbunden, dass sie einen Teil ihrer sterblichen Überreste
hier verwahrt wissen wollten. Ich kann es ihnen nicht verdenken. Das Anwesen, auf dem ich gelandet bin, ist magisch schön.
Man blickt auf meterhohe Palmen, die sich im Wind wiegen.

FÜNFTES KAPITEL

Auf den Pazifik, an dessen Horizont die Sonne malerisch auf-
und untergeht. Dazu finden sich wilde Gräser, Papageienblu-
men, Heilkräuter, Steinfiguren – und absolute Ruhe. Nur eine
versteckte Schotterstraße führt zum Grundstück und kapselt
es von Autolärm, aber vor allem vom Rest der Insel ab.

* * *

Trotz dieser Idylle lag ich am ersten Tag gleich mal heulend im
Bett. Melodramatisch, ich weiß. Aber der Jetlag, die fremde
Umgebung – ich war mit der Gesamtsituation überfordert. Die
fünf anderen Freiwilligen, vier Mädels und ein Bursche, keiner
älter als fünfundzwanzig und aus allen Teilen der Welt, schienen
bereits eine Gruppe zu bilden. Ihre Füße starrten vor Dreck.

»Wir gehen barfuß hier«, erklärte Carly, der australische
Sonnenschein, als sie mich zur Begrüßung umarmte. »Grayson
sagt, das verbindet dich besser mit Mutter Erde. Probier es aus.«

Die meisten, so lernte ich, befanden sich hier, weil sie lang-
fristig auf Maui Fuß fassen wollten, aber noch nicht wussten,
wie sie einen »richtigen«, sprich einen bezahlten Job auf der Insel finden sollten. Oder aber sie waren pleite und suchten nach
einem Ort, an dem sie einen Schlafplatz gestellt bekamen und
das mit dem Hippie-Dasein und der nachhaltigen Lebensweise
ausprobieren konnten. Etwas hilflos stand ich in der Gemeinschaftsküche herum, einem Häuschen auf Stelzen, das mit
tibetischen Gebetsfahnen, pinker Wandfarbe sowie unzähli-
gen Eso-Sprüchen dekoriert war. Ich wollte hier nichts kochen
oder essen. Alles schien klebrig und etwas heruntergekommen
zu sein. Töpfe und Pfannen hingen an Haken von der Decke
herab. Ein ausrangierter Autositz, über den man ein buntes
Bettlaken geworfen hatte, diente als Sofa.

– 86 –

KLOPUTZEN MIT MEERBLICK

»Das ist die Dusche«, wurde mir ein dunkler Fliegengitterverschlag mit glitschigen Bodenplanken hinterm Haus gezeigt. Und als ich mein Gepäck den steilen Hügel zu meiner Unterkunft hinunterschleppte, übermannte mich endgültig die Verzweiflung. Mein Zuhause war ein zehn Quadratmeter großer Container mit Wellblechdach und Glasschiebetür unweit des Komposthaufens. Kein unfreundlicher Platz, der Boden schien gewischt, die Bettwäsche frisch gewaschen, aber die Sache war spartanisch. Das Zimmer bot Platz für vier aufgeklebte Spiegelfliesen, eine Kleiderstange und ein Bett, auf dem eine Spinne thronte. Ich checkte mein Handy. Kein Empfang. Ich blickte mich um. Kein Waschbecken. Keine Toilette.

»Wenn du nachts aufs Klo musst, pinkle am besten irgendwo draußen hin«, ertönte plötzlich eine Stimme aus dem Nichts. Ich brauchte einen Moment, um zu realisieren, dass die Zimmerdecke nicht mit der Wand abschloss und Pearl, meine Nachbarin im Nebencontainer, zu mir sprach. Hellhörigkeit hoch, Privatsphäre null.

»Ähm ... wo ist denn die nächste Toilette?«, fragte ich die Wand.

»Du musst zwei Hügel hinaufgehen, über die steile Treppe, und dann durch den Garten links«, kam es zurück. »Raten würde ich dir das aber nicht. Nachts ist es hier stockdunkel, die Wege sind nicht beleuchtet. Die anderen Freiwilligen wohnen näher an Waschräumen, wir sind leider ein bisschen ab vom Schuss.«

Ich seufzte und fühlte mich wie ein ausgesetzter, ungeliebter Hund. Als ich kurz nach Mitternacht leise die Tür meines Containers aufschob, um verschämt ins Gebüsch zu pinkeln, sah ich auch wie einer aus.

Mittlerweile habe ich mich gefangen und zweckoptimistischen Tatendrang entwickelt. Ich schlafe wegen der Mit-

FÜNFTES KAPITEL

bewohner-Spinne mit dem Bettlaken über dem Kopf, jeder Zipfel Stoff ist unter meinem Körper eingeklemmt. Ab der Dämmerung versuche ich, kein Wasser und keinen Ananaswein mehr zu trinken, um die nächtlichen Ausflüge ins Gebüsch zu minimieren. Es gibt Erhebenderes, als mit nacktem Hintern über der Erde zu hängen und auf das schmucke Haupthaus zu schauen, wo sich gleich mehrere Toiletten befinden, die man als Freiwillige aber nicht benutzen darf. Außerdem will ich vermeiden, dass meinen Schlafplatz bald stechender Ammoniakgestank umweht. In der Gemeinschaftsküche spüle ich Teller, Gläser und Töpfe gründlich ab, bevor ich sie benutze. Und wenn ich mich unter der Dusche einseife, bin ich blitzschnell und halte den Kopf nach oben gestreckt. Nur nicht zu Boden blicken, manchmal flitzen dort Kakerlaken herum. Ansonsten bin ich schwer damit beschäftigt zu verstehen, wie man die Dinge hier macht, hier machen soll. Das hat durchaus Unterhaltungswert. Ich schwanke zwischen »Ich bin im Paradies/im Knast/im Kindergarten/im Irrenhaus/bei *Versteckte Kamera*«.

Carly etwa hat heute den ganzen Tag barbusig und in Unterhose gearbeitet. »Eine der Freiluft-Gästeduschen braucht einen neuen Anstrich«, trug Hippie-Chefin Esther ihr auf. Eigentlich keine große Sache, doch Carly war starr vor Angst.

»Was, wenn ich es falsch mache? Esther bringt mich um«, flüsterte sie, als sie sich Farbeimer, Lacke und Pinsel aus der Garage holte und sich dann ihrer Kleidung entledigte, um diese nicht zu ruinieren.

»Was soll groß schiefgehen? Es gilt, eine Dusche zu streichen, richtig?«, sagte ich.

»Hast du die Dusche schon gesehen?«, meinte Carly und zog mich hinter den Gästebungalow.

KLOPUTZEN MIT MEERBLICK

Meine Augen weiteten sich ungläubig angesichts des psychedelischen Wachtraums aus Gips und Farbe. »Das ist so schlecht, dass es schon wieder cool ist«, sagte ich schließlich und lachte. »Muss man wirklich an ihren Brustwarzen drehen, um die Wassertemperatur zu regulieren?«

Carly nickte und tigerte ratlos vor dem vier Quadratmeter großen Wandrelief herum, das sich am ehesten mit »vollbusige Meerjungfrau samt Heiligenschein« beschreiben lässt. Der Brausekopf ragte aus einer goldenen Muschel, die über dem Kopf der Nixe montiert war. »Esther meint, ich soll ihr auch einen neuen Look verpassen.«

»Ganz ehrlich, Carly, du kannst es nur verbessern, nicht verschlechtern«, beruhigte ich.

»Ach, du kennst Esther nicht. Neulich ist sie völlig ausgeflippt, weil wir ihrer Meinung nach eine Hecke zu stark gekürzt haben. Sie meinte im Vorbeigehen: ›Schneidet mehr weg, mehr, mehr, mehr.‹ Als wir ihr das Endergebnis zeigten, zeterte sie aufgebracht, wir hätten die Hecke ruiniert. Letztlich ließ sie uns das Teil samt Wurzeln ausgraben, um neue Pflanzen zu setzen.«

»Vielleicht änderst du dann einfach nichts?«, meinte ich, um irgendwas zu sagen, auch wenn es wenig hilfreich war. Dann schlich ich mich zu Frederica in die Waschküche davon.

Frederica ist seit sechs Wochen hier und damit die längstgediente Freiwillige der Gruppe. Eine diplomierte Yogalehrerin aus dem Westen der USA, deren kluge, grüne Augen verraten, dass in dem jungen Körper eine alte Seele steckt. In der Mittagspause zupft sie auf einer Gitarre rum und schreibt wunderschöne Lieder über das Leben und die Liebe. Ihre hüftlange, dunkelblonde Mähne sieht immer aus, als hätten der Wind und das Meer sie zerzaust, und manchmal verschwindet sie kurz, um heimlich an einem Joint zu ziehen. Ich mag Frederica, mit ihr

FÜNFTES KAPITEL

kann man lachen, und außerdem hat sie eine Engelsgeduld. Sie bringt mir alles bei, was ich wissen muss, auch Tätigkeiten, die ich dachte, längst zu beherrschen. Betten neu beziehen etwa. Toiletten und Spiegelkästen putzen. Staub wischen. Für alles gibt es strikte Abläufe. Selber denken? Bitte nicht!

»Lass mich dir zeigen, wie man Komposteimer entleert.«

»Ich glaube, das schaffe ich, Frederica.«

»Nein, vertrau mir, in dieser Bude kann man auch die einfachsten Dinge falsch machen. Du darfst sie nur an einer speziellen Stelle ausspülen.«

Ich lerne, dass die Bedienung der Waschmaschine ein hohes Fettnäpfchen-Risiko für Neuankömmlinge birgt.

»Bettlaken sind im Zwanzig-Minuten-Programm zu waschen.«

»Ist das nicht ein bisschen kurz, werden die Sachen dabei sauber?«

»Es soll kein Strom vergeudet werden, wir betreiben hier vieles mit Solarzellen.«

Dann weiht mich Frederica in die hohe Kunst des Handtuchfaltens ein.

»Meine Oma würde dich lieben«, grinse ich, während ich mich abmühe, aus einem Frotteehandtuch einen Schwan zu formen. »Dank dir werde ich noch heiratsfähig und kann in den Olymp der perfekten Hausfrauen aufsteigen.«

Frederica greift helfend ein und zerstört mein Erstlingswerk. Dann arrangiert sie zwei Handtuch-Schwäne so, dass die gebogenen Hälse ein Herz ergeben und die Schnäbel sich küssen. »Kitsch pur!«, meint sie mit rollenden Augen, aber dennoch zufrieden.

Ich platziere eine frisch geschnittene Strelitzie vor den Turtelschwänen, die wächsernen Blumen verwelken nicht, bis die Gäste ankommen. Und nachdem wir ein letztes Mal den Bettüberwurf zurechtgezupft haben, knipse ich ein Foto für die Daheimgebliebenen als Beweis für meine häusliche Evolution.

* * *

»Und ... wie ist es?«, fragt John, mein Vietnam-Begleiter, am Telefon. Er ist nach seinem Urlaub zurück in seiner Heimat Australien, aber die Hoffnung auf ein Liebes-Happy-End stirbt zuletzt, da bin ich unbelehrbare Romantikerin. Und zumindest scheint er ein Mann zu sein, der keine Angst hat, hin und wieder zum Hörer zu greifen.

»Solltest du mich irgendwann besuchen kommen, wirst du dich wie im Fünf-Sterne-Hotel fühlen. Dann kriegst du ein Schwanenhandtuch mit allem Drum und Dran«, erwidere ich. »Aber mit der Erleuchtung, fürchte ich, dauert's noch. Ich bin den ganzen Tag damit beschäftigt, Zimmermädchen zu spielen und Klos zu putzen.«

»Wenigstens putzt du auf Hawaii und mit Pazifikblick«, höre ich John am anderen Ende sagen, während ich mich in die Ecke verziehe, wo ich ungestört sprechen kann. Irgendjemand taucht immer auf, und außerdem verstehe ich Johns westaustralischen Akzent weiterhin nur schlecht. Je ruhiger die Umgebung ist, desto mehr Chancen habe ich auf eine sinnstiftende Konversation.

Ich erzähle von den spirituellen Abenden, die Hippie-Altvater Grayson für die Gruppe anbietet. Sitzungen, die sich schwer beschreiben lassen, aber mir nicht unwillkommen sind, weil sie mich zwingen, über meinen eigenen, verklemmten Schatten zu springen. Neulich etwa fand ich mich mit anderen Teilnehmern in Löffelchenstellung auf einem Perserteppich

FÜNFTES KAPITEL

wieder. Wir sollten »in der Gruppe atmen«. Dieses kollektive Kuscheln mag kompromittierend ausgesehen haben, aber es war überraschend beruhigend, und die Sache ist mir lieber, als im Kreis zu sitzen, wo Grayson uns auffordert, unsere nackten Füße aneinanderzureiben. Da sind ein paar sehr ungepflegte, gelbliche Zehennägel dabei, und die Fuß-Orgie gibt mir nichts, außer dem Gefühl, unter die Dusche springen zu wollen, auch wenn Grayson und die anderen dabei gern »Ahhh, herrlich« seufzen. Mitunter liest Grayson auch unsere Herzen. Eine Praktik, die scheinbar in den Siebzigern sehr verbreitet war. Er legt dabei die Hand auf den Brustkorb des jeweiligen Teilnehmers, schließt die Augen und fragt: »Herz, was willst du?« Doch bevor er das tut, lässt er uns alle wild im Kreis tanzen, um unsere Chakren zu aktivieren und Energien freizusetzen, zumindest ist das sein Plan.

»Spielt er dazu Walgesänge und Eso-Musik?«, fragt John.

»Nein, *I Feel Good* von James Brown, ohrenbetäubend laut.«

»Na, wenigstens beweist er Geschmack.«

»Du würdest tausend Tode sterben hier«, sage ich. »Vor Kurzem sollten wir wie böse Drachen herumspringen. Quasi Method Acting, nur schlimmer. Ich habe gefaucht wie eine Verrückte, die Augäpfel gerollt und die Finger zu Klauen geformt.« Zufriedener Nachsatz: »Ich war ein guter böser Drache. Und wir mussten alle unserer dunklen Seite einen Namen geben und diese dann in einem Bühnenstück als Person aufleben lassen. Bleibt nur zu hoffen, dass da nirgendwo eine Kamera installiert war. Nicht dass mich jemand später mit dem Bildmaterial erpresst.«

»Hippies erpressen nicht, das bringt nur schlechtes Karma«, beruhigt John.

»Hoffen wir's«, antworte ich. »Anstrengend sind die Esos aber auf jeden Fall.«

KLOPUTZEN MIT MEERBLICK

Wobei, das soll nicht negativ klingen. Meine Mit-Freiwilligen sind herzensgute Menschen. Ich wünschte, ich wäre mit Anfang zwanzig so offen und so weit gereist gewesen wie sie. Einzig mit ihrem »Ich spüre das Universum«-Ehrgeiz komme ich nicht immer klar. Jeder scheint den anderen darin übertrumpfen zu wollen, wie weit er schon in der persönlichen spirituellen Entwicklung ist und wie sehr man sich von der eigenen bürgerlichen Familie abgegrenzt hat, weil man jetzt »alternativ« lebt und »anders« denkt. Wenn eine Mango vom Baum vor jemandes Füße fällt, wird das wahlweise interpretiert als: »Eine höhere Macht passt auf mich auf« oder »Ich werde nie Mangel in meinem Leben haben«. Zeigt die Zeitanzeige elf Uhr elf an, wollen die Zwillingszahlen sagen: »Buch einen Flug auf die Nachbarinsel Big Island.« Oder man beginnt den Tag damit, indem man das vegane Quinoa-Gericht mit »Love« (Liebe) oder »Abundance« (Überfluss) auflädt. Die entsprechenden Worte werden auf Klebeetiketten geschrieben und diese dann auf die Außenseiten der Rührschüsseln geklatscht, um mit ausgebreiteten Händen vor dem Essen die Nahrung zu beschwören. Ich kann nicht hören, was die jungen Leute da murmeln oder ob sie überhaupt was sagen. Vielleicht ist es auch nur Energietransfer, aber es sieht in Summe recht eindrucksvoll aus.

Ich selbst halte mich bei all dem meist im Hintergrund. Nicht etwa, weil ich das Ganze affig fände. Ich bin ein erklärter Fan des Universums und davon überzeugt, dass eine Million Dinge existieren, die die Wissenschaft nicht zu erklären vermag. Den Vipassana-Marathon habe ich nicht ohne Grund durchgezogen, und ich glaube auch, dass sich vieles zum Guten fügt, wenn man richtig schwingt. Aber nonstop mögliche Eingebungen zu protokollieren, schlaucht mich. Redet man hier nur des Redens willen, oder hat da jemand wirklich etwas zu sagen?

FÜNFTES KAPITEL

Manchmal beschleicht mich der Verdacht, ich bin nicht von Mittzwanzigern umgeben, sondern von hundertjährigen Gurus. Wenn die anderen damit beschäftigt sind zu deuten, was sie vergangene Nacht geträumt haben, verschanze ich mich oft im Yogaraum. Dort kann man ungestört auf einem halbwegs sauberen Teppich liegen und einen überdimensionierten Holzpenis anstarren. Der Phallus an der Decke hat mich anfangs irritiert, aber weil auf dem Anwesen auch Tantra gelehrt wird, passt es wieder. Die kleine Flucht reduziert auf jeden Fall meinen Lagerkoller. Ich hab's schon als Kind nicht lange bei den Pfadfindern und in der Chorgemeinschaft ausgehalten. Andere mögen Lebensenergie aus Gruppen ziehen. Je mehr soziale Kontakte sie haben, desto besser sind sie drauf. Mich hingegen lähmt die Sache, denn Gruppen bedeuten zwangsweise auch Chaos. Zu viele Wünsche, Meinungen und Hoffnungen prallen aufeinander. Und in meinem Kopf ist es ohnehin schon laut. Das, was mich antreibt, formiert sich in der Stille, ich bin mir mein eigenes kleines Atomkraftwerk, wenn man so will. Wobei, ich will da jetzt kein Plädoyer fürs Eremitendasein halten, und das mit dem Atomkraftwerk klingt irgendwie nicht gesund, aber ein besseres Wort fällt mir nicht ein. Vielleicht muss nur die Gruppe, auf die ich mich einlasse, künftig kleiner sein (zum Beispiel ich und ein netter Typ)? Oder es braucht längere Pausen zwischen dem Gewusel und der Stille.

Der Yogaraum bewahrt mich täglich vor sozialer Überforderung. Sich außerhalb dieser Oase abzugrenzen, gestaltet sich aber schwierig. Bevor ich hier ankam, dachte ich, ich würde bis zum späten Nachmittag arbeiten und dann: Bye, bye, Kollegen, die Insel ruft. Mittlerweile habe ich gecheckt, was man mir schon während der Bewerbung sanft beizubringen versuchte: Das Resort liegt derart abgeschieden, da kommst

KLOPUTZEN MIT MEERBLICK

du nur per Rettungshubschrauber oder Autostopp raus. Auf Letzteres zu setzen, hatte Grayson, der ewige Hippie, mir tatsächlich nahegelegt. Ich überlegte kurz, ob ich lebensmüde oder verzweifelt genug war, um als Frau allein auf einer engen Küstenstraße bei völlig Fremden ins Auto zu steigen. Potenzielle Lustmolche hätten es vermutlich eher auf junge, knackige Dinger abgesehen, nicht auf mittelalte Damen wie mich. Das wäre schon mal gut. Aber auf Maui sind Marihuana und Bier selten weit, da kann's passieren, dass man in Schlangenlinien in den nächsten Felsen oder in den Abgrund chauffiert wird. Also ... eher nicht.

Und auch mit anderen Mitfahrgelegenheiten sieht es dürftig aus. »Ich erlaube maximal zwei Freiwilligen-Fahrzeuge auf dem Grundstück«, hat Hippie-Matriarchin Esther als Devise ausgegeben. »Diejenigen, die ein Auto haben, nehmen die anderen Freiwilligen mit.« In der Theorie klingt das logisch. In der Praxis sieht es so aus, dass Frederica und meine Zimmernachbarin Pearl zwar Schrottkarren zum Rumdüsen auf der Insel haben. Aber die beiden waren schlau genug, sich draußen in der Zivilisation auch gleich Lover anzulachen. Nach getaner Arbeit brausen sie in den Sonnenuntergang davon und sind oft bis zum nächsten Morgen nicht mehr gesehen. Bisher ist es mir nur zweimal gelungen, das Anwesen zu verlassen. Einmal ging's an den Strand. Das andere Mal durchwanderten wir das Iao Valley, ein grünes Tal im Westen der Insel. Ach ja, und Grayson bietet Fahrten zum Sonntagsgottesdienst in einer freien Hippie-Kirche an. Dabei passe ich aber. Ich hab's nicht so mit Beten. Die Youngsters predigen mir hier schon genug.

Dass ich hier festsitze, ist eine Sache. Damit kann ich leben. Es sind die Morgensitzungen, die mich mitunter verzweifeln lassen. Wenn um neun Uhr früh die Aufgaben verteilt wer-

FÜNFTES KAPITEL

den, entwickle ich regelmäßig Gelüste, jemanden die Klippen hinunterzustoßen. Oder einfach nur selbst wie ein Lemming zu springen. Es läuft stets gleich ab: Esther, die Allwissende, erklärt die Welt. Mal moniert sie, dass zu viel Laub herumliegt oder Tomaten nicht rechtzeitig gepflückt wurden. »Warum sieht das keiner von euch? Hallo? Schlafwandelt ihr durchs Leben?« Dann wiederum hat sie jemanden auf dem Kieker, weil derjenige nicht sofort schnallt, was mit »Feen-Vogeltränke« auf dem riesigen Anwesen gemeint ist. »Ich erwarte, dass ihr jeden Winkel kennt.« Lächelnder Nachsatz. »Das ist meine Lektion in Achtsamkeit für euch.« Oder, ein Dauerbrenner: »Wenn das noch mal passiert, ziehe ich Geld von eurer Kaution ab.« Jeder Freiwillige muss nach Ablauf der zweiwöchigen Probezeit 200 US-Dollar als Sicherheitsleistung für sein Zimmer hinterlegen. Was nicht nur mir etwas fragwürdig erscheint, sondern auch den anderen. Immerhin arbeitet hier jeder gratis und gibt obendrein ordentlich Geld für die Anreise aus. Und was bitte schön soll man in den simplen Unterkünften groß zerstören?

Kurz, für einen erwachsenen, selbstständig denkenden Menschen, der vielleicht auch schon Jobs in Führungspositionen innehatte, ist das Ganze schwer auszuhalten. Nach einer halben Stunde Abkanzelung gilt dann wie jeden Tag: Die Frauen putzen, gärtnern und schleppen Holzbalken durch die Gegend. Der einzige Mann im Team muss keinen Finger rühren. Tagein, tagaus hockt er in Esthers Wohnzimmer, um den Onlineauftritt des Resorts zu optimieren. Keiner weiß so recht, was er die ganze Zeit tut, eine Webseite ist kein Hexenwerk. In dieser Ecke Mauis aber offenbar schon. Sobald ein neues Bild online geht, wird uns der Gute wahlweise als Genie oder Gottes Geschenk an die Menschheit angepriesen. Dabei kann er nicht mal was dafür, dass er der Auserkorene sein soll.

KLOPUTZEN MIT MEERBLICK

Aber sagen wir so: Er hat auch nichts dagegen. Und dass er versucht, sowohl bei Carly als auch bei Frederica und Pearl zu landen, sagt mehr über seinen Charakter aus, als ich wissen wollte. Von meiner Mutter, einer Frau, die niemals Poker spielen sollte, weil sie ihre Mimik und ihre Emotionen zu wenig unter Kontrolle hat, habe ich gelernt: Wenn dir etwas gegen den Strich geht, friss den Ärger nicht in dich hinein. Sprich die Dinge an, dann geht alles leichter. Auf Maui funktioniert diese Taktik allerdings nur bedingt. Denn für Freiwilligen-Angelegenheiten gibt es auf dem Anwesen eine eigene Koordinatorin, bei ihr ist Kritik anzubringen, so sieht es die Hippie-Hierarchie vor. Und die entsprechende Dame, eine Klangschalen-Therapeutin, ist ... nun ja ... nennen wir sie konfliktscheu. »Ihr wisst, wie Esther ist«, lautet eine ihrer Standardantworten. Oder: »Einen ähnlichen Vorschlag habe ich schon unterbreitet, es wurde nicht gewünscht.« Ich lächle dann. Sie lächelt zurück und vergräbt sich wieder unter ihren Haaren und in ihrem Computer. Lemming-Gelüste.

* * *

Als ich in einer meiner Mittagspausen wieder mal im Yogaraum sitze und durch die großen Panoramafenster aufs Meer schaue, knipst sich ein Regenbogen an. Auf Maui sieht man dieses Schauspiel durch den Wechsel von Schauern und Sonnenschein ständig, der Regenbogen ist nicht umsonst auf Hawaiis Autonummernschilder gedruckt. Erst jetzt bemerke ich, dass sich ein Grashüpfer neben mich auf den Teppich gesetzt hat. Ich habe keine Ahnung, wie lange er schon hier eingesperrt ist, aber der kleine Kerl muss Durst haben. Vorsichtig strecke ich meinen Finger nach ihm aus, er nimmt die Einladung an, und ich trage ihn ins Freie hinaus, damit er sich an einer Regenpfütze

FÜNFTES KAPITEL

laben kann. Es dauert sicher fünfzehn Minuten, bis er wieder bei Kräften ist. Dann stößt er sich mit den Hinterbeinen ab und springt ins Leben zurück. Das werde ich auch tun, denke ich plötzlich und bin ganz ruhig. Ich muss mich auf die Hinterbeine stellen und gehen. Die Probezeit bringe ich zu Ende, danach ist Schluss. Bye, Hippies, tschüss Klobesen, hallo süßes Maui-Lotterleben. Ich sehe mir die Insel im Alleingang an, egal, ob das meine Finanzen sprengt oder nicht. Notfalls muss ich mir einen Camper Van mieten und damit am Straßenrand nächtigen. Ein Stockbett im Schlafsaal einer Jugendherberge für halsabschneiderische 60 US-Dollar, so sind hier die Preise, Bettwanzen inklusive, wird's jedenfalls nicht. Und ja, man darf mich für die Abbruch-Entscheidung ruhig verweichlicht, inkonsequent und verpeilt nennen. Unterschreibe ich alles sofort. Aber ich werde den Teufel tun und mich schlecht fühlen, nur weil ich das Handtuch werfe. Ich wollte unterwegs neue Dinge ausprobieren. Diesem Grundsatz bin ich treu. Doch Hippies bei der Geldvermehrung zu helfen, ist kein Punkt, der mich auf meinem Weg weiterbringt. Außerdem habe ich zu lange ein Leben geführt, das sich nicht wie meines angefühlt hat. Meine Freiheit und Selbstbestimmtheit gebe ich nicht auf, nicht mal für ein Zimmer mit Pazifikblick.

* * *

Ein Ausweg findet sich schließlich auf Facebook. Die Social-Media-Plattform serviert mir gleich zwei Maui-Alternativen auf dem Silbertablett. Zum einen meldet sich – aus dem Nichts – eine Freundin einer Freundin der beängstigend klugen Schwester, die meint: »Ich kenne jemanden mit einer Bio-Farm auf der Insel.« Ich überlege kurz, ob ich dorthin wechseln möchte, komme aber zum Schluss:»Ich glaube, von Abgeschiedenheit und Farmarbeit habe ich erst mal die Nase voll.«Einen Tag später die nächste Nachricht:»Hey, ich habe gehört, du bist auf Maui«, schreibt mir ein Journalistenkollege, den ich eigentlich nur peripher kenne, wir haben mal an einem Magazinprojekt gemeinsam gearbeitet.»Eine liebe Bekannte von mir lebt auf der Insel. Setz dich doch mit ihr in Verbindung, wenn du magst.«Normalerweise bin ich bei solchen Angeboten zögerlich. Mit wildfremden Menschen vernetzt zu werden, kann unangenehm sein. Vor allem für das Gegenüber, das sich verpflichtet fühlt, mich zu treffen und zu unterhalten, weil irgendjemand befindet, das wäre doch nett. Doch diesmal denke ich: Warum nicht? Sobald ich hier raus bin, kann ich jemanden brauchen, mit dem sich ein völlig unspirituelles Gespräch führen lässt.

Nennen wir es Vorahnung oder kosmische Fügung. Die Bekannte meines Kollegen ist ungefähr in meinem Alter und entpuppt sich als der hilfsbereiteste und herzlichste Mensch der Welt. Dank ihr habe ich binnen kürzester Zeit nicht nur eine bezahlbare Unterkunft, sondern auch ein Mietauto zum Schnäppchenpreis.»Eine Freundin hat ein Zimmer in Paia frei, einem gechillten Surferstädtchen. Und ich kenne einen Fahrzeugverleiher, der Autos im Programm hat, die ein paar Dellen aufweisen. Die Karren fahren alle, sie sind aber keine Schönheiten und deswegen günstiger.«Warum gehen die Dinge plötzlich so leicht von der Hand? Vielleicht, weil sie richtig sind. Zumindest für mich. Keiner hat gesagt, der Weg zum Glück muss linear sein. Meiner ist offenbar zickzack. Bei diesem Kurs legt man zwar ein paar Extrakilometer zurück, aber so sieht – und lernt – man auch mehr.

Den überraschten Ausdruck auf dem Gesicht der Freiwilligen-Koordinatorin werde ich nie vergessen.

FÜNFTES KAPITEL

»Wie? Du hast bereits eine Unterkunft? Aber woher ... von wem?«

»In drei Tagen, gleich nach meinem einundvierzigsten Geburtstag, bin ich weg«, sage ich. Der Gedanke, das neue Lebensjahr ohne Morgensitzungen zu beginnen, gefällt mir, sehr sogar.

»Bringst du es Grayson und Esther bei, oder soll ich es ihnen sagen?«

Jessica begibt sich auf den Canossagang und ich gehe zurück an die Arbeit. Die Hühner müssen versorgt werden. Ihr Freiluftgehege liegt versteckt im Mangowald, sich dorthin aufzumachen, hat jedes Mal was von *Blair Witch Project*. Nicht selten wird man von Wildschweinen, Mäusen oder Ratten überrascht, an diesem Tag aber entdecke ich, dass eine wilde Taube im Futtertrog liegt. Sie stirbt, und ich weiß nicht, was ich machen soll. Das Anwesen rühmt sich damit, dass man als Helfer eine nachhaltige Lebensweise lernen kann. Ich wage zu behaupten: In Sachen Federviehhaltung gibt es bessere Experten. Das Gehege auf Maui ist verdreckt, was Parasitenbefall begünstigt. Der Stall steht windschief, er wurde von Freiwilligen zusammengezimmert. Die Hühner selbst legen seit Tagen keine Eier mehr, wahrscheinlich sind sie wegen der dahinsiechenden Taube ein bisschen durch den Wind, vielleicht fühlen sie sich aber auch von den Wildschweinen, die regelmäßig Löcher unter dem Zaun des Geheges graben, gestört.

»Die Hühner brauchen mehr Aufmerksamkeit, sie verkümmern im Wald«, rege ich bei Esther an, als ich ihr den Komposteimer in ihre Küche zurückbringe.

Sie schaut kurz auf. »Das ist nicht mein Projekt, da soll sich jemand anderes drum kümmern.«

»Aber ...« Aber du bestimmst doch sonst alles, will ich sagen. Doch dazu komme ich nicht.

- 100 -

KLOPUTZEN MIT MEERBLICK

»Ich kann nicht alles selbst machen«, meint sie unwirsch. Ende der Diskussion. Du kannst andere nicht ändern. Du kannst nur dich und deine Sicht auf die Dinge ändern. Die Weisheit stimmt. Insofern: Hinter mir die Sintflut.

* * *

Am letzten Tag, frisch um ein Lebensjahr gealtert, wische ich den Boden meines Containers und beziehe das Bett neu. Eine Nachfolgerin gibt es noch nicht, dafür war mein Abgang zu überstürzt. Die Spinne freut sich, die Bude endlich wieder für sich allein zu haben, zumindest ist ihre Körpersprache freudig aktiv. Ich genieße ein letztes Mal den Pazifikausblick vom Garten aus, versöhnlich, vertrauensvoll, und verabschiede mich von den anderen Freiwilligen. »Waltraud, danke! We love you!« steht auf einer Tafel in der Küche. Frederica hat das geschrieben. Und auch wenn das Ganze gar dick aufgetragen und gelogen ist, dafür sind wir einfach zu verschieden, ich find's trotzdem nett.

Dann kommt das Auto, das mich in die Freiheit fahren soll. Vor zwei Wochen, als Grayson mich vom Flughafen abholte, meinte er: »Du wirst spüren, wie sich die Energie verändert, sobald wir unserem Ziel näherkommen.« Als wir in die Schotterstraße einbogen, die zum Anwesen führt, rief er euphorisch: »Jetzt! Das ist es! Wir befinden uns auf heiligem Boden, sogar die Ureinwohner Hawaiis haben unser Grundstück so in ihren alten Schriften genannt. Ich kriege jedes Mal Gänsehaut, wenn ich diesen Energiewechsel erlebe.« Ich spürte damals beim Passieren der magischen Stelle nichts. Alles, was ich wahrnahm, war eine verwachsene Baumallee und Graysons leichte Knoblauchfahne, die von den grünen Wunder-Smoothies herrührt, die er täglich trinkt.

FÜNFTES KAPITEL

Jetzt, beim Rausfahren, beginnt es jedoch zu kribbeln. Ich sehe Licht am Ende der Allee und viele, viele Möglichkeiten. Ich sehe die Freiheit. Vielleicht bleibe ich für immer auf Maui, wer weiß? Ich könnte mich in einen Millionär verlieben und vice versa. Die Dichte der Superreichen auf der Insel ist hoch, und ich verfolge nicht umsonst seit Jahren Hollywood-Klatsch, auch wenn die beängstigend kluge Schwester stets entsetzt darüber ist, welchen Schund ich lese. Aber ich beschwichtige sie dann immer damit, dass man nie weiß, wofür man was im Leben brauchen wird, mein enzyklopädisches Trash-Wissen könnte beim Aufstieg zur exzentrischen Society-Löwin durchaus von Nutzen sein.

Oder ich pfeif auf den reichen Knacker und eröffne hier ein Schreibbüro? Eine Banana-Muffin-Bäckerei? Eine Maxikleid-Boutique, die nur Blumenkleider führt? Ich kurble das Autofenster herunter und lasse meine Haare auf meine Schultern fallen. Das passiert sonst so gut wie nie, meinen frizzigen Fusel am Kopf bändigt meistens ein Dutt. Aber Maui und Haare im Wind – so viel Klischee muss sein.

»Was wirst du die nächsten Wochen auf unserer Insel machen?«, fragt die Fahrerin. Ihre Augen suchen die meinen im Rückspiegel.

»Keine Ahnung«, sage ich.

»Dann wird es Zeit, dass dir etwas einfällt. Hawaii liegt zu weit vom Schuss, als dass man zufällig hierherkommt.«

Ich nicke. Aber ich brauche noch etwas. Ich weiß nicht, ob ich die Antwort schon kenne – oder ob ich mich selbst überraschen werde.

BEVOR ICH ES VERGESSE ...

KEINE ANGST VOR DEM ALLEINREISEN

Solotrips sind großartig. Niemals sonst ist man freier in seinem Tun. Aber ich verstehe, dass in einem angesichts vieler unbekannter Variablen kurz Panik aufkeimen kann. Darum hätte ich zur Beruhigung Folgendes anzubieten:

1. Du kannst das.

2. Was du nicht kannst, wirst du lernen.

3. Du musst nicht jedes Problem in der Sekunde lösen. Erst eine Stunde oder Woche später in die Gänge zu kommen, ist auch okay. Oft wird mit etwas Abstand das Problem sogar kleiner, oder es verschwindet gar. Die Welt rundherum steht nicht still, sie verändert sich und ist ein dynamischer Raum. Man begegnet Menschen, die einem plötzlich neue Perspektiven aufzeigen. Man kommt an Orte, die einen inspirieren, um die Ecke zu denken. Und sollte man mal nicht wissen, was und wohin man will – na, dann bleibt man einfach an dem Ort, an dem man ist, bis einen wieder die Muse küsst. Manchmal hilft Stillstand (ohne Selbstvorwürfe), um wieder klarer zu sehen.

4. Reden hilft. Je mehr Leute wissen, was man sucht/braucht/will, desto mehr können helfend einspringen.

5. Es gibt wenig, das Geld nicht lösen kann. Klingt ekelhaft kapitalistisch, ich weiß. Niemand will auf Reisen unnötig Kohle ausgeben oder sich als naive/r Tourist/in melken lassen. Aber im Hinterkopf zu behalten, dass sich mit ein paar Extra-Kröten auch festgefahrene Situationen lösen lassen, ist immer gut. Bei akutem Heimweh oder in brenzligen Situationen ist ein neues Flugticket nur eine zähneknirschende Zahlung entfernt. Es ist auch in Ordnung, sich eine andere Unterkunft zu buchen, wenn es sich in der aktuellen Bude vor lauter Schimmelsporen nicht mehr atmen lässt. Und wenn der gierige Taxifahrer ausnutzt, dass man keine andere Möglichkeit hat, als bei ihm einzusteigen, dann beißt man halt in den sauren Apfel und zahlt. Hauptsache, man bleibt gesund und glücklich. Geld ist nur ein klein gedruckter Schein mit einer Nummer drauf. Man kann immer mehr Geld machen. Aber nicht mehr Lebenszeit.

6. Wenn du an einer Stelle zu viel ausgibst, kannst du es an anderer wieder einsparen. Das ist ein Gesetz des Lebens. Relax.

7. »Warum« statt »wohin«? Die Destinationen sind erst mal zweitrangig. Wer sich fragt: »Warum reise ich?«, wird den besseren Trip haben. Denn aus dem Warum ergibt sich das Wohin automatisch – und man findet tausend Dinge, die das Herz hüpfen lassen.

8. Gegen Einsamkeit helfen fünf Buchstaben, die überall auf der Welt verstanden werden. »Hello.« Ich empfehle, sie lächelnd auszusprechen. (Wer sich mutterseelenallein fühlt, hat nur nicht oft genug »Hello« gesagt. Ist so.)

9. Huch? Alleinreisende Frau? Ist das nicht gefährlich?! Nein, ist es nicht. Man hat sich bisher ganz gut durchs Leben geschlagen, warum sollte man dann auf Reisen plötzlich das schutzlose Häschen sein? Am besten ist es, die Dinge so zu halten, wie man sie zu Hause auch handhaben würde: Sich so sehr betrinken, dass man seine Muttersprache oder den eigenen Namen vergisst und nicht mehr ins Hotel zurückfindet? Keine gute Idee. Ebenso wenig empfehlenswert: mit Männern mitzugehen, von denen man weder eine Telefonnummer noch einen Namen weitergeben kann. Was hingegen immer hilft: selbstbewusst auftreten. Mit einem lauten »Nein« in Kombination mit einem geraden Rücken und einem festen Blick wird man aufdringliche Typen meist los. Sollte man dennoch fliehen müssen, sollte es nie wie Flucht aussehen, man verschwindet idealerweise in einer Menge. Und kommt die Frage: »Na, ganz alleine hier?« immer wieder auf oder nerven die Blicke irgendwann, dann hat man halt plötzlich einen Ehemann/Partner/ eine Reisefreundin, der/die bald nachkommen wird. Notlügen sind okay, sie sind für emotionale Nöte gedacht und beruhigen auch so manchen Kulturkreis, der sich partout nicht vorstellen kann, dass man glücklich alleine, aber vor allem alleine auf Reisen sein kann.

10. Sind die Grundbedürfnisse abgedeckt? Alles wirkt weniger aussichtslos, wenn man a) genug Wasser getrunken hat, b) eine gute Mahlzeit hatte und c) nicht frieren muss. Darum: Trinken, essen, warmhalten.

11. Einatmen.

12. Ausatmen.

13. Einen Schritt nach dem anderen.

14. Du kannst das.

6

BIN ICH REIF FÜR DIE INSEL?

Paia. Ein kleiner Surfer-Ort mit knapp dreitausend Einwohnern an der Nordküste Mauis, der einen schon allein deshalb freundlich empfängt, weil viele Hausfassaden in Pastellfarben gestrichen sind. Mein neuer Abenteuerspielplatz, zumindest habe ich mir vorgenommen, meinen Koffer die nächsten Wochen hier verstauben zu lassen.

»Siehst du den Typen da drüben?«, fragt Rebecca, als wir in Richtung Ortskern spazieren. »Er ist eine lebende Legende.«

Ich scanne die gegenüberliegende Straßenseite und dann Rebecca mit einem verwunderten Blick. »Du sprichst von dem Kerl, der auf dem Gehweg sitzt?« Ein bärtiger Mittvierziger scheint auf dem Bürgersteig zu meditieren. Autos fahren vorbei, ausgeführte Hunde beschnuppern seine nackten Fußsohlen. Doch er hält seine Augen selig lächelnd geschlossen, die Hände ruhen gefaltet in seinem Schoß.

»In Indien war er ein gefeierter Guru mit großer Gefolgschaft«, meint Rebecca ehrfürchtig, und ich weiß nicht, ob's an ihren oder an meinen Augen liegt, aber der Typ sieht in keinster Weise indisch aus. Sonnenverbrannter Nordameri-

– 106 –

kaner, der dringend den Schatten aufsuchen sollte, trifft's schon eher. »Wenn er so ein Superguru bei den Indern ist, warum lebt er jetzt obdachlos auf Maui?«, frage ich. Die Kleidung des Mannes ist fleckig und zerfranst, sein Hab und Gut hat er in einem Rucksack verstaut. »Keine Ahnung. Aber er sieht wahnsinnig zufrieden aus, denkst du nicht?« Eine Antwort bleibe ich schuldig. Ich bin vorsichtig geworden mit dem Schein vom Sein. Man kann sich unter dem Deckmantel von »Ich bin erleuchtet« vieles schönreden. Und sosehr ich es dem selbstvergessenen Meditationsmeister am Straßenrand wünsche, dass er glücklich ist und alles hat, was er fürs irdische und überirdische Dasein braucht – ich wette, über eine Tube After-Sun-Lotion und ein Bündel Dollarscheine würde er sich trotzdem freuen. Denn Maui mag zwar eine Einflugschneise für Hippies aller Art sein, aber es ist auch eine Insel. Und offiziell Amerika. Das heißt: Preisaufschlag bei allem. Und Geld wird man schneller los, als man »Ich hätte gerne ...« denken kann.

»Das macht dann 110 Dollar«, sagt die Kellnerin, als Rebecca und ich eine Stunde später das Café verlassen, in das wir für ein Pläuschchen eingefallen sind. Oh. »Exklusive Trinkgeld.« Ich schlucke, addiere zehn Prozent, streiche die Endsumme wieder aus, die Bedienung war nett, zwanzig Prozent müssen es aus Anstandsgründen schon sein. Und mit dem Rechnungsbeleg, der in den Tiefen meiner Geldbörse verschwindet, versuche ich auch zu verdrängen, dass ich gerade für zwei labbrige Bananen-Nutella-Crêpes und vier Gläser schalen Hauswein mehr bezahlt habe, als ich diese Woche für den Einkauf im Supermarkt eingeplant hatte.

SECHSTES KAPITEL

»Du musst mich nicht einladen, wirklich nicht«, hat Rebecca gewarnt. Sie ist in meinem Alter, Grafikerin, auf Hawaii geboren und aufgewachsen. Wir haben uns über zehn Ecken kennengelernt und sofort gemocht. »Wer es sich leistet, sich die Welt anzusehen, kann auch mal eine Runde zahlen«, sage ich großmütig. Außerdem, der kleine Umtrunk war eine gute Investition. Immerhin hat Rebecca mir erklärt, was ich über Paia wissen muss. Lektion eins: Wenn man am Strand nach den großen Felsen durch einen Pinienhain marschiert und sich links hält, immer die Küste entlang, braucht man weder Bikini noch Badehose. Dort ist eine textilfreie Zone, und jeden Freitag, zum Sonnenuntergang, findet ein »Drum Circle« statt. Blumenkinder, jung und alt, tanzen dann mit Hula-Hoop-Reifen und Feuerfackeln zu Trommelklängen, während die Umstehenden über freie Liebe und vegane Ernährung diskutieren. Weder FKK noch das Feuertanzen sind meins, aber einmal kann man da durchaus hingehen. Vielleicht lernt man ja was dabei, und wenn's nur ist, dass verschämtes Baucheinziehen unnötig ist. Lektion zwei: In Paia ist es nahezu unmöglich, sich zu verlaufen – hurra! Das öffentliche Leben spielt sich genau im Umfeld einer Straßenkreuzung ab. Bankinstitut mit Geldautomat, Bademoden- und Souvenirgeschäfte, Restaurants und Cafés – und schließlich der Laden, der das Epizentrum des Orts zu bilden scheint und der alle ganz verklärt seufzen lässt, sobald nur der Name fällt: Mana Foods.

Mana ist ein Öko-Supermarkt, der schon auf Bio setzte, bevor das Ganze hip wurde. Man könnte aber auch meinen, Mana wäre eine Bar. Täglich blockiert eine Traube Menschen den Eingang, sogar ein Auto mit musizierenden Hare-Krishna-Jüngern parkt regelmäßig davor. Die Fahrzeugtüren und die

- 108 -

BIN ICH REIF FÜR DIE INSEL?

Kofferraumklappe sind dann weit geöffnet, mindestens sieben Leute schunkeln eingequetscht im Inneren, mit Tamburin, Trommeln und Gitarren, das volle Programm. In dem Geschäft mag man überteuertes Dinkelbrot und Milch von glücklichen Kühen kaufen können, aber insgeheim kommen viele hierher, weil sie sich ein neues Liebesleben erhoffen. Mana scheint so etwas wie der heimliche Dating-Treff der Nordküste von Maui zu sein. Nirgendwo sonst findet man so viele gut aussehende Surfer, Masseure, Yogis und Musiker auf einem Fleck. Rebecca jedenfalls meint, wenn's dringend ist, wird man hier fündig. Und der Laden scheint nicht nur eine Fundgrube für einsame Herzen zu sein, sondern auch für Casting-Agenten aus Hollywood. Wäre ich für die Besetzung von Filmrollen zuständig, ich würde zuallererst hier nach schrägen Charakteren suchen, Mana ist voll davon. Mein Favorit ist ein Opa mit Krücken, grauem Pferdeschwanz und Grateful-Dead-T-Shirt, der offenbar Auren lesen kann, zumindest bietet er dies ausgewählten Gesprächspartnern an. Daneben studieren halb nackte Muskelprotze das Kleingedruckte in der Proteinpulver-Abteilung. Junge Frauen mit Achselhaaren und luftigen Hängerkleidchen, unter die kein Büstenhalter passt, greifen sich kichernd Schokoriegel und eine Großpackung Kekse. Der Heißhunger auf Süßes scheint in direkter Verbindung mit ihren geweiteten Pupillen zu stehen. Ich genieße das Spektakel, ich könnte Stunden hier verbringen, zudem ist der Karottenkuchen der hauseigenen Bäckerei großartig. Ein Stück kommt stets in meinen Einkaufskorb, zwanzigtausend Kalorien hin oder her. Muss ich halt mit dem Hund nicht bloß einmal um den Block spazieren, sondern zehn- oder hundertmal.

Habe ich das schon erwähnt? Ich habe einen Hund. Genauer gesagt spiele ich ein paar Tage Dogsitter – obwohl ich eigent-

SECHSTES KAPITEL

lich mehr Team Katze bin und schon beim kleinsten Kläffen eines Köters zusammenzucke. Aber der kleine weiße Shih Tzu-Malteser-Verschnitt kommt nun mal mit der Wohnung, in der ich ein Zimmer miete, und seine Besitzerin musste nach New York verreisen. Außerdem ist er pflegeleicht: Er bellt nicht, ist stubenrein, und wenn man auf der Straße seinen Namen ruft – »Hemingway! Hemingway!« (sein Frauchen ist Literaturliebhaberin) – und die Passanten einen für leicht durchgeknallt halten, hat das durchaus Unterhaltungswert. Ich mag das Gassigehen mittlerweile sogar, es verschafft mir einen gewissen Alltag auf der Insel. Mit Hund gehört man dazu, zumindest auf den ersten Blick. Man grüßt schon frühmorgens Postboten, frei laufende Hühner, Straßenkehrer und Cafébesitzer. Und dank Hemingway wird nicht so schnell augenscheinlich, dass ich eigentlich nicht weiß, was ich auf Maui machen soll.

Dabei sind die Tage hier wunderbar. So, als hätte man einen Idylle-Filter über die Szenerie gelegt. Alles ist in ein weiches Licht getaucht, Hektik kennt man hier nicht. Maui scheint auch nicht die Schickimicki-Insel zu sein, als die sie oft in Magazinen angepriesen wird. Zwar gibt es jede Menge unleistbarer Promi-Villen und Hotels, vor allem an der Westküste, einer Region, die von den Einheimischen gerne »Disneyland« genannt wird. Aber der Großteil der Insel wird von Wassersportlern, Künstlern und Familien besiedelt, die für ihr Einkommen hart arbeiten müssen. Ihre Autos sind zerkratzt und verbeult, Ersatzteile mitten im Pazifik sind eine teure Angelegenheit. In den Wohnungen und Häusern macht man die Klimaanlagen nur selten an, man will Strom sparen und den Wind Mauis spüren. Und was die Natur zu viel hervorbringt – Avocados, Mangos, Sternfrüchte –, wird unter Nachbarn großzügig verschenkt und verteilt. Ich kann hier stundenlang im

BIN ICH REIF FÜR DIE INSEL?

warmen Sand liegen und Meeresschildkröten aus dem Wasser rauswinken sehen. Nimmt man die legendäre Road to Hana, eine kurvenreiche Panoramastraße, dann passiert man einen Wasserfall nach dem anderen, um schließlich, nach Stunden, in einem winzigen Kaff zu landen, in dem die Bewohner noch Festnetzanschlüsse und Kühe vor dem Haus haben.

Die Insel gibt mir viel. Aber irgendwie fehlt mir ein Ziel. Obwohl ich eine Person bin, die behauptet: Man braucht keine Ziele. Sie werden sich finden, wenn man sich treiben lässt. Doch egal wohin ich auch schaue, nichts verursacht in meinem Herzen dieses Ziehen, das sagt: Davon will ich mehr. Klar, ich könnte Wassersport machen – Kiten lernen, surfen, tauchen, irgendwas. Der Freund meiner Vermieterin hat sogar angeboten, mir das Wellenreiten beizubringen. Aber ich fürchte, dafür braucht es erst eine Persönlichkeitstransformation. Seit meiner Kindheit gehe ich maximal bis zur Hüfte ins Wasser. Sobald das Meer tiefblau und dunkel wird, erklärt mein innerer Kontrollfreak den Badeausflug für beendet, und überhaupt zischen mir rund um Hawaii zu viele Haie rum. Yogastunden? Langweilig. Zwei Wochen Hula-Tanzen? Vielleicht. Aber als ich die Prospekte studiere, wird mir finanziell ganz bange, die Kurse sind teuer, und auch Reitstunden räumen die Reisekasse aus.

Also gehe ich weiter mit Hemingway spazieren und nehme mir vor, jeden Tag eine neue Seite der Insel zu entdecken. Ich fahre zu einer Lavendelfarm, besuche Kunstgalerien, suche mir malerische Buchten zum Tagträumen. Maui mag vielleicht keine neuen Hobbys für mich bringen, aber zumindest gibt mir die Insel ein wunderbar befreites Körpergefühl. Ich laufe unfrisiert und minimalst bekleidet herum. Shorts, ein Bikinioberteil, ein T-Shirt, Sandalen – mehr braucht es nicht. Aus meinem dreiundzwanzig Kilo schweren Koffer habe ich

- 111 -

SECHSTES KAPITEL

bisher vielleicht fünf, sechs Teile ausgeführt, wenn überhaupt. Oft trage ich nicht mal Wimperntusche, ein Novum für mich, denn ohne Farbe um die Augen, so bilde ich mir ein, sehe ich wie ein Nacktmull und hundert Jahre älter aus. Ich glaube, ich war selten so eins mit meinem Körper, ich fühle mich schön und attraktiv – und das sogar, obwohl John mir vor ein paar Tagen mitgeteilt hat, dass er mich gegen eine andere ausgetauscht hat. Wir hatten überlegt, irgendwo auf halbem Weg zwischen Hawaii und Australien ein Wiedersehen zu feiern. »Ich kann jobtechnisch nicht weg«, ließ er mich plötzlich wissen. Um eine Textnachricht später mit dem wahren Grund herauszurücken: »Außerdem habe ich jemanden kennengelernt und möchte schauen, wohin sich das entwickelt.« Aha. Die Nachricht erreichte mich, als ich im Auto unterwegs war. Tränenblind hielt ich am nächsten Parkplatz an, um meiner Enttäuschung freien Lauf zu lassen. Schon wieder eine Romanze, die sich ins Nichts verflüchtigt. Kann das Schicksal mir nicht mal einen Mann zuschanzen, der mehr als nur Flirt-Material ist? Ich will ja nach einer Woche nicht gleich heiraten.

Aber wenn es passt – zumindest dachte ich, dass es mit John halbwegs passt –, wär ein bisschen mehr Zeit miteinander schon fein. Ich meine, wo findet man sonst jemanden, der so frei und spontan sein kann wie ich? Vielleicht ist aber genau das das Problem. »Lass uns Freunde bleiben«, schrieb John noch. Der Klassiker. »Nein«, tippte ich zurück und erklärte die Absage damit, dass Freundschaft mehr brauche als ein sporadisches »Hey, wie geht's dir? Wie ist das Wetter/das Essen/die Unterkunft?« Und überhaupt: Wozu Kontakt halten? Um auf Instagram seine Pärchen-Fotos zu liken? Dazu fehlt es mir an Masochismus.

– 112 –

BIN ICH REIF FÜR DIE INSEL?

»Ich wünsche mir einen Mann, der verrückt genug ist, auch ein paar Kilometer zurückzulegen, um mich zu sehen«, hackte ich schniefend in die Tasten. »Ganz oder gar nicht.« Von John kam nichts mehr, außer der Lesebestätigung bei Whats-App. Dafür tat sich ein Regenbogen vor mir auf, wieder einmal. Ein sanftes Lichtspiel vor meiner verschmierten Windschutzscheibe, das Hoffnung und Zuversicht gab, aber vor allem jenes bisschen Magie in mein Leben brachte, das sich mein gekränktes Ich von John erhofft hatte.

※ ※ ※

Seit der Abfuhr von John habe ich mir nur Gutes getan. Hauchdünne Holzofen-Pizza. Jeden Abend ein filmreifer Sonnenuntergang. Ein Strandtuch mit pink-weißem Hibiskus-Druck. Maui ist nicht das schlechteste Trostpflaster. Und trotzdem ... Es ist mir nicht genug. Hilft ja nichts, sich weiter was vorzumachen. Die Insel mag besser als die Fotos im Reisekatalog sein, aber ich werde trotzdem nicht richtig warm mit ihr. Nach vier Wochen Sonnenschein und Postkartenidylle will ich raus. Und es kann mir dabei nicht schnell genug gehen. Gestern Abend habe ich mir vor dem Schlafengehen den Laptop geschnappt und – zack – im Internet einen Flug gebucht. Erster Stopp Hongkong, da wollte ich schon immer mal hin, aber nur für ein paar Tage. Dann weiter nach Kalkutta in Indien, eines der härtesten und ärmsten Pflaster der Welt.

Nachdem die Ticketbestätigungen auf meinem E-Mail-Account eingetrudelt waren, beruhigte sich mein Atem. Ich holte mir ein Glas Kokoswasser aus der Küche, öffnete das Fenster zum Garten und dachte nach. Wieso aus dem Palmen- und Schildkrötenwachtraum abhauen? Okay, wegen der

– 113 –

SECHSTES KAPITEL

Finanzen. Irgendwann wird's bei den geisteskranken Preisen hier mit dem Ersparten knapp. Und auch wenn es Alternativen gibt – viele Aussteiger schlafen in ihren Autos und waschen sich im Meer –, dafür bin ich nicht gemacht. Aber ganz prinzipiell gesprochen: Warum kann ich nicht einfach mal Ruhe geben und mich an der Natur und dem Leben hier erfreuen? Wie schön muss es noch werden, damit ich zufrieden bin? Wieso bin ich gewillt, saubere Inselluft gegen Großstadtdreck einzutauschen? Zum einen, so schätze ich, weil ich meine »Ohana« noch nicht gefunden habe. Ohana ist ein hawaiianisches Wort für »Familie«. Das Ganze geht über die Verwandtschaft hinaus und steht für Menschen, zu denen man eine tiefe Verbindung spürt. Ist man Teil einer Ohana, hat man einen Stamm von Gleichgesinnten gefunden. Ich wünschte, ich könnte sagen, ich fühle mich mit den Menschen, die auf Maui heimisch sind, verbunden. Sie lieben das Meer. Sie gehen furchtlos mit Wind, Wetter und Wellen um. Sie sind aktiv, haben eine positive Grundeinstellung, gehen gerne barfuß und campen häufig. Sie sind alles, was ich auch gerne sein würde, aber eben nicht zu hundert Prozent bin. Ich passe nur zu siebzig Prozent hierher, wahrscheinlich sogar weniger. Und das reicht nicht.

Außerdem fühle ich mich, so schlimm das klingt, von der vielen Schönheit gelangweilt. Was nicht heißen soll, dass ich mich nach Hässlichkeit sehne, aber sehr wohl nach Erlebnissen, die so fremd sind, dass mein Verstand sie nicht versteht und tagelang darüber grübeln kann. Ein Seelenklempner würde jetzt wohl sagen: »Du bist dir selbst nicht genug und musst dich deswegen von anderen Dingen ablenken und inspirieren lassen.« Mag sein. Touché. Vielleicht will ich aber auch nur weiter, weil in mir noch viel Platz zum Wachsen ist. Und Hawaii war dies-

BIN ICH REIF FÜR DIE INSEL?

bezüglich ja kein vergeudeter Aufenthalt. Manche Stopps, die einen langsam werden lassen – sei es aus Ratlosigkeit oder sonst einem Grund –, dienen nur dem Zweck, dass man, ausgeruht und erholt, wieder an Geschwindigkeit aufnimmt.

* * *

»Ich verstehe schon, dass das Inselleben nicht für jeden ist«, sagt meine Vermieterin, als ich die letzte Wochenmiete auf den Tisch lege. Sie ist vor wenigen Stunden aus New York zurückgekommen und von meinen Abreiseplänen überrascht. »Aber was ist dein Plan für Indien?«

»Keine Ahnung. Ich habe noch nichts organisiert. Ich glaube, ich will versuchen, in einem Sterbehaus anzuheuern. Das geistert schon seit Jahren in meinem Kopf herum.«

Die Sonne im Vorgarten scheint, der Rasen ist frisch gemäht. Hemingway kaut auf einem quietschenden Gummihuhn herum und sieht damit absurd niedlich aus. Der Tod mag auch im Paradies zu finden sein, aber eben gerade scheint er sehr, sehr weit weg. Dann fällt mir eine Zeile ein, die ich mal gelesen habe und die die Sache für meine Vermieterin vielleicht besser erklärt: »Es heißt, wenn du lernst zu sterben, lernst du zu leben.« Ich habe immer gespürt, dass dieser Satz eine Wahrheit birgt, die es für mich zu überprüfen gilt. Irgendwo, irgendwann. Ich schätze, jetzt, mit einundvierzig Lebensjahren und viel Zeit an der Hand, ist irgendwann. Und Kalkutta ist mein Irgendwo. Mit diesem Gedanken beginne ich, meinen Koffer zu packen.

7

EINE WOCHE IM STERBEHAUS IN KALKUTTA

Die alte Dame ist schon wieder ausgebüxt. Das ist nichts Neues, genau genommen haut sie alle neunzig Sekunden ab. Sie will partout nicht am Tisch sitzen bleiben. Dreht man ihr einen Moment den Rücken zu, lässt sie sich, erstaunlich gelenkig, von der Sitzbank auf den Boden gleiten und kriecht unter dem Tisch heraus. Nun tapst ihr magerer Körper barfuß und in einem viel zu weiten Nachthemd im Schlafsaal herum. Fünfzig Feldbetten stehen dicht an dicht, es ist drückend heiß und dunkel, die Fenster lassen nur wenig Tageslicht herein. Die alte Frau legt sich auf eine der freien Pritschen und starrt den Deckenventilator an. Ihre Augen schielen leicht, das lässt sie aussehen, als würde sie entrückt lächeln. Wir wissen beide, sie lächelt nicht. Nach wenigen Sekunden richtet sie sich wieder auf. Wandert weiter zum nächsten Bett. Verharrt einen Moment. Steht wieder auf.

»Du musst sie beschäftigen. Sieh zu, dass sie irgendwo sitzen bleibt. Damit unterstützt du uns bei unserer Arbeit am meisten«, hat eine der Ordensschwestern zu mir gesagt und mich mit einem Malbuch, einem Plastikball und Bauklötzen losgeschickt.

- 116 -

»Das kriege ich hin«, meinte ich und gab ihr das Daumen-hoch-Signal.

Mittlerweile weiß ich: Gar nichts kriege ich hin. Egal womit ich die Aufmerksamkeit des Mütterchens zu gewinnen versuche, es spielt nicht mit. Lege ich der alten Frau einen Buntstift zum Ausmalen zwischen die Finger, verliert sie nach einem krakeligen Strich das Interesse. Errichte ich einen Turm aus Holzbausteinen – tataaa! –, zeigt sie mir mit einer abwehrenden Handbewegung, was sie von meinen architektonischen Bemühungen hält, um eine Sekunde später ihre ziellosen Runden fortzusetzen. Mein Blick folgt ihr ratlos. Am Ende des Bettenkorridors fällt ein Sonnenstrahl durchs Fenster, Staubkörner tanzen in Zeitlupe durch den Raum, und im Gegenlicht wirkt das Nachthemd der alten Dame fast durchsichtig. Ich kann die Silhouette ihres ausgemergelten Körpers erkennen. Die Arme sind dünn wie Besenstiele, das, was an Haut und Knochen übrig ist, wiegt vielleicht fünfunddreißig Kilo.

»Ich fürchte, das wird heute den ganzen Tag so laufen«, sage ich lachend zu einer anderen Freiwilligen, einer italienischen Studentin, die uns seit geraumer Zeit beobachtet. »Die Gute hat mehr Energie als wir alle zusammen.«

»Sie stirbt«, sagt die Italienerin ruhig. »Das ist eine der letzten Phasen des Sterbens. Dieses rastlose Herumwandern und der Energieschub treten häufig auf, wenn eine Person noch etwas beschäftigt oder sie diese Welt noch nicht loslassen kann.«

Mit einem Mal bin ich beschämt, so sehr, dass meine Wangen rot anlaufen und es in meinen Ohren rauscht. Warum habe ich nicht selbst gecheckt, was da vor meinen Augen passiert? Immerhin befinde ich mich nicht in einer Happy-Peppy-Seniorenresidenz, sondern im Sterbehaus von Mutter Teresa,

SIEBTES KAPITEL

einem Hospiz für die Ärmsten der Armen, mitten in Kalkutta, im Stadtteil Kalighat. Und auch wenn nicht jeder das Haus auf einer Bahre verlassen wird – manche Patienten können mit frisch versorgten Wunden und einer warmen Mahlzeit im Bauch zurück ins Straßenelend entlassen werden –, für einen Großteil ist dieser Schlafsaal die letzte Station. Auch für die alte Dame. Was gibt mir das Recht, sie zum Stillsitzen zu zwingen? Sie spürt, dass ihr Herz nach fast drei Milliarden Schlägen und sechsundsiebzig Sommern müde ist. Ihr Körper macht sich bereit für den Shutdown. Aber ihre Geschichte ist offenbar noch nicht zu Ende erzählt. Und während sie am letzten Kapitel schreibt, soll ich sie mit Malbüchern und Bauklötzen behelligen? Den Teufel werde ich tun.

Ich lege die Bespaßungs-Utensilien unter dem irritierten Blick der Ordensschwester zurück in den Schrank und beschließe: Ich mache erst einmal gar nichts. Heute, solange die Frau unter meiner Aufsicht steht, werde ich ihr wie ein unsichtbarer Schatten folgen. Ich werde ihre Füße dahin tapsen lassen, wohin die Intuition sie trägt, und ihre zerbrechlichen Schultern nur dann sanft in eine neue Richtung drehen, wenn es aufgrund von Stolper- oder Ausrutschgefahr gar nicht mehr anders geht.

* * *

Auf wackeligen Plastikstühlen und in einem Nebengebäude des Mutterhauses hat alles angefangen. Das Mutterhaus ist ein mehrstöckiges Gebäude in Kalkutta, das nicht wie ein Kloster aussieht, aber trotzdem als eines gilt. Es ist eine beliebte Anlaufstelle für gläubige Katholiken auf Indien-Pilgerreise. Hier hat Anjezë Gonxhe Bojaxhiu, besser bekannt als Mutter Teresa, jahrzehntelang in einer kleinen Kammer ge-

EINE WOCHE IM STERBEHAUS IN KALKUTTA

haust und im Jahr 1950 die Ordensgemeinschaft Missionare
der Nächstenliebe gegründet. Der charakteristische weiße
Baumwoll-Sari mit den drei blauen Streifen am Rand dient
bis heute als Ordenstracht, er wird von Leprakranken in einer
speziellen Werkstätte gewebt. Was mir vor meinem Besuch
nicht klar war: Das Mutterhaus liegt an einer der am meisten staugeplagten Straßen Kalkuttas. Vermeintlich suizidale
Autorikscha-Fahrer drängeln sich mit ihren dreirädrigen
Fahrzeugen durch Taxikolonnen, Fahrgäste springen auf bunt
bemalte Omnibusse auf. Dazwischen bringen Straßenhunde,
fliegende Händler, menschliche Lastenträger und Polizisten
mit Trillerpfeife den Verkehr zum Erliegen. Überall Lärm,
Staub, Chaos. Für einen Kilometer braucht man eine Viertel-
stunde, wenn man Glück hat. Mein Fahrer chauffiert mich
doppelt so lange. Was darin resultiert, dass ich schweißgeba-
det und mit großer Verspätung in die Einführungsveranstal-
tung hechte.

»Entschuldigung, tut mir leid«, stammle ich, als ich mich
ganz hinten im Raum verschämt auf einem Plastikstuhl nieder-
lasse und Deckung hinter den dreiundzwanzig anderen Frei-
willigen-Anwärtern suche.

»Kein Problem«, sagt die Vortragende, eine junge Frau
mit erdbeerblonden Haaren und blasser Haut. Sie reicht mir
ein laminiertes Infoblatt. Ihr Akzent verrät, dass sie aus
Deutschland kommt, eine Theologie-Studentin, die bei der
Freiwilligen-Koordination hilft. »Ich war gerade dabei zu erklären, in welchen Einrichtungen ihr mithelfen könnt. Sobald
ihr entschieden habt, wohin ihr entsandt werden wollt, folgt
ein Gespräch mit einer Ordensschwester über eure Beweg-
gründe. Von ihr bekommt ihr einen Zugangspass für die je-
weilige Institution.«

SIEBTES KAPITEL

Ich lehne mich zurück, atme durch und denke: Geschenkt. Wenigstens das ist easy. Ich weiß genau, wo ich hinwill.

* * *

»Christus wird uns nicht fragen, wie viel wir geleistet, sondern mit wie viel Liebe wir unsere Taten vollbracht haben«, lese ich neben einem Mutter-Teresa-Bild, während ich auf mein Initiationsgespräch warte. Gips und weiße Wandfarbe blättern von den Gewölbebögen ab. Ein Kruzifix hängt an der Wand. Anwärterinnen aus Spanien, offenbar Mitglieder einer katholischen Studentinnenverbindung, nicken mir freundlich zu. Ich lächle zurück und hoffe, dass man mir meine Scheinheiligkeit nicht ansieht. Der Blitz oder Gottes Strafe sollen mich treffen, denke ich. Ich bin nicht gläubig. Meine Eltern haben mich zwar taufen lassen, ich habe Erstkommunion gefeiert und als Firmling tolle Geschenke kassiert, unter anderem einen pinkfarbenen Rucksack mit XL-Plastikuhr, das war in den Neunzigern und in der österreichischen Provinz modern. Aus der katholischen Kirche aber bin ich ausgetreten, kaum dass meine Oma – eine Frau, die sowohl Papst Johannes Paul II. als auch den Tiroler Schlagersänger Hansi Hinterseer verehrte – unter der Erde war. Zu ihren Lebzeiten hatte ich nicht gewagt, dies durchzuziehen. Sie war gesundheitlich ohnehin schon angeschlagen. Ich wollte nicht, dass sie noch einen Herzinfarkt kriegt, wenn sie erfährt, dass die Enkelin ohne himmlischen Beistand und ohne Möglichkeit einer anständigen Eheschließung durchs Leben gehen will. Obendrein war ich das Bezahlen der Kirchensteuer leid. Warum einen Verein fördern, in dem Frauen nicht dieselben Rechte zugestanden werden wie Männern? Und dann die vielen unter den Altar gekehrten

– 120 –

EINE WOCHE IM STERBEHAUS IN KALKUTTA

Missbrauchsfälle, die Ablehnung von Homosexualität und Empfängnisverhütung, das Zölibat … Dass ich jetzt wie ein heimgekehrtes Schäfchen vor dem Mutter-Teresa-Bild zu Kreuze krieche, ist einer gewissen Organisationsfaulheit zuzuschreiben. Ich hätte auch zu einer weltlichen Hilfsorganisation gehen können. Davon gibt es in Kalkutta genug. Aber deren Aufnahmeprozesse sind strikter, man kann nicht einfach ohne Voranmeldung anrauschen und sagen: »Hallo, hier bin ich.« Das geht nur bei den Betschwestern. Jede Woche nimmt der Mutter-Teresa-Orden neue Freiwillige auf, ohne Mindestdauer. Es gibt Leute, die werkeln bloß ein paar Tage mit, andere bleiben ein Jahr. Ich selbst habe mir vorgenommen, erst einmal eine Woche zu bleiben. Zum einen, weil ich testen will, ob ich das Ganze überhaupt emotional aushalten kann. Zum anderen werde ich danach in Thailand erwartet, ich soll eine Geschichte für ein Magazin machen, ein Last-Minute-Auftrag, und von Indien nach Thailand ist es nicht sonderlich weit. Besser eine Woche Sterbehaus als gar nicht, denke ich. Zurückkommen kann ich immer noch. Der unbürokratische Zugang der Ordensschwestern verträgt sich gut mit Unentschlossenheit, aufkeimenden Sinnkrisen und spontanem Helfersyndrom. Er wird aber auch kritisiert. Die Kranken und Schwachen seien den ungeübten Händen der Freiwilligen schutzlos ausgeliefert, es gibt keine Trainings, keine Checks der fachlichen Qualifikation.

»Woooltrud?« Jäh werde ich aus meinen Gedanken gerissen. Ich stehe auf und nehme vor einer Ordensschwester mit Nickelbrille und wässrig-blauen Augen Platz. Ein silbergrauer Haaransatz blitzt unter dem Sari hervor.

»Sie kommen aber nicht aus Indien«, stelle ich überrascht fest.

SIEBTES KAPITEL

»Nein, ich bin aus Texas«, sagt die Nonne, die auf den Namen Schwester Mary hört. Wir plaudern ein wenig über die Stationen meiner Reise und wann ich in Kalkutta angekommen bin. Schwester Mary macht sich Notizen.

»Wo möchtest du mithelfen?«

»Im Hospiz.«

»Warum nicht in einem unserer Kinderheime?«

»Weil ich keine Kinder mag.«

Die Nonne blickt kurz auf, sie weiß nicht, ob sie sich verhört hat oder ob ich das gerade wirklich von mir gegeben habe. »Du sollst nicht lügen«, lautet vereinfacht gesprochen das achte Gebot. Also bitte sehr.

»Kinder sind toll – nur nicht für mich«, beschwichtige ich, bevor die Ordensfrau noch auf die Idee kommt, mich in eine Anstalt für abnorme, menschenfressende Soziopathen einweisen zu lassen. »Erfahrungsgemäß finde ich zu älteren Herrschaften einen besseren Draht. Bei denen lässt sich auch mal an die Vernunft appellieren.«

Schwester Mary lacht. Anstaltsleben erfolgreich abgewehrt. Wir reden darüber, dass ich das Sterben bisher erfolgreich ausgeblendet habe.

»Ich glaube, jetzt ist der Punkt gekommen, an dem ich nicht mehr vor dem Tod weglaufen will«, sage ich und dass mir durchaus klar ist, dass man dafür nicht gleich nach Indien pilgern muss. Die Endlichkeit des Lebens kann man sich auch bei der eigenen seniorigen Verwandtschaft vor Augen führen. Aber Kalkutta ist für mich das Worst-Case-Szenario. Im Sterbehaus von Mutter Teresa finden Menschen ein letztes Zuhause, die keinen Besitz und auch keine Familie mehr haben. Sie sind allein, verarmt, krank. Das kann jedem passieren – und das macht

EINE WOCHE IM STERBEHAUS IN KALKUTTA

mir Angst (auch wenn ich mir in guten Momenten einrede, ich werde so altern wie Jennifer Lopez, nämlich gar nicht, und mich ewig auf einem Anwesen in Los Angeles oder Miami sonnen). Wenn alles den Bach runtergeht, was bleibt an Menschlichkeit übrig? Welche Werte zählen dann? Außerdem habe ich das dringende Bedürfnis, etwas zurückzugeben. Ich durfte Südostasien und das süße Leben auf Hawaii genießen. Das Universum ist mit viel Gutem in Vorleistung gegangen. Jetzt ist Payback Time. Und Nächstenliebe kommt mir wie eine gute Währung vor, um Schulden zurückzuzahlen. Außerdem: Alte Menschen haben so viel Wissen angesammelt, das darf nicht verloren gehen – und wenn's nur ist, dass ich ihre Geschichte am Leben erhalte, indem ich zuhöre und sie weitertrage.

»Ich verstehe«, sagt Schwester Mary und macht ein Häkchen auf ihrer Liste. »Du bist uns herzlich willkommen.«

Dann verhandeln wir noch, dass ich nicht zur täglichen Morgenmesse ins Mutterhaus kommen muss. Eigentlich treffen sich die Freiwilligen dort um sechs, sie beten eine Runde den Rosenkranz, frühstücken gemeinsam und brechen dann mit dem öffentlichen Bus zu den jeweiligen Projekten auf. Das mag für diejenigen Sinn machen, die in den Jugendherbergen in der Sudder Street, einem Backpacker-Paradies unweit des Mutterhauses, eingecheckt haben. Meine Unterkunft hingegen liegt nahe am Sterbehaus, ich habe das Mietapartment bewusst so gewählt.

Schwester Mary zeigt sich zum Glück flexibel. »Du kannst auch gerne zu einer Nachmittagsmesse kommen.«

»Hm, ja«, sage ich, und wir wissen beide, dass ich die Kapelle wohl nie von innen sehen werde. Dann bekomme ich einen silberglänzenden Schutzanhänger mit dem Konterfei von Mutter Teresa überreicht.

SIEBTES KAPITEL

»Unser Dankeschön für alle Freiwilligen.« Ein Wochen-
pass mit meinem Namen drauf soll mir Zutritt zum Sterbehaus
in Kalighat verschaffen. »Finde dich damit morgen um acht
beim Pförtner ein.«

* * *

Der Pförtner ist ein mürrischer Herr, der keine Freiwilligen
mag, weil sie ihn beim Lesen der Tageszeitung stören. Kaum
habe ich meine Ankunftszeit im Besucherbuch eingetragen und
seinen Schreibtisch passiert, sehe ich schon eine Totenbahre.
Der Leichnam darauf ist in ein weißes Laken eingewickelt. Man
kann die Kopfform erkennen, die Knie, die Füße. Ein ganzes
Leben, das plötzlich auf ein anonymes Stoffbündel reduziert ist.
Bei dem Toten handelt es sich um einen Mann, und er soll kurz
nach Mitternacht verstorben sein. Die Morgenhitze dringt
durch die dicken Mauern des Hospizes, das Krematorium wird
aber erst in zwei Stunden einen Wagen vorbeischicken. Männer
in verschlissenen Pyjamas kauern schweigend neben der Bahre.
Dass sie neben dem Leichnam sitzen, hat nichts mit Toten-
wache zu tun. Es ist vor allem dem Umstand geschuldet, dass
im Herrentrakt Platznot herrscht. Eigentlich hat das Hospiz
Kapazitäten für hundert Sterbepatienten – fünfzig Männer und
fünfzig Frauen. Es gibt jeweils einen Schlafsaal für jedes Geschlecht. Doch die Zahl der pflegebedürftigen Männer über-
steigt täglich die Bettenverfügbarkeit. Also rollen sich jene, für
die es keine Pritschen mehr gibt, mit Decken auf dem Beton-
boden zusammen, andere nutzen die Bänke im Essbereich oder
dösen vornübergebeugt auf Stühlen vor sich hin.

Überrascht stelle ich fest, dass nicht alle im Greisenalter
sind, vereinzelt blitzen aus der Menge auch ein paar junge

Gesichter heraus. Ein Bursche, nicht älter als zwanzig, wippt unablässig mit dem Oberkörper hin und her, Spuckblasen kommen aus seinem Mund. Ein anderer weist eine untertassengroße Wunde am Hinterkopf auf. Sie ist so tief, dass der Schädelknochen gelblich-weiß durchschimmert, eine Infektion hat die Haut einfach weggefressen.

* * *

Rafael, ein Mann mit kreisrunder Glatze, Bierbauch und freundlichen Augen, zieht sich im Aufenthaltsraum der Freiwilligen Latex-Schutzhandschuhe über. Er ist Pensionist aus Spanien, ich würde ihn auf Mitte siebzig oder Anfang achtzig schätzen. Nach Kalkutta kommt er seit vielen Jahren, immer gleich für ein paar Monate. Rafael widmet sich tagein, tagaus derselben Aufgabe im Sterbehaus. Er rasiert alle männlichen Patienten, seift Gesichter ein, lässt die Klinge bedächtig über die Haut gleiten, Schnauzbärte werden getrimmt. »Ich bin kein Arzt, ich mache nichts Wichtiges«, sagt er. Aber in den Augen derer, die sich immer wieder über ihre glatte Haut streichen, findet sich eine andere Wahrheit. Rafael gibt den Männern, auf die niemand mehr in der Welt wartet und die vielleicht morgen schon ein Haufen Asche sind, mit seinem Einwegrasierer zumindest ein bisschen Würde zurück.

»Hier, schnapp dir eine Schürze«, sagt Julie, eine junge Betriebswirtin aus Paris, und wirft mir einen wild geblümten Kleidungsschutz zu. Julie arbeitet mit ihrem Verlobten seit zwei Wochen als Freiwillige im Sterbehaus. »Das kam uns sinnvoller vor, als einen Strandurlaub zu machen, an den wir uns im nächsten Jahr sowieso nicht mehr erinnern«, sagt sie. Heute ist ihr letzter Tag. Mit ihrem blonden Pferdeschwanz, der Model-

SIEBTES KAPITEL

figur, der makellosen Haut und den kleinen Perlenohrringen sieht sie aus wie eine französische Aristokratin. Julie hat gute Schulen besucht, das merkt man, aber vor allem hat sie ein riesengroßes Herz, sie drückt alte Mütterchen an sich, streichelt ihnen über die kahl geschorenen Köpfe. Wer ins Hospiz eingeliefert wird, bekommt als Hygienemaßnahme gegen Läuse die Haare abrasiert.

Nachdem die Ordensschwestern keine Zeit haben, Neuankömmlinge anzulernen, übernimmt Julie das in meinem Fall. Wir stehen an gekachelten, hüfthohen Wasserbecken, wo ich erfahre, dass die Schmutzwäsche der Patienten täglich drei Stationen durchläuft.

»Die Ordensschwestern erledigen das Grobe«, erklärt Julie.

»Was meinst du mit *das Grobe*?«, frage ich nach.

»Na ja, du weißt schon«, druckst sie herum. »Sie sprühen mit einem Hochdruckreiniger und Desinfektionsmitteln Essensreste und Fäkalien ab.« Das Wort »Fäkalien« flüstert sie nur.

»Und danach?«

»Danach landet die Wäsche in einem dieser zwei Becken. Sie soll von Station zu Station sauberer werden. Wir wringen die Teile per Hand im ersten Bottich aus und werfen sie anschließend ins zweite Becken, wo andere Freiwillige noch mal dasselbe machen und schließlich alles zum Trocknen aufhängen.«

Julie greift beherzt ins Wasser, ich mache es ihr nach. Meine eingerissene Nagelhaut beginnt zu brennen, das kommt von der Bleiche oder was immer da sonst als Waschlauge dient. Es wird empfohlen, Einweghandschuhe im Hospiz zu tragen, zum Eigen- und zum Fremdschutz. Viele Bewohner leiden an Krätze, ihre Haut ist schuppig und wund gekratzt, andere haben eiternde Wunden. Aber hier an den Becken bringen Hand-

- 126 -

schuhe wenig. Um alle Pyjamahosen, Oberteile, Spucktücher und Bettlaken aus dem Becken zu ziehen, muss man tief ins Wasser eintauchen. Mit einem Holzstock fischt Julie nach einer Hose, die am Grund des Beckens liegt, sie wirbelt damit braune Teilchen und Bröckchen auf.

»Das ist eingeweichte Scheiße«, erklärt ein Brite einer jungen Japanerin. Sie trägt unter ihrer Schürze blütenweiße Jeans, und ihr Haar ziert eine pastellrosa Schleife, aber sie scheint hart im Nehmen zu sein.

»It's okay«, sagt sie und drückt ohne Hautschutz und ohne Pause weiter Kleidungsstück um Kleidungsstück aus.

Oben, auf dem Flachdach des Hospizes, wo die Sonne blendet und eine Krähe an etwas Glupschigem herumpickt, das sich als Kuhauge herausstellt – sie muss es auf dem nahen Fleischmarkt erwischt und hierher geflogen haben, in Kalkutta ist das Essen von Rind erlaubt –, hängen bereits reihenweise Nachthemden und Bettlaken zum Trocknen. Die Kleidung der Patienten wird täglich gewechselt, jene, die eingenässt haben, kriegen auch frische Bettlaken, oft passiert das mehrmals am Tag. Unterwäsche gibt es nicht, die Blasenschwachen bekommen Stoffwindeln. Fast jedes Teil weist Flecken auf, an vielen Stellen ist der Stoff ausgefranst und dünn.

»Warum schafft sich das Hospiz keine Waschmaschinen an? Das ist doch Irrsinn bei so vielen Patienten mit teils infektiösen Krankheiten«, frage ich, während ich ein besonders verschmutztes Nachthemd in Händen halte.

»Ich weiß. Ich habe der Mutter Oberin sogar angeboten, Geld für zwei Geräte zu spenden«, erzählt Julie und setzt nach, dass sie offenbar nicht die erste Freiwillige mit dieser Idee war. »Sie hat dankend abgelehnt.«

»Mit welcher Begründung?«

SIEBTES KAPITEL

»Sie sagt, man habe die Dinge hier immer so gemacht. Man will den Armen so unverfälscht dienen wie in den Anfängen, als Mutter Teresa das Sterbehaus gegründet hat. Es hat auch damit zu tun, dass handgewaschene Wäsche in Indien Tradition hat. Aber ganz verstehen kann ich die Antwort trotzdem nicht.«

»Kennst du die Vorwürfe der Misswirtschaft gegen den Orden?«, frage ich Julie. »Das Internet ist voll davon. Es heißt, Spendengelder wurden veruntreut, nicht von den Schwestern selbst, sondern von ganz oben, der katholischen Führung und dem Vatikan, es gibt auch ein Buch darüber.«

Julie sieht mich mit großen Augen an, und ich fühle mich in der Sekunde schlecht, ihr die positive Erfahrung hier madig zu machen. Aber sie weiß genauso wie ich: Wo Licht ist, da findet sich auch Schatten, und das Sterbehaus ist ein zweischneidiges Schwert. Das Heim wird trotz internationalem Spendenfluss unnötig spartanisch betrieben. Das fängt bei den fehlenden Waschmaschinen und Geschirrspülern an. Es gibt zu wenig Platz, keine vernünftigen Betten, und auch schmerzstillende Medikamente werden nur sparsam eingesetzt, weil man dem Credo folgt: »Das Leiden der Armen bringt diese näher zu Gott.« Für Kritiker eine menschenverachtende Aussage. Sie wettern, Mutter Teresa sei keine Wohltäterin der Armen gewesen, sondern ein Fan der Armut. Dass die Ordensschwestern Privatspitäler und die besten Ärzte konsultieren, während ihre Schützlinge nur das Mindestmaß an Versorgung bekommen, ist dem Image auch nicht wirklich zuträglich.

»Wann hast du von diesen Vorwürfen gelesen?«, will Julie wissen.

»Über das volle Ausmaß wurde ich mir ehrlicherweise erst bewusst, als ich schon auf dem Weg hierher war. Und das, was ich bisher gesehen habe, macht mich wütend und hilflos. Dich nicht?«

RAUS - UND UNVERGESSLICHE MOMENTE SAMMELN!

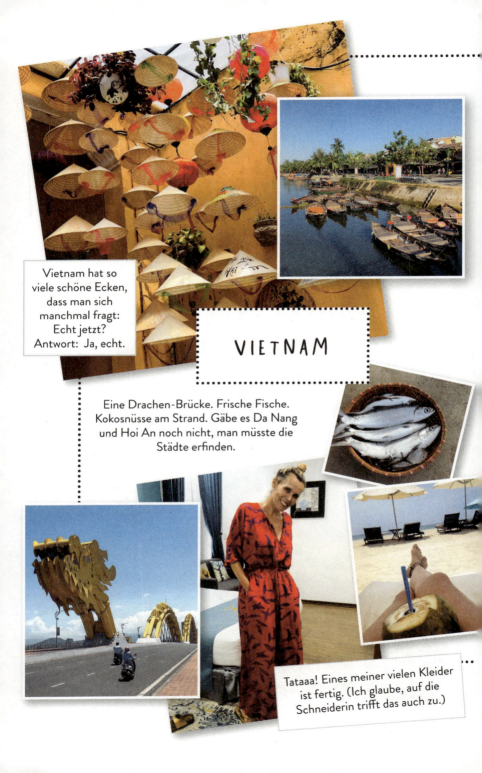

Vietnam hat so viele schöne Ecken, dass man sich manchmal fragt: Echt jetzt? Antwort: Ja, echt.

VIETNAM

Eine Drachen-Brücke. Frische Fische. Kokosnüsse am Strand. Gäbe es Da Nang und Hoi An noch nicht, man müsste die Städte erfinden.

Tataaa! Eines meiner vielen Kleider ist fertig. (Ich glaube, auf die Schneiderin trifft das auch zu.)

Ich habe im Leben schon viele Sonnenuntergänge verpasst. Auf Hawaii jedoch keinen einzigen. Der Grund findet sich ohne weitere Erklärung im Bild unten.

Plötzlich Dogsitterin! Hemingway und ich üben das mit den Selfies noch.

HAWAII

Auch das ist Maui: Zimmermädchen spielen, Handtücher zu Schwänen falten und putzen mit Pazifikblick.

Auf Kalkuttas Blumenmarkt Malik Ghat werden täglich Millionen frischer Blüten für religiöse Zwecke verkauft.

INDIEN

Mittendrin und doch nicht dabei: So vieles an Indien ist mir fremd und unerklärlich. Ich weiß nur: Ganesha, der Gott mit dem Elefantenkopf (links), und Verkehrsstaus finden sich hier überall.

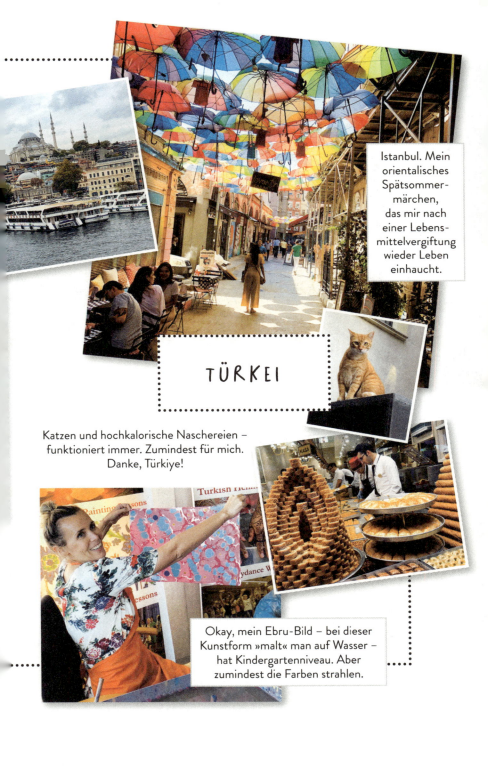

Istanbul. Mein orientalisches Spätsommermärchen, das mir nach einer Lebensmittelvergiftung wieder Leben einhaucht.

TÜRKEI

Katzen und hochkalorische Naschereien – funktioniert immer. Zumindest für mich. Danke, Türkiye!

Okay, mein Ebru-Bild – bei dieser Kunstform »malt« man auf Wasser – hat Kindergartenniveau. Aber zumindest die Farben strahlen.

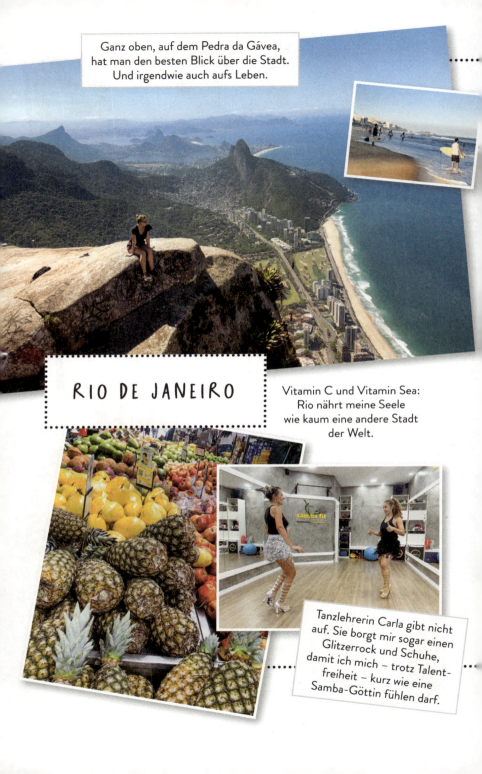

Ganz oben, auf dem Pedra da Gávea, hat man den besten Blick über die Stadt. Und irgendwie auch aufs Leben.

RIO DE JANEIRO

Vitamin C und Vitamin Sea: Rio nährt meine Seele wie kaum eine andere Stadt der Welt.

Tanzlehrerin Carla gibt nicht auf. Sie borgt mir sogar einen Glitzerrock und Schuhe, damit ich mich – trotz Talentfreiheit – kurz wie eine Samba-Göttin fühlen darf.

In voller Safari-Montur. Kakigrün und Schlammtöne, zwei Monate lang. Irgendwann gewöhnt man sich daran.

Autoreifen wechseln. Wäsche waschen. Nicht aufgeben. Lernt man alles im Busch.

SÜDAFRIKA

Morgens zehn Uhr: Eine Elefantenherde kommt zum Trinken ans Wasserloch. Mein Zelt (oben) ist nur wenige Meter entfernt aufgebaut. Löwen gibt's in der Gegend auch – verraten die Spuren.

UND JETZT? GEHT'S IMMER WEITER.

Wer dem Ruf seines Herzens folgt, muss sich nicht an jeder Kreuzung neu entscheiden.

EINE WOCHE IM STERBEHAUS IN KALKUTTA

»Doch, man könnte so viel mehr für die armen Leute tun, das sehe ich ja selbst«, sagt Julie nachdenklich, während sie die letzten Teile aufhängt und ich die leeren Wäschekörbe staple. »Wirst du trotzdem wie geplant für eine Woche bleiben?«, fragt Julie irgendwann.

»Ich denke, ja«, sage ich zögerlich. »Ich habe für mich beschlossen: Die Kirche kann sich vieles widerrechtlich unter den Nagel reißen, aber nicht meine Zeit und meine Menschlichkeit. Und Letztere haben sich die alten Leute an diesem Ort verdient.«

Dann beschließen wir, das Thema fürs Erste ruhen zu lassen, bringt ja nix.

»Wie gut bist du im Lackieren von Fingernägeln?«, fragt Julie, als wir die Treppe in den Frauenschlafsaal hinuntergehen.

»Ich schaff's halbwegs unfallfrei«, erwidere ich.

»Das wird die Ladys freuen«, grinst Julie. »Sie stehen auf Violett und Pink.«

* * *

Von der Gesellschaft mögen sie abgeschrieben worden sein. Wer im Sterbehaus landet, ist für die Außenwelt bereits tot. Aber die Greisinnen in Kalighat sind trotz allem noch immer indische Frauen – und als solche haben sie sich ihr Leben lang geschmückt und bemalt, das ist Teil ihrer Kultur. Mit einem Nagellack-Fläschchen gehe ich von Bewohnerin zu Bewohnerin, um zu lernen: Es sind die kleinen Dinge, die zählen. Dass ich rillige, ungepflegte Fingernägel in Glitzerviolett lackiere, mag nach außen hin lächerlich wirken. Aber jeder Pinselstrich bringt Erinnerungen an bessere Zeiten zurück, in denen die Körper gesund und begehrt und die Wangen nicht eingefallen

SIEBTES KAPITEL

waren. Andächtig halten die Frauen ihre altersfleckigen, zittrigen Hände still, während ich die Farbe auftrage und dann den Anstrich vorsichtig trocken puste. Der Lack ist schon etwas zäh, er zieht an manchen Stellen Fäden. Ich nehme mir vor, gleich morgen auf dem Markt ein neues Fläschchen zu kaufen. Als ich den Nagellack zurück an seinen Platz stelle und aus den Augenwinkeln beobachte, wie eine Dame mit Tremor sich darum bemüht, nirgendwo am Tisch anzustoßen, damit der Lack auf ihren Fingernägeln unversehrt bleibt, und sie ihn am Ende doch verschmiert, beginne ich zu weinen.

* * *

Als Freiwillige im Hospiz fühlt man sich überwältigt – von den eigenen Gefühlen und von den Abläufen. Man kommt zur Tür herein und nimmt erst einmal nur Mangel und Elend wahr. Die Räumlichkeiten sind schmucklos und ähneln einem Lazarett. Nachtkästchen neben den Betten gibt es nicht, wozu auch? Niemand besitzt hier etwas, weder ein Buch noch einen Talisman, es gibt keine gerahmten Erinnerungsfotos, keine frischen Blumen. Stattdessen verkrüppelte Rücken, schmerzverzerrtes Stöhnen, abgemagerte Körper, wohin man schaut. Erst nach einer Weile beginnt man die Persönlichkeiten hinter den knochigen Gestalten zu sehen. Ich verbringe viel Zeit damit, an Pritschen zu sitzen, um einfach nur Hände zu halten oder über runzelige Gesichter zu streicheln. Nicht etwa, weil ich gut darin wäre. Ich bin genau genommen ganz schlecht in körperlichem Kontakt. In meiner Familie umarmt man sich wenig, und ich bin niemand, der Freunden ständig um den Hals fällt, das ist mir zu nah. Aber hier im Sterbehaus, da kann ich nicht anders. Zum einen, weil mir bewusst geworden ist: Im Alter fasst einen außer Ärzten oder

EINE WOCHE IM STERBEHAUS IN KALKUTTA

dem Pflegepersonal nur noch selten jemand an. Und wenn sich zittrige Hände nach einem ausstrecken und müde Augen wortlos darum bitten, einen Moment zu verweilen, dann sagt man nicht Nein. Schon gar nicht, wenn man sieht, wie schnell sich der Atem bei Hautkontakt beruhigt. Leben beginnt mit der Berührung von zwei Menschen. Ich finde, es muss auch so enden.

Gerne würde ich den Patientinnen Mut zusprechen, sie daran erinnern, wie schön und tapfer sie sind, aber ich spreche kein Bengali, und die Frauen können kein Englisch. Also sage ich oft nichts, summe nur *Yesterday* von den Beatles, ein anderes Lied will mir nicht einfallen. Manchmal werden auf beiden Seiten die Augen feucht. Die hektische Betriebsamkeit im Sterbehaus stoppt das Wasser in den Augen aber immer schnell. Man hat schlicht keine Zeit, um zu heulen. Alles hier folgt einem vorgegebenen Ablauf: Nach dem Wecken werden von den Schwestern und dem fixen Helferstab Nachtstühle entleert, Körper eingeseift, man versorgt wund gelegene Haut, gibt Tabletten aus. Manchmal kommt ein Physiotherapeut für eine Stunde, er zwingt Schlaganfallpatientinnen, zumindest ein paar Meter zu gehen und die gelähmten Gliedmaßen hinter sich her zu schleifen. Die Freiwilligen – oft zehn bis fünfzehn an der Zahl – wringen derweil Wäsche aus, spülen Blechgeschirr und Töpfe. Man arbeitet auf Zuruf.

»Hilf beim Zähneputzen!«

»Reibe die kahlen Köpfe mit Kokosnussöl ein, das ist gut gegen den Pilzbefall und lindert den Juckreiz.«

»Sing für die Patienten ein Lied.«

Für soziale Interaktion haben die Schwestern keine Zeit, dafür sind die Freiwilligen da. Auch wenn die Inkompetenz der Möchtegern-Helfer, was Altenpflege betrifft, himmelschreiend sein mag, der Idealismus, den sie mitbringen, sorgt zumin-

SIEBTES KAPITEL

dest für frischen Wind im Sterbehaus. Eine junge Chinesin, ebenfalls Freiwillige, zerrt eine Patientin durch den Schlafsaal. Sie hat nicht genug Kraft, um die Frau in aufrechter Position zu halten, will das Manko aber offenbar mit Resolutheit aufwiegen. Die alte Dame in ihren Armen stöhnt.

»Lass sie los, ich übernehme, ich bin stärker und größer als du«, sage ich.

Die Chinesin schaut mich verärgert an. »Nein, ich schaffe das.«

»Darum geht's nicht. Du tust ihr weh. Spiel lieber mit den Patienten, die am Tisch sitzen, es gibt Malbücher und Tennisbälle.«

Ich ernte einen bösen Blick, dann trollt sich die junge Frau davon. Mein Rücken schießt mir ein, als ich die Dame auf eine der Pritschen hieve. Unwissentlich drücke ich dabei zu fest auf ihren Bauch. Das lässt die Blase springen, sie nässt ein – und eine junge Hilfsschwester übernimmt.

Baba, eine blinde Frau, die durch einen ausgeprägten Buckel und einen Schlaganfall seitlich im Rollstuhl hängt, muss gefüttert werden. Ich schiebe vorsichtig gekochte Apfelspalten in ihren zahnlosen Mund. Eben noch schien sie apathisch und teilnahmslos, doch nun mahlen Babas Kiefer mit einer Kraft, die man ihr nicht zugetraut hätte. Essen scheint das Einzige zu sein, das sie aus ihrem Dämmerzustand holt, also mache ich es mir zur Aufgabe, ihr diese paar Minuten des Tages so angenehm wie möglich zu gestalten. Und wenn Babas verknöcherte Finger meine suchen und sie kaum merklich drücken, dann weiß ich: Nicht sie hat mir zu danken, sondern ich ihr. Weil die blinde Dame mich gerade viel über Demut und Geduld lehrt.

»Hello my dear. How are you?«, höre ich plötzlich eine Stimme aus dem Bengali-Gebrabbel heraus. Eine winzige, fast

- 140 -

EINE WOCHE IM STERBEHAUS IN KALKUTTA

kindliche Hand streckt sich mir entgegen. Als ich sie ergreife, passt sie zweimal in meine.

»Sie sprechen Englisch?«, frage ich überrascht und blicke in verwaschene, graue Augen.

»Ja«, antwortet die alte Dame, und ich setze mich neben sie.

»Wie heißen Sie?«

»Mein Name ist Mrs Edwards. Mein Mann war Engländer, er war ein feiner Mensch. Ich selbst bin zur Hälfte Inderin und zur anderen Britin.«

Kalkutta war bis 1911 die Hauptstadt der Kolonie Britisch-Indien und ein wichtiger Handelsposten in Westbengalen. Erst jetzt bemerke ich, dass die Frau einen grauen, kurzen Pagenkopf trägt und ihre Haut heller als die der anderen Patientinnen ist. Mrs Edwards ist neu im Heim. Die Ordensschwestern hatten noch keine Zeit, ihren Schädel zu rasieren, aber die dünnen Haare sehen gepflegt aus, es besteht also keine Eile. Eine Kette aus durchsichtigen kleinen Glasperlen hängt um ihren Hals. Niemand sonst trägt hier Schmuck.

»Warum sind Sie hier, Liebes?«, frage ich. Mrs Edwards sieht nicht wie jemand aus, der auf der Straße lebt.

»Ich bin daheim gestürzt und habe mir den Kiefer gebrochen. Ich kann nicht kauen, nichts zu mir nehmen, alles schmerzt.«

»Gibt es Verwandte, die sich um Sie kümmern könnten?«

»Nein. Mein Mann ist vor zehn Jahren gestorben. Seitdem lebe ich allein. Ich habe ihn sehr geliebt. Wir hatten keine Kinder.«

Der letzte Satz macht das Kapitel zu einem ganzen Leben auf. Er sagt so vieles. Keine Kinder in Indien. Ein Ehemann, der ein geliebter Partner gewesen zu sein scheint – und keine arrangierte Verbindung.

SIEBTES KAPITEL

»Haben Sie Geschwister?«, will ich wissen.

»Ja, eine Schwester. Aber sie lebt weit weg, und ihr Mann ist schwer erkrankt. Sie muss ihn pflegen, sie kann mich nicht aufnehmen. Deshalb hat man mich hierhergebracht.« Mrs Edwards lächelt freundlich, verständnisvoll.

Ich möchte ihren kleinen Körper schnappen und sofort hier raustragen. Plötzlich eine Lebensgeschichte in eigenen Worten erzählt zu bekommen, triggert mein Helfersyndrom. In meinem Kopf tauchen tausend Fragen auf, die ich Mrs Edwards stellen will. In allen steckt die Hoffnung, eine andere Lösung für ihren Lebensabend zu finden. »Hör auf damit, bohr nicht weiter, schür keine Erwartungen, die du dann nicht erfüllen kannst«, warnt mein Verstand. »Du kennst die genauen Umstände nicht und verstehst vor allem Indiens Gesellschaftssystem zu wenig, als dass du dich einmischen darfst. Vertrau darauf, dass sich jemand Gedanken gemacht hat und dieser Platz erst mal gut für sie ist. Du bist in ein paar Tagen wieder weg.«

Vielleicht verdränge ich zu vorschnell. Aber ich tue es, um Energie für den Moment zu haben. Das ist eine Strategie, die sich im Sterbehaus in vielen Situationen bewiesen hat.

»Haben Sie schon Anschluss oder Freundinnen hier gefunden, Mrs Edwards?«, frage ich, um den Blick aufs Jetzt zu richten. Die alte Dame muss unbedingt Krishna kennenlernen! Eine Patientin mit wachen, lustigen Augen, die der inoffizielle Sozial-Sheriff hier im Frauentrakt ist. Krishna hat es sich zur Aufgabe gemacht, auf die geistig behinderte Rina und die blinde Ryansh aufzupassen. Sie bespaßt sie, wenn sie weinen, und achtet darauf, dass sie nicht dehydrieren, sondern ausreichend Wasser trinken.

»Nein, ich kenne niemanden hier.« Mrs Edwards schüttelt den Kopf.

EINE WOCHE IM STERBEHAUS IN KALKUTTA

»Ach, das wird schon! Es gibt sehr nette Damen hier«, beruhige ich.

»Ich kann mich aber nicht verständigen. Ich spreche kein Bengali«, sagt Mrs Edwards leise.

Ich bin es plötzlich auch. Im Sterbehaus zu enden, ist schon schlimm. Aber dann auch noch jeglicher Kommunikation beraubt?

»Die Ordensschwestern und die Freiwilligen sprechen Englisch, wir werden uns gut um Sie kümmern«, sage ich schließlich.

Mein Impuls, sie zu schnappen und einfach wegzurennen, keimt wieder auf.

* * *

In Sachen »Rettet Mrs Edwards« hole ich Luana, eine junge Ärztin aus Lissabon, ins Boot. Sie hat am selben Tag wie ich als Freiwillige begonnen, und wir waren uns sofort sympathisch. Luana sieht aus wie Meghan Markle, nur hübscher. Es gibt einen amerikanischen Freiwilligen namens Brian, der sofort schockverliebt in sie war, obwohl er alterstechnisch ihr Vater sein könnte und weiß, dass Luana vergeben ist. Es ist schwer, sich nicht in Luana zu verlieben. Sie ist klug, reflektiert, immer freundlich, geht mit Patienten liebevoll um, obendrein spielt sie hervorragend Geige und sagt Dinge wie: »Ich bin ins Sterbehaus gekommen, um mein Herz für die Liebe zu öffnen.« Dass sie in einer Katechismus-Gruppe aktiv ist, hat mich erst etwas irritiert. Aber Luana akzeptiert meine Haltung, also kann ich auch ihren Glauben akzeptieren. Leben und leben lassen.

»Wir müssen jene Freiwilligen, die nach unserer Abreise noch da sind, auf Mrs Edwards ansetzen. Sie spricht kein Bengali, sie braucht Unterhaltung«, sage ich.

SIEBTES KAPITEL

»Gebongt«, erwidert Luana. »Ich gebe den entsprechenden Leuten Bescheid. Extra-Liebe für Mrs Edwards.«
Wir winken der alten Dame zu. Sie winkt zurück. Das Winken wird zum Ritual. Es heißt: Ich sehe dich, als Mensch in der Masse. Auch wenn ich pro Tag immer nur ein paar Minuten mit Mrs Edwards plaudern kann – sie erzählt stets dieselbe Geschichte, der Sturz, der schmerzende Kiefer, wie sehr sie ihren Ehemann vermisst –, ich brauche diese Routine, vielleicht sogar mehr als sie. Sie hält mich geistig gesund. Und im Sterbehaus lernt man zu lachen, auch wenn man eigentlich beschämt über seine eigene Dummheit davonlaufen möchte.

»Massage?«, frage ich zwei Frauen, die auf Stühlen in einer Ecke sitzen. Sie beginnen zu gestikulieren. Ich deute ihre Antwort als Zustimmung – und werde erzürnt weggestoßen. Bis ich merke: Die beiden Damen sitzen nicht einfach so in der Gegend rum. Sie wurden jeweils auf einen Nachtstuhl platziert und versuchen, im Gewusel, ohne Privatsphäre, ihren Darm zu entleeren. Ihre Nachthemden sind so weit geschnitten, dass man nicht gleich erkennt, was da vor sich geht. Puterrot entschuldige ich mich und eile davon. Ich merke auch, wie sehr ich mir manchmal selbst im Weg stehe und wie gerne ich wie die Mädels aus der spanischen Gruppe wäre. Ausgelassen, unbekümmert. Sie trällern lauthals *Eviva España*, um die Patienten zu unterhalten, und tanzen dazu. Im Sterbehaus passiert nicht viel, es gibt keine Fernseher, kaum Besucher, nur das Warten auf den Tod. Die verrückten Spanierinnen reißen die Bewohner zumindest kurz aus ihrer Lethargie heraus.

✱ ✱ ✱

– 144 –

EINE WOCHE IM STERBEHAUS IN KALKUTTA

Am vorletzten Tag, bevor ich in meine Unterkunft gehe, verharre ich kurz auf der Treppe, von der aus man Teile des Schlafsaals überblicken kann. Die alte Dame, die ständig ausbüxt, wandert noch immer rastlos herum, auf der Suche nach etwas, das sie von diesem Leben loslassen lässt. Ich weiß nicht, ob das gut oder schlecht ist. Ich werte es für mich als gut. Das Universum hat ihr einen Tag mehr Leben geschenkt, und eine Freiwillige aus Japan schwänzelt, um Unsichtbarkeit bemüht, um sie herum. Sozial-Sheriff Krishna trocknet Tränen bei einer Bewohnerin, die neben ihr sitzt. Krishna braucht es, gebraucht zu werden, das gibt der Zeit, die ihr auf Erden noch bleibt, einen Sinn. Mrs Edwards wurde gewaschen und gefüttert, sie kann nur Suppe essen, zwei, drei Löffel, mehr schafft sie nicht. Eingezwängt hockt sie zwischen zwei Damen, ruhig, abwartend, vertrauensvoll, aber nicht verzweifelt. Ihre Glasperlenkette funkelt. Sie winkt. Ich winke zurück und forme lautlos die Worte »See you tomorrow« (Bis morgen) mit meinen Lippen. Ich bekomme ein Nicken zurück, sie hat verstanden. Zum Glück wissen wir beide in diesem Moment nicht, dass es kein Morgen im Sterbehaus geben wird. Zumindest nicht für mich.

8

DIE LEHRE VON
DER LEERE

Ich liege, nackt bis auf die Unterhose, auf meinem Bett. Das Zimmer ist mit Jalousien abgedunkelt, der Schweiß hat mir die Haare ins Gesicht geklebt. Alles, was ich von mir geben kann, ist ein leises Röcheln. Mein Handy piept. »Sieht so aus, als hättest du Frieden mit Indien geschlossen«, trudelt eine Nachricht der beängstigend klugen Schwester ein. Ich habe ihr Fotos aus Kalkutta geschickt. Farbenprächtige Bilder vom Malik Ghat, einem der größten Blumenmärkte Indiens. Dazu Schnappschüsse von der Howrah-Brücke, einem architektonischen Stahljuwel, und von bunt bemalten Lastwagen mit »India is great«-Schriftzügen. Die Aufnahmen kamen für die Schwester eher unerwartet, denn auf meiner ersten Weltreise hatte ich Indien oft verflucht. Ich musste aus einer Pseudo-Ayurveda-Klinik fliehen und tat mich mit dem ständigen Feilschen und dem organisierten Chaos schwer. Damals meinte ich: »Das Land sieht mich nie wieder!« Nun ja. Dinge ändern sich.

»Von wegen Frieden«, tippe ich kraftlos zurück. »Ich fürchte, die Inder wollen mich umbringen.« Dann geht es wieder los. Auf allen vieren krieche ich ins Badezimmer, wo ich mich laut-

- 146 -

hals übergebe. Einmal, zweimal, dreimal, viermal. Mit Schüttelfrost und klappernden Zähnen komme ich auf dem Fliesenboden neben der Toilettenschüssel zum Liegen, ein säuerliches Odeur umweht mich. Draußen auf der Straße höre ich Motorräder vorbeiknattern, bellende Hunde, Kindergeschrei. Als ich versuche, mich aufzurichten, läuft eine breiige Flüssigkeit meine nackten Beine entlang. Shit! Im wahren Wortsinn. Das Drama nimmt nun offenbar auch eine Körperöffnung weiter südlich seinen Lauf.

Dabei habe ich beim Essen aufgepasst wie ein Schießhund. Dass Indien-Reisende schneller eine Lebensmittelvergiftung trifft, als sie Kohletabletten einwerfen können, ist kein großes Geheimnis – und ich bin diesbezüglich sowieso ein gebranntes Kind. In Vietnam musste ich nach dem Genuss von verdorbenem Tofu ein paar Tage im Bett verbringen. Der Vorfall war vor allem deshalb unangenehm, weil das Hotel, in dem ich mich auskurieren wollte, einen extrem blumigen Weichspüler für die Bettlaken und Handtücher verwendete. Wenn einem kotzübel ist, kann man nichts Intensives riechen, schon gar nicht tausend synthetische Lilien auf einmal, das schafft doppelten Leidensdruck.

Seitdem war ich übervorsichtig gewesen. Mehr noch: Für das Lokal, das es offenbar auf mich abgesehen hatte, war ich sogar durch ganz Kalkutta gefahren. Es liegt in bester Nachbarschaft neben einem Luxushotel, livrierte Kellner geleiten einen zum Tisch und servieren nonstop Schälchen mit Currys, Chutneys, Dal; das Chapati-Brot kommt ofenfrisch auf den Tisch. Dass ich allein speiste, mag die Geschäftsmänner in feinem Zwirn, die am Nebentisch saßen, etwas irritiert haben, in Indien gilt man schnell als aussätzig, wenn man ohne Gesellschaft zur Nahrungsaufnahme schreitet. Aber den anderen Freiwilligen, die mit mir im Hospiz arbeiten, war der Schuppen

ACHTES KAPITEL

zu teuer gewesen, sie wollten lieber ein Fünfzig-Cent-Sandwich in der Backpacker-Meile essen. Einzig Luana hatte Interesse bekundet, mitzukommen. Doch ihr Pflichtgefühl stand ihr im Weg. »Ich habe versprochen, die anderen zuerst zum Mutterhaus zurückzubringen, sie finden sich in der Stadt noch nicht zurecht«, sagte sie zögerlich.

Wir waren zu zwanzigst auf Erkundungstour durch die Stadt. In so einer Gruppengröße bewegt man sich im Zeitlupentempo, der eine will dahin, der andere dorthin, alles muss demokratisch entschieden werden. Hungrig wählte ich schließlich den diktatorischen Alleingang und verkündete: »Ich muss was essen, Luana, ich kann nicht länger warten.« Dann ließ ich sie und den Rest der Truppe stehen und eilte davon.

Vielleicht ist mein halb toter Zustand die Quittung dafür, dass ich ein asoziales Ego-Schwein bin, denke ich jetzt, gepeinigt von meinem Magen-Darm-Delirium. Heißt es nicht, Gott bestraft kleine Sünden sofort? Die Vernunft legt ein Veto ein. »Blödsinn! Du hast einfach zu viel Zeit bei den Katholiken verbracht, du wirst langsam irre.«

* * *

»Du musst ins Krankenhaus. Sollen wir dich ins Krankenhaus bringen? In welches Krankenhaus fahren wir?« Kapil redet ohne Punkt und Komma. Die Sache gefällt ihm gar nicht. Er streicht sich aufgebracht über seinen breiten Schnauzbart, unter den Achseln seines karierten Hemds zeichnen sich Schweißflecken ab, sie werden minütlich größer. Dipak, der Hausmeister, steht ratlos in einer Ecke. Die beiden Herren passen auf die Wohnung auf, die ich in Kalkutta angemietet habe. »Kapil und Dipak stehen rund um die Uhr zu deiner Ver-

DIE LEHRE VON DER LEERE

fügung«, hat der Besitzer, ein pensionierter Geschäftsmann und Philanthrop, mir im Vorfeld mitgeteilt. Er lebt den Großteil des Jahres in New York und spendet die Kalkutta-Mieteinkünfte an wohltätige Organisationen, Geld hat er im Lauf seines Lebens genug gescheffelt. Die Information, dass ich allein anreisen werde, hat ihn auf die indische Gastfreundschaft noch mal dreihundert Prozent drauflegen lassen.

Seit Minute eins werde ich wie eine Bollywood-Prinzessin hofiert. Es fehlt nur noch, dass alle singend um mich rumtanzen und dabei frisch gezupfte Rosenblätter streuen.

»Jeden Morgen kommt ein Hausmädchen, um Tee zu kochen«, hat Kapil mir gleich nach der Ankunft eröffnet.

»Das ist nicht nötig, danke. Ich trinke weder Tee noch Kaffee. Außerdem werde ich gleich nach dem Aufstehen ins Hospiz marschieren. Der Freiwilligendienst beginnt um acht.«

»Nein, nein, nein, das Mädchen kommt.«

Kapil liebt die Rolle des Beschützers und des Bodyguards, er geht vollends darin auf. Da er bloß ein Haus weiter wohnt, sind seine Ohren gespitzt, sobald ich das quietschende Eingangstor aufschiebe. Kaum habe ich einen Fuß auf die Straße gesetzt, ruft er mich auf dem Handy an. »Was suchst du? Einen Geldautomaten? Ein Restaurant? Ein Shopping-Zentrum? Soll ich mitkommen?« Ich wiegle dann immer ab, Kalkutta lässt sich dank U-Bahn-System und dem Fahrdienst Uber gut allein entdecken, und die vielen Restaurantnamen, die Kapil auf mich abfeuert, verstehe ich sowieso nie. Der typisch indischenglische Singsang ist für meine europäischen Ohren hart zu dechiffrieren.

Sosehr ich Kapils und Dipaks Fürsorge zu schätzen weiß, im Moment kosten mich die beiden meine letzten Energiereserven. Weil ich nicht ans Telefon gegangen bin, als Kapil

ACHTES KAPITEL

seinen Kontrollanruf tätigte, ist er mit Dipak sofort herbeigeeilt. Ich kann mich kaum aufrecht halten, mein Gesicht hat die Farbe von Haferschleim.

»Wir bringen dich zu den Ordensschwestern ins Mutterhaus. Die wissen, was zu tun ist«, beschließt Kapil.

Dipak nickt und will schon den Wagen vorfahren.

»Nein«, stöhne ich. »Nicht ins Mutterhaus.«

Ich habe die Zustände im Hospiz erlebt, das reicht mir. Ich will auch kein indisches Krankenhaus von innen sehen, schon gar nicht, wenn sämtliche Körperflüssigkeiten unkontrolliert aus mir herausfließen und keine sauberen Toiletten in Reichweite sind. Außerdem halten meine Nerven nicht noch mehr aufgeregt schnatternde Inder aus.

»Wo hast du gegessen? In einer Garküche? Habe ich dich nicht gewarnt, du musst aufpassen hier?«, sagt Kapil und rauft sich die Haare.

»Kein Streetfood, Kapil, ich war in einem guten Restaurant«, erwidere ich schwach.

»War es Fisch? Ungeschältes Obst? Oder Huhn? Oh, Huhn ist ganz schlimm! Diese Salmonellen! Vielleicht hast du dir auch Würmer eingefangen, die können sich bis in die Lunge bohren«, meint Kapil weiter, und ich habe das Gefühl, er redet vor allem mit sich selbst.

Dipak schaut ins Nichts, brummt aber bei der Erwähnung der Lungenwürmer zustimmend.

»Mein Flug nach Thailand geht in vierundzwanzig Stunden«, sage ich irgendwann, um Kapils apokalyptischer Hobby-Diagnostik ein Ende zu bereiten.

»Nein, nein, nein. In deinem Zustand kannst du nicht fliegen. Du bist viel zu schwach. Du musst die Reise verschieben. Schau dich nur an, vielleicht hast du Parasiten.«

DIE LEHRE VON DER LEERE

»Kapil, bitte«, flüstere ich. »Kannst du mir für morgen ein Taxi zum Flughafen organisieren?«

Als ich es endlich schaffe, die beiden zur Tür meines Schlafzimmers hinauszukomplimentieren, bin ich in kaltem Schweiß gebadet. Draußen hat es vierzig Grad, doch ich fühle mich, als wäre die Eiszeit über Kalkutta hereingebrochen. In meiner Reiseapotheke finde ich Kohletabletten, Imodium akut, Buscopan. Wahllos werfe ich von allem ein bisschen ein, das Kleingedruckte bleibt ungelesen, meine Augen können zu wenig fokussieren. Außerdem ist im Überlebensmodus ohnehin alles egal. Ich höre, wie Kapil und Dipak im Wohnzimmer diskutieren. Bibbernd verkrieche ich mich unter den Wolldecken, die ich in einem Schrank gefunden habe. Vor meinem geistigen Auge taucht Mrs Edwards auf. Die kleine Dame sitzt keine vierhundert Meter Luftlinie entfernt von hier im Hospiz. Beim Gedanken daran zieht sich alles in mir zusammen. Es tut mir leid, denke ich. Ich wollte mich gebührend verabschieden und Mrs Edwards eine Topfblume schenken – etwas Lebendes, um das sie sich kümmern kann und das ihr gehört. Sie wird das Blümchen nie erhalten. Sie wird auf mich warten und sich fragen, warum ich nicht gekommen bin. Man weiß nie, wann man jemanden zum letzten Mal sieht. Die Dunkelheit des Dämmerschlafs hüllt mich ein.

Der Rest ist ein großes nebulöses Nichts. Ich kann mich lediglich bruchstückhaft an den nächsten Tag erinnern. Mit vereinten Kräften schieben Kapil und Dipak eine lebende Leiche ins Taxi. Vollgepumpt mit Anti-Durchfall- und Anti-Brechmitteln liege ich auf dem Rücksitz.

»Ist sie okay?«, fragt der Fahrer misstrauisch.

»Ja, ja, ja«, lügt Kapil. »Sie muss zum Flughafen.«

ACHTES KAPITEL

»Können wir bitte die Fenster öffnen?«, sage ich und schaue in meiner Geldbörse nach, wie viele Indische Rupien sich darin noch befinden. Ins Auto kotzen kostet extra. Die Kohle sollte für etwaige Reinigungsgebühren reichen, doch die Magen-Darm-Götter haben Mitleid, ich bleibe dicht. Am Airport dann die wahre Herausforderung. Das Flughafenpersonal ist angewiesen, keine Passagiere an Bord zu lassen, die sich sichtlich unwohl fühlen. Ich schwitze wie ein Schwein, in meinen Gedärmen rebelliert es, aber ich schaffe es, den Koffer unbehelligt abzugeben und danach neben den öffentlichen Damentoiletten auf den Abflug zu warten. Für meine schauspielerische Leistung gebührt mir mindestens ein Oscar, und der Erschöpfung, die mich während des fünfstündigen Flugs ins Koma fallen lässt, sei von Herzen gedankt.

* * *

Dass auf Indien Thailand folgt, war – wie schon erwähnt – bewusst so geplant. Mir war klar, dass das Hospiz hart werden würde, vor allem emotional. Zum Runterkommen und zum Reflektieren schwebte mir etwas Einfaches vor. Thailand ist immer easy. Außerdem soll ich in Chiang Mai ein Camp für gerettete Arbeitselefanten besuchen, für eine Story in jenem Magazin, in dem ich eine Kolumne habe. »Du musst noch zwölf Stunden durchhalten«, sage ich mir wie ein Mantra vor. Für die Elefantengeschichte lässt die Redaktion extra einen Fotografen aus Bangkok einfliegen, alles ist organisiert. Und die Gründerin des Elefantencamps ist eine vielbeschäftigte Frau, die sogar vor den Vereinten Nationen spricht. Ich kann nicht absagen. Zwölf Stunden noch, dann darf ich krank sein, alles rauslassen, Schwäche zeigen, mal nicht funktionieren. Ein

DIE LEHRE VON DER LEERE

weiterer Cocktail aus der Reiseapotheke wird die Angelegenheit richten müssen.

Als der Fotograf mich nach getaner Arbeit – es war nicht das beste Interview meines Lebens, und das lag vor allem an mir – wieder in meiner Mietwohnung absetzt, breche ich weinend zusammen. Ich ziehe die Vorhänge zu und blende das Leben aus. Zwei Wochen vegetiere ich so in meiner dunklen Höhle dahin. Ich schlafe zwölf bis sechzehn Stunden pro Tag. Ist schon Vormittag? Noch Nachmittag? Bereits Abend? Ich weiß es nicht. Die Tage verschwimmen, genauso wie meine Träume und Gedanken. Ich ignoriere die Dusche. Lasse das Zähneputzen aus. Dort, wo mal Armmuskeln waren, fühlt sich alles nur schlaff an. Auch meine Autoimmunerkrankung hat sich zurückgemeldet. Das betroffene Hautareal ist wund und aufgerissen, Kortisonsalbe hilft nur noch fingerdick, und zu kochen schaffe ich nicht. In Chiang Mai gibt es einen Online-Lieferservice für frisch gepresste Säfte. Sellerie, Rote Bete, Karotte, Apfel, Ingwer, ein Mix aus allem, so bin ich zumindest mit Vitaminen versorgt.

»Du musst zu einem Arzt. Das ist nicht mehr normal. Bitte lass dich ordentlich durchchecken«, sagt die beängstigend kluge Schwester. Sie ruft mittlerweile jeden Tag an, um zu hören, ob ich noch lebe. Als sie androht, den Flieger nach Südostasien zu nehmen, um mich heimzuholen, und auch meine Mutter immer beunruhigter klingt, schleppe ich mich schließlich in ein Krankenhaus. Es liegt nicht weit von meiner Unterkunft entfernt, und es ist ein modernes Hospital, sogar ein Patientenschalter für Touristen findet sich hier. Während ich den Papierkram ausfülle, kümmern sich zwei Krankenschwestern rührend um mich.

»Wir überweisen Sie an unsere Abteilung für Gastroenterologie«, wird mir gesagt.

»Mich juckt's auch wie verrückt«, erkläre ich. »Vielleicht habe ich mir die Krätze geholt? Im Hospiz in Indien waren viele daran erkrankt.«

»Möchten Sie lieber zuerst auf die Dermatologie?«

»Ich weiß nicht«, sage ich unentschlossen, und meine Unterlippe beginnt zu bibbern. »Gut möglich, dass es mir auch an Eisen oder Vitamin B12 fehlt, ich ernähre mich seit ein paar Monaten vegetarisch, zeitweise sogar vegan.«

»Sollen wir einen Bluttest machen und einen Besuch im Labor vorziehen?«

Ich bin überfordert. Meine Augen füllen sich mit Tränen. Genau deswegen wollte ich nicht ins Krankenhaus. Zu viele Stationen, zu viele Leute, zu viele Entscheidungen. Ich will einfach nur zurück ins Bett und mir die Decke über den Kopf ziehen.

Ein paar Tests und Stunden später sitze ich einem jungen Thai-Arzt gegenüber, der perfektes Englisch spricht.

»Wir konnten keine Parasiten und auch kein okkultes Blut im Stuhl nachweisen. Ihr Blutbild ist okay. Sie haben zwar leicht erhöhte Entzündungswerte, aber die weisen wohl noch auf die Lebensmittelvergiftung hin.«

»Also fehlt mir nichts?«, frage ich schwach.

Der Arzt zuckt ratlos mit den Schultern. »Aus gastroenterologischer Sicht ist alles in Ordnung. Wir könnten noch eine Darmspiegelung veranlassen, aber das würde ich Ihnen eigentlich gerne ersparen. Trinken Sie ausreichend. Geben Sie sich und Ihrem Körper Zeit.«

»Ich liege schon über vierzehn Tage apathisch rum. Wie lange denn noch?«

»Sollte sich in einer Woche keine merkliche Besserung eingestellt haben, kommen Sie bitte wieder vorbei.« Der Arzt

DIE LEHRE VON DER LEERE

reicht mir die Laborergebnisse, ich bekomme die Behandlungskosten von 90 Euro in Rechnung gestellt und den Gratis-Tipp, dass Krätze-Medikamente in Thailand rezeptfrei erhältlich seien. »Unsere Bestimmungen sind da etwas lockerer als in Europa.«

Dankend ziehe ich die Tür hinter mir zu und trolle mich zurück in mein Nest.

* * *

Nachdem ich nun offiziell weiß, dass ich nicht an Parasiten zugrunde gehen werde: Was ist wirklich los mit mir? Ich liege im Bett und starre die Zimmerdecke an. Ich muss wieder zu Kräften kommen, aber allein bei dem Gedanken rolle ich mich wie eine Raupe bei Gefahr ein. Alles ist mir zu viel, kochen, trinken, das Licht löschen, ich bin wie gelähmt. Ich will gar nichts mehr müssen, ich will die Verantwortung für mich abgeben, nur ein kleines bisschen. »Netter Versuch, Schätzchen«, flüstert das Leben. »Aber aus dieser Nummer kommst du nicht raus.« Irgendwann greife ich mir mit müden Fingern mein Notizbuch und einen Stift. Schreiben hat mir immer geholfen, die Dinge klarer zu sehen. Außerdem ist es längst fällig, festzuhalten, was in den vergangenen viereinhalb Monaten geschehen ist. Vielleicht hilft es, auf den Weg zurückzuschauen, auf dem man gekommen ist, um zu wissen, wie es weitergehen soll.

Ich blättere meine Aufzeichnungen wieder und wieder durch. Bildfetzen tauchen in meinem Kopf auf. Ich sehe, wie die Möbelpacker in Wien mein Hab und Gut ins Lager räumen. Den untoten Meditationslehrer. Die Motorradausflüge mit John durch Reisfelder. Hongkongs Hochhausschluchten, in

ACHTES KAPITEL

denen ich mich ständig verlaufen habe. Kreischbunte, laute Geschäfte. Einen Kochkurs in Saigon. Regenbogen und schamanische Nächte auf Hawaii. Der Zwist mit den Hippies. Meine Empathie und Hilflosigkeit im Sterbehaus ... Ganz schön viel Leben für ein paar Monate. So viel, dass man denken könnte, ich wäre bis zum Anschlag voll damit. Stattdessen fühle ich mich leer.

War viel womöglich zu viel?

Stimmt es, was man sagt – ich muss nur eine Rast einlegen, um zu warten, bis meine Seele mich wieder eingeholt hat? Der Körper mag zwar an den verschiedenen Destinationen gelandet und durch die Passkontrolle gewandert sein, aber das bedeutet noch lange nicht, dass man wirklich angekommen ist. Und bei der Geschwindigkeit, in der ich die vielen tausend Kilometer und Abenteuer zurückgelegt habe, würde es mich nicht wundern, wenn sie irgendwo im Luftraum über dem Pazifik oder Indischen Ozean festhängt. Eingefleischte Langzeitreisende predigen nicht umsonst: »Geh es langsam an, alles andere bringt dich auf Dauer um.«

Ich wollte mir die Welt anschauen, mir neue Fähigkeiten aneignen. Gleichzeitig habe ich konsequent in meinem Journalistenberuf gearbeitet und regelmäßig Artikel geschrieben, damit zumindest ein bisschen Geld in die Reisekasse fließt. Ich habe versucht, die absolute Freiheit zu leben, ohne komplett aus dem System zu fallen, wollte alles unter einen Hut bringen, das Geld, meine Verpflichtungen, meine Träume. Seit Indien bin ich ... ja, was eigentlich? Emotional und körperlich am Ende. Ein leerer Tanzsaal, der kein Leben mehr durch seine Türen lassen will. Mein Soll an Hallo-und-Goodbye-Bekanntschaften ist ausgereizt. Ich fühle mich allein und verletzlich. Wenn man solo reist, kann man sich nur

DIE LEHRE VON DER LEERE

auf sich selbst und seinen Körper verlassen. Und gibt der Körper auf, der einen von A nach B und durch die Welt tragen soll, bricht plötzlich alles zusammen. Alles, was vorher Freiheit bedeutete, ist plötzlich ein Problem. Selbst das Holen von Wasser wird zu einer schier unlösbaren Aufgabe. Die vielen Nächte, in denen ich dehydriert vom Durchfall und mit staubtrockener Zunge aufgewacht bin und keine Kraft hatte, zum nächsten Mini-Markt zu laufen, haben mich ordentlich durchgeschüttelt. »Wer wird mich finden, wenn ich krepiere? Das Putzteam der Wohnanlage? Bis dahin bin ich bei der Hitze bis zur Unkenntlichkeit verwest.«

Und was zusätzlich an mir nagt: Ich weiß nicht, wo ich als Nächstes hinwill. Mein thailändisches Visum läuft bald aus, ich muss also demnächst mit einem Plan um die Ecke kommen. Doch nichts kann mich mehr begeistern. Noch ein Tempel? Noch ein Museum, an das ich mich Stunden später schon nicht mehr erinnern kann? Australien und Neuseeland wären routentechnisch logisch, dort beginnt demnächst der Sommer. Aber Down Under? Nein, da war ich schon mal, außerdem ist das mit John viel zu frisch, nicht dass der arme Kerl noch glaubt, ich würde ihn verfolgen, wenn ich in seinem Heimatland aufschlage. Und selbst auf den Kiwi-Inseln sind die Entfernungen zwischen den Orten groß. Alle drei Tage woanders schlafen, lange Bustouren, ständig Koffer schleppen, dazu fühle ich mich nicht in der Lage.

»Sei nicht zu hart zu dir. Du lebst dieses Leben, dass es eine Freude ist«, versucht die beängstigend kluge Schwester mich aufzubauen. Sie macht nebenbei gerade eine Coaching-Ausbildung und schickt mir manchmal nach unseren Telefonaten eine visualisierte Zusammenfassung, damit ich meine Ziele nicht aus den Augen verliere. »Vielleicht musst du bloß

ACHTES KAPITEL

einen Gang runterschalten. Das Tempo scheint nicht richtig zu sein.«

»Ich weiß aber nicht mehr, was ich will. Ich fühle mich, als wäre mit dem Zusammenbruch des Körpers auch in mir was zerbrochen«, flüstere ich. Und bin erschreckt über mich selbst. In dieser Nacht kann ich nicht schlafen. Ich setze mich auf den Balkon und versuche die Sterne am Himmel von Chiang Mai zu sehen. Es ist Regenzeit und bewölkt, außerdem ist die Stadt nicht unbedingt berühmt für saubere Luft. Aber an ein paar Stellen blinkt und funkelt es magisch aus dem grauen Firmament heraus. Diese Schönheit lässt mich lächeln. Ich habe seit Wochen nicht mehr gelächelt. Sterne sind nichts anderes als große, heiße Gaskugeln, denke ich. Ihr Funkeln mag Lufturbulenzen zuzuschreiben sein und keine besondere Aufgabe erfüllen, aber in diesem Moment erfüllt es mich. Und wie hat der französische Schriftsteller Théophile Gautier einst so treffend gesagt? »Wirklich schön ist nur, was keinem Zweck dient.«

Mit dem Blick nach oben dämmert mir, wie ich vielleicht meinen Seelenknoten lösen und die Leere in mir mit Leben füllen kann. Das Motto für die nächsten Wochen muss lauten: »Schönheit ohne Zweck.« Ich will mich an Schönheit betrinken, mich an Dingen berauschen, die einem Märchenbuch entsprungen sein könnten. Einfach nur Wunderbares erleben, ohne Erwartungen, die ich an mich gestellt habe. Das Herz als Kompass bleibt. Aber die Nebenwege, die sich auftun, werde ich fürs Erste auslassen. Schluss mit der Freiwilligen-Arbeit, die kann warten, vielleicht bin ich ohnehin nicht für die Gruppenerfahrung gemacht. Und sollten sich keine vernünftigen Themen für meine Reisekolumne ergeben, dann kann ich eben keine Artikel liefern. Dass mir die Zusammenarbeit des-

DIE LEHRE VON DER LEERE

wegen aufgekündigt werden könnte, nehme ich in Kauf. Als ich meinen Job hingeschmissen habe, um vogelfrei zu leben, war mir bewusst: Ich trage das volle Risiko. Für mich. Meine Finanzen. Meine Gesundheit. Meine Altersabsicherung. Meine Zukunft. Wenn ich schon dieses Risiko eingehe, soll die Sache wenigstens hundertprozentig zu meinen Bedingungen sein. Ich muss die Erfahrung machen dürfen: Ich bin auch etwas wert, ohne dass ich arbeite oder etwas leiste. Ich bin einfach nur ich. Ohne Zweck.

❀ ❀ ❀

Ich habe diese Nacht und die Magie der Sterne gebraucht. Beide haben mir eine Krücke zurück ins Leben gegeben, und eine sehr ereignislose Woche später hat sich in mir eine Route formiert, die für meinen Körper machbar sein sollte. Aber vor allem ist es eine Route, auf die ich mich freue.

»Erst Istanbul, dann Kappadokien«, sage ich, als Victoria mich fragt, wo es als Nächstes hingeht. Victoria ist dreißig, eine kettenrauchende Marketingmanagerin aus Tel Aviv. Wir haben uns in einem Bus kennengelernt. Zwei, drei Stunden schaffe ich es mittlerweile, außer Haus zu gehen. Der Kreislauf schwächelt noch, aber ich habe erstmals seit Wochen die Zuversicht, dass das wieder wird. Gemeinsam flanieren wir über den Nachtmarkt, einen Straßenbasar, der erst bei Dämmerung zum Leben erwacht.

»Türkei?« Victoria sieht mich überrascht an. »Wolltest du nicht ausschließlich Sommer-Destinationen ansteuern? In Istanbul beginnt doch der Herbst.«

Ich überlege kurz, ob ich eine Brandrede auf die Schönheit halten soll. Ich könnte erklären, dass die Türkei-Bilder die

ACHTES KAPITEL

einzigen waren, die in mir Begeisterung und Reisesehnsucht geweckt haben. Aber das würde zu lange dauern. Also sage ich nur: »Ich habe mir den Wetterbericht angeschaut. Die nächsten Wochen ist Spätsommer angesagt.«

»Langzeit-Vorhersagen sind bekanntlich sehr verlässlich«, meint Victoria.

Wir lassen uns auf einer Sitzbank nieder und beobachten das Marktgewusel. Victoria ist zum ersten Mal allein im Ausland unterwegs. Ihr Job daheim macht sie unglücklich.

»Ich würde gerne kündigen und mich verändern, aber ich weiß nicht, was ich sonst machen soll«, vertraut sie mir an. Jetzt will sie sich beweisen, dass sie zumindest solo durch Thailand touren kann. Alles, was für sie ein Problem darstellt und neu ist – SIM-Karten kaufen, lokale Transportsysteme verstehen, ohne Begleitung in einem Restaurant essen –, führt mir vor Augen, wie selbstverständlich das Nomadentum für mich geworden ist.

»Ist dein Leben nicht ein wenig traurig und einsam?«, fragt mich Victoria irgendwann, als wir wieder weiter durchs Marktgetümmel ziehen. Sie sieht mich dabei fast mitleidig an.

Überrascht blicke ich auf, damit habe ich nicht gerechnet. »Wie kommst du darauf?«

»Na ja, du kannst die schönen Momente mit niemandem teilen. Du musst dich mit allem allein rumschlagen. Und wenn du krank wirst, ist keiner da, der dich gesund pflegt, zumindest tut es keiner ohne Bezahlung.«

»Vor ein paar Tagen hätte mein Selbstmitleid dir recht gegeben«, lache ich. »Aber mittlerweile kann ich wieder erkennen, wie privilegiert ich eigentlich bin.« Victoria scheint nicht überzeugt. Also erkläre ich ihr, dass ich zwar hin und wieder damit hadere, alles selbst checken zu müssen, insbesondere dann,

DIE LEHRE VON DER LEERE

wenn ich nicht hundertprozentig fit bin. Aber ich kann tun und
lassen, was ich will, nach meinem eigenen Rhythmus leben. Ich
kann hinter jede Tür schauen, die meine Neugier weckt.»Wenn
mein Tag blöd gelaufen ist, liegt's nur an mir, ihn besser zu machen. Ich kann es nicht auf einen unfähigen Chef, einen nervi-
gen Typen oder sonst jemanden schieben.«
»Und gleich predigst du was von Selbstliebe, stimmt's?«,
sagt Victoria.
Ich mag ihre ironische Art, im höflichen Asien findet
man sie selten.»Meine Selbstliebe ist definitiv ausbaufähig,
das hat mir die Lebensmittelvergiftung gezeigt«, sage ich
schief grinsend.
»Ah ja? Wie das?«
»Als Alleinreisende und als Single bin ich so daran gewöhnt, Dinge ohne fremde Hilfe zu regeln, dass mir beim Gedanken daran, nach Unterstützung zu fragen, fast die Zunge
abfällt. Ich bin die Starke. Ich fungiere als Problemlöserin,
nicht als diejenige, die Probleme hat oder macht. Ich bin dazu
erzogen worden, zu funktionieren. Aber ich schätze, ich sollte
damit beginnen, mir Schwäche zu gestatten. Sonst gehe ich das
nächste Mal, wenn ich ein verdorbenes indisches Curry esse
und wieder keinen Arzt aufsuche, garantiert drauf.«
Wir kommen an einem Verkaufsstand vorbei, der persona-
lisierte Armkettchen verkauft. Man kann sich seinen Namen
oder einen kleinen Spruch auf Metallplättchen gravieren lassen. Victoria ordert für ihre Mitbewohnerin daheim eine Kette
mit »My bitch«. Badass-Gangsta-Style. Israelische Frauen sind
Amazonen, sie müssen Militärdienst ableisten und tragen »my
bitch« mit Stolz und Ghettofaust. Meine Wunschgravur ist das
komplette Gegenteil. Ich kritzle die vier Worte auf einen Zettel und überreiche diesen dem Verkäufer.

ACHTES KAPITEL

»Was lässt du dir anfertigen?«, fragt Victoria. »Be kind to yourself« lesen wir beide auf meinem fertigen Kettchen. »Sei nett zu dir selbst.« Victoria versucht, interessiert dreinzuschauen. Aber es gelingt ihr nicht. Der Spruch ist zu weichgespült für sie. Sie wirft mir stattdessen einen kratzigen Folklore-Strickpulli zu, den das thailändische Bergvolk der Karen angefertigt hat und den der Verkäufer am Nebenstand anbietet.

»Ich glaube, so was brauchst du jetzt mehr als das Armkettchen«, sagt sie. »Ich wiederhole mich ungern, aber du wirst dir den Arsch abfrieren.«

»Wetten nicht?«, sage ich. »Wirst schon sehen: Das Universum ist auf meiner Seite.«

```
┌ ─ ─ ─ ─ ─ ─ ─ ─ ─ ─ ─ ─ ─ ┐

   BEVOR ICH ES
   VERGESSE ...

└ ─ ─ ─ ─ ─ ─ ─ ─ ─ ─ ─ ─ ─ ┘
```

EINE KLEINE ZWISCHENBILANZ

Reisen ist Träumen mit offenen Augen, heißt es. Es ist aber auch verdammt viel Herumgerenne und eine emotionale Achterbahnfahrt, im positiven Sinn. Eine Statistik für zwischendurch:

Reisedauer bisher: 134 Tage (4 Monate, 12 Tage)

Bereiste Länder insgesamt: 5 (Thailand, Vietnam, USA/Hawaii, Hongkong, Indien)

Transportmittel: 15 Flieger (Asche auf mein ökologisch ignorantes Haupt. Aber falls es meiner Verteidigung irgendwie zuträglich ist: Dank Trinkflasche habe ich zumindest geschätzt 300 Plastikflaschen eingespart)
6 Fähren
8 Busse
1 Segelboot
52 Taxis
6 Motorradtaxis
1 Fahrrad
1 Motorrad
1 Mietauto

Unterkunftswechsel: 21

Unterkünfte, aus denen ich geflohen bin: 3
(die Gründe: invasive Schlangen, fieser Schimmel,
herrschsüchtige Hippies)

Aktuelles Koffergewicht: 22,7 Kilo

Kofferreparaturen: 3 (Reißverschluss gesprengt, Kofferrolle
verloren, erneut Reißverschluss gesprengt)

Neue Maxikleider: 7 (hängt kausal mit den kaputten
Reißverschlüssen des Koffers zusammen)

Arbeitsstellen: 3 (Webseite in Hoi An, Hippie-Farm auf
Hawaii, Sterbehaus in Kalkutta)

Freelance-Arbeit: 13 geschriebene Artikel

**Momente, in denen ich mich gefragt habe, was ich
da eigentlich tue:** 14

Sonnenuntergänge: 42

Sonnenaufgänge: 5

Kochkurs: 1 (das vietnamesische Essen hat mich so nachhaltig begeistert, dass ich künftige Pho-Gelüste ortsunab-
hängig gesichert wissen will)

Lebensmittelvergiftungen: 2 (Saigons Köche waren noch
gnädig, die in Kalkutta nicht)

No-go-Destination bis auf Weiteres: Indien

Gewichtsverlust durch die Kotzerei: minus 3 Kilo

Muskeln: 0 (das gewohnte Joggingprogramm ging
sich irgendwie nicht aus, in Asien stirbt man entweder an
Hitzschlag oder wird von einem Motorroller überfahren,

auf Hawaii musste ich zu viel arbeiten, in Indien
joggt man nicht)

Zahl der 24-Stunden-Bekanntschaften: 13 (meine Heldin
dabei war eine junge, australische Krankenschwester, die
vier Monate pro Jahr reist, weil sie sich ihren Arbeitsvertrag
entsprechend ausgehandelt hat)

Tinder-Dates: 4

Anzahl der schlechten Tinder-Dates: 3

Herzflattern gefolgt von Herzschmerz: 1 (der abtrünnige
Australier, seufz)

Verschickte Postkarten: 28 (ich habe der Oma versprochen,
zu schreiben, sie hat kein Internet)

Verlorene Packstücke: 1 (ich hoffe, irgendjemand hat
Freude an meiner sauteuren Sonnenbrille)

9

WIR BRAUCHEN ALLE MEHR MAGIE

Es gibt einen Ansatz in der Quantenphysik, der besagt: »Die Realität ist immer die, die du dir aussuchst.« Okay, das ist jetzt arg vereinfacht, dahinter stecken Formeln und Thesen, denen mein Hirn nicht einmal im Ansatz folgen kann. Aber jeder hat es auf die eine oder andere Art schon mal erlebt: Plötzlich sieht man nur noch, was man sich in den Kopf gesetzt hat. Frauen, die sich Kinder wünschen, nehmen auf einmal übermäßig viele Schwangere und Kinderwagen wahr, obwohl sich statistisch betrachtet nicht mehr Mütter herumtreiben als noch vor ein paar Wochen. Plant man ein spezielles Auto zu kaufen, scheinen die Straßen voll mit diesem Modell, auch wenn einem diese Karre vielleicht vorher nie aufgefallen ist. Bei mir verhält es sich so mit der Schönheit. Seit mein abgestumpftes Reiseherz beschlossen hat, dass es nur mit wunderhübschen Dingen zu retten ist, finde ich die Schönheit in Istanbul überall – und jene Faktoren, die nicht ins Konzept passen, filtert die Wahrnehmung wie ein übereifriger Zensor einfach heraus. In meinem Paralleluniversum gibt es kein Verkehrschaos und keine fragwürdige Politik. Ich lustwandle durch einen orientalischen Spätsommer-Traum.

»Und ... in wie vielen Pullis erfrierst du?«, will Victoria, meine Reisebekanntschaft aus Thailand, via Facebook wissen. Ich schicke ihr einen Sonnenbrillen-Schnappschuss samt triumphierendem »Achtundzwanzig Grad! Sonnenschein!«, dann überblicke ich stolz wie eine Königin mein neues Reich. Vor meinen Augen breitet sich ein postkartentaugliches Panorama aus Kuppeldächern, Obelisken und steilen Pflastersteingassen aus. Männer mit Schnauzbärten und Schiebermützen werfen an den Ufern des Bosporus ihre Angel aus. Im Schatten von Kastanienbäumen spielt eine Gruppe Senioren Schach. Durch Straßencafés ziehen Zigarettenschwaden. Jeder Gast, egal ob jung oder alt, Mann oder Frau, scheint zu rauchen. Lungenkrebs ist in der Türkei offenbar abgeschafft, und die meisten haben ihre Kippen vorsorglich in silberglänzenden Etuis verstaut, so muss man nicht auf die Warnhinweise auf den Packungen schauen. In Sachen »Ich denke mir die Welt, so wie sie mir gefällt« sind mir die Türken weit voraus.

Istanbul mag als Stadt die Kontinente Europa und Asien verbinden und eine Schnittstelle zwischen Orient und Okzident sein, aber jedes Viertel ist eine Welt für sich. In manchen riecht die Luft nach Seetang, in anderen nach Leder und Gewürzen, Tee wird allerorts aufgebrüht und in kleinen Gläsern serviert. Im Großen Basar kann man sich stundenlang in einem Irrgarten aus Tonschüsseln, Teppichen oder türkischen Lichtern verlieren. Und dass an jeder Ecke frisch gepresster Granatapfelsaft feilgeboten wird, kommt mir sehr gelegen. Es heißt, der Anteil an Antioxidantien in Granatäpfeln ist hoch. Nachdem ich das Zeug mittlerweile literweise trinke, werde ich demnächst also zwanzig Jahre jünger aussehen. Momentan aber muss ich noch mit der Beschreibung »Crazy Old Cat Lady« leben. Kaum dass ich auf einem Bänkchen verweile – meine

NEUNTES KAPITEL

Stadterkundungsausdauer schwächelt noch, eine Folge der Lebensmittelvergiftung –, schleicht sich von irgendwo ein Katzentier heran und bezirzt mit einem schmeichelnden Miau meine Beine. Wobei, das hat nichts damit zu tun, dass Katzen mich offenbar für einen freundlichen Menschen oder einen guten Dosenöffner halten. In Istanbul, der Fünfzehn-Millionen-Metropole, treiben sich rund hundertfünfzigtausend Straßenkatzen herum, man rennt also ständig in eine Mieze hinein. Manche Leute vertreten sogar die Meinung, die Streuner seien die heimlichen Regenten der Stadt: Sie besetzen parkende Autos, patrouillieren Zäune und Dächer, die kühnsten und unerschrockensten Exemplare fahren mit der Rolltreppe auf und ab und weisen Schoßhunde fauchend in ihre Grenzen. Mein absoluter Favorit ist ein rauchgrauer Tigerkater mit eingerissenem Kämpferohr, der in einem früheren Leben mal Ladendetektiv oder Türsteher gewesen sein muss. Tagein, tagaus sitzt er im Eingangsbereich eines Geschäfts für Damenbekleidung und scannt mit stoischem Blick jede Kundin. Wer ihm verdächtig erscheint, wird in den Laden hinein verfolgt. Ich bin offenbar höchst suspekt, er schleicht mir nach, allerdings tut er das nicht sehr unauffällig.

Von Mehmet, dem Betreiber des kleinen Aparthotels, in dem ich untergebracht bin, weiß ich: Der Türsteher-Kater wird »Kedi« gerufen. Das ist kein Kosename, so lautet das türkische Wort für Katze. Jede Nachbarschaft hat ihre zehn, fünfzehn »Kedis«, und Mitleid, so findet Mehmet, ist ob des Streunerdaseins unangebracht: »Die wenigsten Tiere müssen Hunger leiden, sie sind prinzipiell alle gut genährt.« Offiziell mögen die räudigen Miezen niemandem gehören, aber inoffiziell kümmert sich die ganze Stadt um sie. Im Islam genießen

WIR BRAUCHEN ALLE MEHR MAGIE

die schlauen Wesen mit den starken Sinnen seit jeher einen besonderen Stellenwert. Eine Legende besagt, dass eine Katze den Propheten Mohammed vor einer Schlangenattacke gewarnt haben soll. Was Besseres kann einem nicht passieren, als dass ein Gesandter Gottes bei einem in der Schuld steht. Das Ganze sorgt dafür, dass Metzger bis heute Rinderknochen für die Tiere auslegen. Und Istanbuls Einwohner füllen Plastikschalen mit Trockenfutter sowie mit Wasser und stellen sie flächendeckend in der Stadt auf. Selbst Mehmet kauft regelmäßig Katzenfutter. Oft muss ich denken: Wie wäre es wohl, wenn jede Millionenstadt so viele Katzen hätte wie Istanbul? Und ich glaube, die Antwort wäre: Es würde viel Gutes passieren. Man würde zumindest weniger anonym nebeneinanderher leben. Denn die Kedis in Istanbul bringen die Menschen zusammen. Wenn im Frühling und im Herbst Katzenbabys erste unsichere Tapser machen, wird das fast zum Straßenfest. Sogar Mehmet hat vom aktuellen Wurf, der um die Ecke lebt, Fotos auf seinem Handy gespeichert, und als er mir die Bilder zeigt, rührt mich das. Wobei: Man darf das Ganze auch nicht überinterpretieren. Die wässrigen Augen können auch von den vielen Katzenhaaren in der Luft kommen, meine Schleimhäute reagieren allergisch auf die Tiere.

* * *

»Warum bleibst du eigentlich zwei Wochen in Istanbul?«, fragt Mehmet, bevor ich mich nach einem langen Tag auf mein Zimmer verziehe. »Die meisten Touristen kommen nur für drei, vier Tage, dann haben sie im Normalfall die Highlights der Stadt abgeklappert.«

»Ich bin hier, weil ich mein Herz mit Schönheit füllen will.«

NEUNTES KAPITEL

»Die Blaue Moschee? Hagia Sophia? Topkapi-Palast?«
»Nein, keine klassischen Sehenswürdigkeiten. Einfach nur
Schönheit ohne Straßenkarte. Ich lasse mich treiben.«
»Und, bist du fündig geworden?«
»Ja«, sage ich und grinse. »Ich werde täglich fündig. Ich
weiß jetzt zum Beispiel: Was schön ist, stinkt mitunter auch
phänomenal.«
    Dass in diesem Moment Mehmets Telefon klingelt, ist
vielleicht ganz gut. Ich glaube, er hat sich nicht nur einmal gefragt, ob bei mir alles richtig im Kopf ist.

* * *

Rückblende. Ein Atelier nahe der Blauen Moschee. Der dicke
Eric denkt, dass ich es war. Ich kann an seinem Blick erkennen,
dass er mich in Verdacht hat. Seine Frau sieht das anders. Für
sie scheint Eric der Übeltäter zu sein. Anklagend zischt sie
»Darling …!« in seine Richtung und lächelt mir peinlich berührt
zu. Ich beginne durch den Mund zu atmen, anders ist der Ge-
stank nicht auszuhalten. Es riecht nach faulen Eiern und so, als
hätte jemand den Kampf gegen seine Flatulenzen verloren.
Eine Duftwolke der Kategorie »Killer-Furz« hüllt uns ein.
Bahar, die damit beschäftigt ist, Farbflaschen und Papier vor-
zubereiten, lächelt still in sich hinein. Sie lässt uns ein paar Minuten schmoren, dann erbarmt sie sich und löst das Rätsel auf:
»Der stechende Geruch kommt von der Ochsengalle, die ich
den Farben beimische.«
    Die Vorgeschichte dazu ist: Ich habe einen heimlichen Fe-
tisch für Druckkunst. Sehe ich ausgefallene Muster, egal ob auf
Ton, Stoff oder Holz, setzt mein Verstand aus und der Geifer
rinnt mir aus dem Mund. Ich will alles haben und das Zeug am

WIR BRAUCHEN ALLE MEHR MAGIE

besten gleich containerweise kaufen. Das hat mich bekanntlich bereits in Vietnam in die Bredouille gebracht. Endlose Laufmeter Stoff – Farbexplosionen, die jede Stilpolizei als »geschmacklich bedenklich« einstufen würde – wurden in derart viele Maxikleider verwandelt, dass sich mein Koffer am Ende nicht mehr zuklappen ließ und ich mein halbes Hab und Gut verschenken musste, um weiterreisen zu können. In Istanbul habe ich nun in einem verstaubten, alteingesessenen Geschäft Ebru entdeckt. Das ist bunt marmoriertes Papier, und es brachte mein Herz augenblicklich zum Hüpfen. Die Geldbörse war schon gezückt, um mich dem Kaufrausch zu ergeben. Dann drang die Vernunft zu mir durch und erinnerte mich daran, dass Shopping nur kurzfristig Endorphine ausschüttet und man vom kreativen Prozess länger zehrt. Also verließ ich das Geschäft beutelos und meldete mich stattdessen zu einem Do-it-yourself-Ebru-Kurs an.

Wir sind zu viert im Atelier. Meine Wenigkeit. Bahar, die Lehrerin. Und neben ihr stehen der dicke Eric und seine frisch angetraute Jessica. Die beiden kommen aus Irland und verbringen ihre Flitterwochen in der Türkei. Während Bahar die letzten Vorbereitungen trifft, bewundere ich die Papierbögen, die von vergangenen Kursen zum Trocknen aufliegen. Ebru, die islamische Kunst des Malens auf Wasser, hat etwas Magisches. Um den psychedelisch anmutenden Marmorier-Effekt zu kreieren, braucht es drei, vier Farben und eine jahrhundertealte Technik. Man kann mit einer Idee beginnen, aber das Resultat trotzdem nicht bestimmen. Es gilt, die Farben ihren eigenen Weg finden zu lassen.

»Der Schleim hat noch nicht die richtige Konsistenz«, seufzt Bahar, während sie ein flaches Becken aus Stahl betrachtet, in dem trübes Wasser fingertief steht.

NEUNTES KAPITEL

Ich runzle die Stirn und frage: »Schleim, Ochsengalle, was kommt da noch?«

Auch wenn ich keine Expertin bin, vereinfacht lässt sich Ebru vielleicht so erklären: Man versetzt Wasser mit einem schleimigen Algensud. Dieser legt sich wie ein unsichtbarer Film über die Wasseroberfläche und kreiert eine Art schwimmende Leinwand. Dann kommen die stinkenden Farben ins Spiel.

»Die Gallenflüssigkeit bewirkt, dass die Farben auf dem Schleim geformt werden können, ohne dass sie sich miteinander vermischen«, erklärt Bahar. »Ist das gewünschte Motiv fertig, legt man vorsichtig ein Blatt Papier auf und zieht es dann langsam am Beckenrand ab. Die Farben bleiben haften, und voilà, fertig ist das Bild.«

Bahar reicht mir ein in Farbe getränktes dünnes Stäbchen. Mittels klopfender Handbewegung soll ich erste Farbspritzer auf dem Wasserfilm verteilen.

»Langsam, sanfter, sanfter«, werde ich schon nach den ersten Versuchen korrigiert. »Du klopfst zu heftig, die Farbkleckse, die die Basis des Kunstwerks bilden, werden dadurch zu groß.«

»Das waren doch ganz zarte Bewegungen.«

»Nein, waren sie nicht. Für Ebru braucht es eine ruhige Hand und einen ruhigen Geist.«

Und ich denke: Ich will mich kreativ austoben, ich will keine Psychotherapie.

Eric, der Honeymooner, ist offenbar Buddha. Seine Klopfbewegungen sitzen, er ist die Ruhe selbst, und als technischer Ingenieur führt er jeden Schritt penibel aus. Mit einem kammartigen Gebilde zieht er Wellenbewegungen durch sein fast fertiges Bild und erzeugt so die Illusion von tausend kleinen

WIR BRAUCHEN ALLE MEHR MAGIE

Pfauenaugen. Ich versuche es erneut. Ich tropfe Grün, Schwarz, Rot und Blau ein. Forme die Farbkleckse mit Stäbchen. Es kommt nicht im Entferntesten an Erics Pfauenaugen heran. Noch mal. Noch mal. Noch mal. Bahar sieht meine Frustration:»Feier die Einzigartigkeit deines Ergebnisses, das kostet dich weniger Kraft und Nerven.« Ich nehme den Satz persönlich.»Das tue ich prinzipiell«, zische ich.

»Im Moment versuchst du aber zu kopieren, und deshalb fließen die Dinge nicht richtig«, höre ich Bahar sagen. Dann knufft sie mich versöhnlich in den Arm und geht zum perfekten Eric und seinen perfekten Pfauenaugen zurück.

* * *

Neunhundert Kilometer weiter westlich, in Kappadokien, einer Region in der Zentraltürkei, schwingen Bahars Worte in mir nach. Es ist fünf Uhr dreißig, der Morgen ist noch dunkel, und die Steppenlandschaft, in der ich stehe, scheint endlos zu sein. Ein Heißluftballon baut sich wie ein fauchender Drache vor mir auf, rot und gelb züngeln die Gasflammen. Als mir bewusst wird, mit wem ich gleich auf Ballonfahrt gehen werde, stöhne ich innerlich auf. Pärchen. Pärchen. Überall Pärchen. Ich bin die Einzige, die allein gekommen ist. So viel zu Bahars Kommentar, ich solle keine Kopie sein. Von wegen! Wenn sie das sehen könnte! Ich bin so was von keine Kopie, ich genieße Exotenstatus hier und muss mir viele neugierige Blicke gefallen lassen. Die arme Frau! Wurde sie sitzen gelassen? Warum reist sie ohne Begleitung? So eine Ballonfahrt sollte man doch mit jemandem zusammen erleben!

Neben mir knutschen zwei junge Briten.

NEUNTES KAPITEL

»Happy Birthday, Baby!«, haucht er.

»Danke! Was für eine Überraschung«, flötet sie.

Ein paar Meter weiter wirft sich eine Asiatin mit Folklore-Poncho und Hipster-Hut in Pose. Ein Bursche mit Kamera wieselt um sie herum. Er scheint ihr Instagram-Husband zu sein, einer dieser armen Kerle, die ständig zu hören kriegen:»Schatz, mach doch mal ein Bild!«, gefolgt von:»Nein, nein, nein, nein, stell dich da drüben hin, gib dir mehr Mühe.« Aktuell kniet er vor seiner Liebsten. Von unten fotografiert wirken ihre Beine hoffentlich so, als würden sie bis zum Himmel reichen.

Als alle in den Korb geklettert sind – die Influencerin musste ihren Hut zurücklassen, die breite Krempe verdeckt für zu viele Mitreisende die Sicht – und sich der Ballon lautlos in die Lüfte erhebt, wird es andächtig still. Während wir Meter um Meter steigen, wacht auch die Sonne langsam am Horizont auf, und ihr goldenes Licht legt eine atemberaubend schöne Landschaft frei. Kappadokien ist bekannt für seine Feenkamine, kegelförmige Formationen aus Tuffstein, die von Wind und Wetter über Millionen von Jahren geformt wurden und so wirken, als ob sie nicht von dieser Welt wären. Die Bilder davon lösen bei Daheimgebliebenen immer Neidgefühle aus, man kann nichts falsch machen, jeder Winkel in der Gegend um Göreme gibt optisch was her. Sogar mein liebloses Abdrücken – ich bin hochgradig untalentiert, was Fotografieren betrifft – sorgt am Ende für ein »Wow«. Und obwohl ich der Überzeugung bin, die schönsten Momente kann man nicht festhalten, man trägt sie im Herzen, drücke ich wie eine Irre ab. Klick. Klick. Klick. Klick. Klick. Diese Magie will ich zumindest ein bisschen einzufangen versuchen.

Zwei Stunden gleiten wir lautlos durch den Morgenhimmel. Zweihundert Ballone, auf Anordnung der Tourismusdirek-

WIR BRAUCHEN ALLE MEHR MAGIE

tion sind alle in zarten Pastelltönen gehalten, schweben um uns herum. Manche über uns, manche unter uns, aber alle weit genug weg, dass man einander nicht hört oder stört. Die Tuffsteinfelsen und Feenkamine scheinen kein Ende zu nehmen, und mit jeder Minute präsentieren sie sich anders, weil die Farben des Gesteins im Licht changieren. Ich stütze meine Ellbogen an der Kante des Heißluftballonkorbs ab und bin sehr zufrieden. Vor wenigen Wochen noch war ich platt wie ein totgetretener Hamster. Ich hatte meinen Antrieb verloren, ich war leer. Hier oben merke ich, dass meine inneren Akkus wieder bis zum Anschlag aufgeladen sind. Istanbul, das wunderschöne Miezen- und Ebru-Mekka, hat gute Vorarbeit geleistet, Kappadokien erledigte den Rest. Ich fühle mich frei, kreativ, schwerelos, wie ein Teil eines großen Wunders, auch wenn das jetzt ziemlich schwülstig klingt. Aber dass solche Landschaften existieren, ist ein Wunder. Sie erfüllen keinen Zweck, auf Tuffstein wächst nichts. Die Türme sind einfach nur da, und ihre Anziehungskraft reicht bis in alle Welt. Täglich arbeitet ein Heer von Menschen daran, diese Traumlandschaft anderen zugänglich zu machen. Die Ballonbetreiber kassieren dafür fett Kohle, klar, eine Luftfahrt ist nicht billig, sie kostet rund 200 Euro pro Person. Aber diese Energie, wenn die Helfer die Seile loslassen und die Ballone scheinbar schwerelos aufsteigen, die lässt sich kaum beschreiben. Davon zeigen sich auch die abgebrühtesten Charaktere ergriffen. Vielleicht weil sie begreifen: So grau und trist die Welt manchmal erscheinen mag, die Natur schwingt täglich irgendwo ihren Zauberstab und zieht mit Farben, Licht und Formen alle Register. Und obwohl man Schönheit überall finden kann, wenn man nur danach Ausschau hält – der Spalt im Bordstein, mitten im Zementdschungel, in dem ein Blümchen wächst, ist nicht minder magisch als

NEUNTES KAPITEL

der Tuffstein hier –, ist Kappadokien trotzdem speziell. Es ist ein Wunder in XL. Manchmal braucht man das Große, um das Kleine wieder zu schätzen. »Danke«, flüstere ich ins Nichts, als der Kapitän den Sink-flug beginnt. Aber irgendwie ist das auch an mich selbst gerichtet. Es hätte tausend andere Orte gegeben, an denen sich die Sinne hätten betören lassen. Warum es ausgerechnet Istanbul und Kappadokien sein mussten? Eine schlüssige Erklärung dafür werde ich nie aus mir herauskitzeln können. Ich benötige sie aber auch nicht. Die Erfahrung der vergangenen Tage hat mir etwas viel Wichtigeres mitgegeben: das Selbstvertrauen, künftig öfter so zu handeln. Ohne Wenn und Aber. Das zu tun, was ich fühle, auch wenn es nach außen hin keinen Sinn macht und keinem höheren Zweck dient. Dann finden sich die Dinge, die man in diesem Moment braucht, automatisch ein. Ebru, Katzenliebe, Tuffstein. Und hoch oben im Morgenhimmel spüre ich instinktiv, was der nächste Stopp sein muss.

```
BEVOR ICH ES
VERGESSE ...
```

STRATEGIEN GEGEN DAS BÖSE R-WORT

R ... wie Reisemüdigkeit. Schon klar, das Ganze ist ein Luxusproblem. Aber nach dem hundertsten Goodbye und ebenso vielen Tempeln kann schon mal ein kleiner Durchhänger auftreten. Bevor man resigniert hinschmeißt, sollte man zumindest das versuchen:

Ausheulen

Familie und Freunde mögen vielleicht nicht immer verstehen, was das Problem ist (»Du bist auf Reisen! Du hast nichts zu meckern!«), aber sie können zumindest zuhören. Es soll auch Reisende geben, die regelmäßig mit dem Familienhund oder der daheim gebliebenen Katze skypen. Alles, was Trost spendet, ist legitim. Niemand muss allein Trübsal blasen.

Schlafen

Klingt unaufregend. Ist es auch. Aber ich schwöre, nach ein, zwei ruhigen Nächten sieht die Welt gleich anders aus – und sogar kleine Wehwehchen, für die man eben noch den Arzt, Apotheker oder Wunderheiler aufsuchen wollte, sind oft vergessen. Schlaf ist das meistunterschätzte Allheilmittel der

Welt, und vor allem ist es gratis. In gute Ohrenstöpsel oder in ein sauberes Zimmer mit schallisolierten Fenstern zu investieren, kann trotzdem nicht schaden.

Essen

Reis-Bowls in Asien, Tacos in Mittelamerika, Eintöpfe in Afrika – irgendwann hängen einem gewisse Gerichte zu den Ohren raus und man sehnt sich nach etwas Vertrautem. Die gute Nachricht: Himmelschreiend kitschige Auswanderer-Lokale, die Schnitzel, Spätzle oder Apfelkuchen servieren, finden sich fast überall auf der Welt, auch wenn man als weltgewandter Mensch darin nur ungern erwischt werden möchte (aber das mit dem Hofbräuhaus-Besuch in Vietnam muss man ja niemandem sagen). Option zwei ist, sich selbst an den Herd zu stellen, sofern die Unterkunft über eine Küche verfügt. Kochen ist für die Psychohygiene wichtig, es täuscht einen gewissen Alltag vor.

Reiseplan ausmisten

Weniger ist mehr. Und langsamer ist gesünder. Es ist völlig in Ordnung, berühmte Opernhäuser, Denkmäler und Museen links liegen zu lassen. Reisen dient der Erfüllung individueller Sehnsüchte, niemand muss den »Stecknadel-auf-der-Landkarte«-Rekord gewinnen. Und manchmal sind die besten Tage jene, an denen man einfach nur in einem Straßencafé Leute beobachtet.

Binge-Watching

Auf Reisen darf man auch mal ohne schlechtes Gewissen faul sein. Ich korrigiere: Man muss sogar faul sein. Zu Hause wäre man ja auch nicht jeden Tag des Jahres aktiv und aufnahmefähig. Zweiundsiebzig Stunden *How to Get Away with Murder*-Gucken erweist sich mitunter als Segen.

Reisefreunde suchen

Manchmal braucht es einen Drink-Buddy. Oder eine Person, die einen mitreißt. Viele Städte – von Helsinki bis Sydney – bieten Free Walking Tours an, das sind Stadtführungen, die auf einer »Zahl, so viel du willst«-Spende basieren und nicht das Reisebudget sprengen. Für mich eine gute Möglichkeit, um andere Reisende kennenzulernen. Wer lieber im Internet fahndet: Hilfreich sind Expat-Foren der jeweiligen Destination, Plattformen wie meetup.com, travelocity.com oder Facebook-Gruppen für digitale Nomaden. Bei der Dating-App Bumble gibt es die BFF-Funktion, das heißt, man kann hier, standortbasiert und ohne amouröse Hintergedanken, nach Gleichgesinnten beiderlei Geschlechts suchen. Wer nicht alleine essen will, kann sich bei eatwith.com oder withlocals.com umschauen.

Bilder im Kopf

Wenn nicht klar ist, wo's als Nächstes hingehen soll, hilft es, sich von Bildern bei Google oder Instagram berieseln zu lassen. Welches Reiseziel, welcher Strand, welche Stadt, welche Naturschönheit lassen das Herz hüpfen? Hüpft gar nichts, ruhig Blut. Einfach die Punkte eins bis sechs weiter durchziehen, irgendwann flutscht es wieder.

10

WIE WECKE ICH DIE GÖTTIN IN MIR?

Das Taxi braust durch die tropisch-schwüle Nacht. Im Kofferraum höre ich mein Gepäck rumpeln, und Straßenlaternen haben die Szenerie in ein weiches Licht getaucht. Ich studiere den glitzernden Wasserteppich der Lagoa Rodrigo de Freitas. Die Umrisse der Palmen. Die Plattenbauten.

»Bist du gut gelandet?«, fragt die beängstigend kluge Schwester in einer Nachricht auf meinem Handy.

»Mehr als das«, antworte ich. »Auch wenn du mich für verrückt erklären wirst, mein Gefühl sagt mir: Das hier wird was Längeres.« Der Einreisestempel in meinem Pass ist noch ganz frisch. Ich fühle mich seltsam angekommen.

Es gibt Orte, an denen weiß man automatisch, was zu tun ist. Rio de Janeiro, die brasilianische Küstenmetropole, in der einen Cristo Redentor mit offenen Armen empfängt, ist so ein Platz. Während meiner ersten Weltreise war ich schon einmal hier. Damals lag ich so viel am Strand herum, dass ich zu Recht überlegte, den Titel »Girl from Ipanema« für mich zu beanspruchen. Und obwohl ich ungern zweimal an denselben Ort reise – immerhin ist die Welt groß genug, um sich nicht wiederholen zu müssen –, die Rückkehr an den Zuckerhut war für mich ein Muss.

Zum einen, weil Rio de Janeiro das letzte Puzzleteil für meine Genesung ist. In der Zona Sul, der Südzone der Stadt, ist das Leben hell und leicht. Gesunde Ernährung wird großgeschrieben – in den Saftbars stapeln sich Maracujas, Guaven und grüne Kokosnüsse –, und obendrein herrscht famoser sportlicher Gruppenzwang. Der innere Schweinehund mag stark sein, aber Rio ist stärker. Radfahrer cruisen mit Surfbrettern unter den Arm geklemmt die Strandpromenade entlang, auf der Suche nach den besten Wellen. Allerorts wird gejoggt, gerudert und geskatet, Freiluft-Fitnessstationen fordern zu Klimmzügen heraus. Es bleibt einem wenig anderes übrig, als mitzumachen. Zumal die Designer in dieser Stadt unbarmherzig sind. Sie produzieren ausschließlich Bikinis der Kategorie »Arsch frisst Höschen« und »Weniger ist mehr«. Also schwitzt man besser mit.

Außerdem trieb mich der Neid hierher. Oder, um es positiv zu formulieren: Ich kam wegen meiner ausbaufähigen Weiblichkeit nach Brasilien. »Dieses Mal werde ich das anpacken, wozu ich bei meinem ersten Besuch noch zu schüchtern war«, schwor ich mir. »Ich werde eine dieser selbstbewussten, lebenslustigen und stolzen Frauen sein, auf die ich in Südamerika immer neidisch geschielt habe. Ich werde meine Hüften schwingen und mit dem Hintern wackeln, als gäbe es kein Morgen. Ich werde Samba tanzen und dabei wie eine verdammte Göttin aussehen. Ha!«

* * *

Ich hatte keine Ahnung.

»Tadschke, tadschke, tadschke«, tönt es in meinem Ohr. Ist »tadschke« überhaupt ein portugiesisches Wort? Wobei,

ZEHNTES KAPITEL

sprachliche Spitzfindigkeiten sollte ich vielleicht ein anderes Mal hinterfragen. Ich habe gerade größere Probleme als das. Der Schweiß läuft mir aus allen Poren, während eine Hand unablässig auf meinen Hintern klatscht. Sie gehört Carla, einer Ex-Samba-Königin und Tanzlehrerin in Ipanema. Meiner Tanzlehrerin. Carla ist mit wilder Lockenpracht und so viel Kraft in den Oberschenkeln ausgestattet, dass sie mit Anfang fünfzig noch wie ein junger Hüpfer durch den Raum springt.

»Move your hips! Beweg deine Hüften!«, weist sie mich in einem Mischmasch aus wenig Englisch und viel Portugiesisch an.

»Ich bewege sie ja«, schnaufe ich.

»Ah ja? Wo denn? Ich kann keinen Hüftschwung erkennen«, sagt Carla und zeigt mir zum gefühlt dreihundertsten Mal, wie die Sache aussehen soll. Ihre Beine werkeln so, als wäre sie in ein Wespennest getreten, während ihr Becken unablässig verführerisch kreist und ihre Arme in fast zeitlupenartigen Wischsequenzen Brust und Körper streifen. Ich schaue verstohlen auf ihren Bauch und ihre Oberarme, die beide keinen Anflug von Bindegewebsschwäche zeigen. Carla ist ein Kraftpaket, das nach einer Stunde Samba noch eine Runde mit dem Rennrad durch Rios grüne Hügel fährt. »Halte die Oberschenkel enger zusammen! Du wirkst, als würdest du Pipi machen.«

Keuchend versuche ich, meine Bewegungen im großen Wandspiegel zu koordinieren. Das, was ich sehe, hat nichts damit zu tun, wie ich mich sehen wollte. Mir war bekanntlich »Göttin« vorgeschwebt, stattdessen rutsche ich wie ein irregeleiteter Roboter durch den Raum, während die Pailletten an Carlas Röckchen anmutig in alle Himmelsrichtungen davonfliegen.

»Samba hat viel mit Gefühl zu tun. Bleib im Takt. Tadschke, tadschke, tadschke.«

WIE WECKE ICH DIE GÖTTIN IN MIR?

Gefühl? Aber gerne doch. Mein Gefühl sagt: Ich brauche eine Pause. Eine neue Lebensgeschichte. Aber auf jeden Fall ein neues Hüftgelenk.

* * *

Bevor jemand mit den Augen rollt – mir war klar, dass ich Samba nicht an einem Tag lernen würde. Carla wackelt schon mit ihrem Hinterteil, seit sie denken kann. Diesen Vorsprung holt man als steife Europäerin nicht auf. Schon gar nicht, wenn einem seit frühester Kindheit eingeimpft wurde, sich neutral durchs Leben zu bewegen und bloß kein aufreizendes Verhalten an den Tag zu legen.»Das schickt sich nicht«, heißt es gegenüber Mädchen.»Das ist unemanzipiert.«Während in Brasilien das Gegenteil zu gelten scheint. Kreisende Hüften und Wimpernklimpern – überall. Und als hilfloses Weibchen wird dafür niemand abgestempelt, man sieht den Körpereinsatz eher als nonverbale Machtdemonstration:»Schau hin! Bete mich an! Du wirst mich nur haben können, wenn ich das will.«

Ein gewisses Maß an Scheitern war also einkalkuliert. Womit ich allerdings nicht gerechnet habe, ist, dass jede Unterrichtsstunde mir neue Versäumnisse aus der Vergangenheit aufzeigt. So rächt sich etwa mein ehemaliger Bürojob. Durch das jahrelange Sitzen am Schreibtisch bin ich steif wie eine Hundertjährige. Und locker hüpfend gehen? Arme und Beine gegengleich bewegen? Und das Ganze womöglich noch in unterschiedlichen Tempi? Keine Chance. Mein Gehirn hat null Körperkoordination gespeichert. Ich war ein dickes Kind, ich habe nie wirklich Sport getrieben, sondern mich hinter Büchern, einem Zeichenblock und Erdbeerschokolade verschanzt. Mit Worten mag ich mich behaupten können,

ZEHNTES KAPITEL

doch sobald es darum geht, mich in Bewegungen auszudrücken, fühle ich mich seltsam gehemmt. Irgendwie bin ich noch immer das kleine Mädchen, das der rotbäckige Johannes einmal im voll besetzten Schulbus zum »Hängebauchschwein« kürte. Ich hätte ihn damals einfach umwuchten sollen, so, wie ich das mit meinem Bruder tat. Der entwickelte schnell Respekt vor meiner kolossalen Erscheinung. Wobei, Johannes wäre damit wahrscheinlich nicht zur Räson zu bringen gewesen. Ich verbuche seine Häme unter Hilflosigkeit. Immerhin stand er selbst recht gut im Futter und war dabei nur unwesentlich größer als ein Gartenzwerg – eine fiese Kombi. Der Arme musste sich zwangsweise größer machen, indem er mich kleinhielt.

*　*　*

»Mach dir nichts draus«, tröstet mich Amy, eine Amerikanerin, als ich wieder einmal blind vor Wut und Frust in Carlas Studio stehe und schon am Grundschritt verzweifle. Amy lebt seit einem Jahr in Rio und besucht ebenfalls die Anfänger-Klasse, obwohl sie, im Vergleich zu mir, die Anmut des Tanzes nicht dauerbeleidigt. »Ich habe sieben Wochen gebraucht, bis ich meinen ersten runden Hüftschwung zustande brachte. Aber auf einmal hat's geklappt. Es war so, als würde sich in meinem Inneren etwas lösen. Man sagt nicht umsonst, im Unterleib sitzen die Ängste und Emotionen. Lass es raus.«

»Mein Unterleib scheint sich zu weigern, irgendetwas rauszulassen«, stöhne ich.

»Ach, das wird schon. Gib dir Zeit. Geh abends aus. Samba hat nicht nur mit Technik zu tun, man muss das Ganze auch leben.«

WIE WECKE ICH DIE GÖTTIN IN MIR?

Ich weiß, was sie meint. Samba ist in Rio allgegenwärtig. Bei Pedra do Sal, dem Salzfelsen im historischen Zentrum der Stadt, geht jede Woche ein Straßenfest mit Samba-Livemusik über die Bühne. Man steht dicht an dicht und lässt seinen Unterkörper kreisen, als gelte es, einen Preis dafür zu gewinnen. Ich war schon einmal dort und habe einem klein gewachsenen Schnauzbartträger einen Tanz abgeschlagen. Mein Fehler. Der Kerl forderte letztlich eine nebenstehende Touristin auf und wirbelte sie derart gekonnt herum, dass sie wie eine verdammte Profi-Tänzerin aussah.

Carla, die unsere Unterhaltung mitverfolgt, setzt auf den Rat der Amerikanerin noch einen drauf: »Wenn du ausgehst, such dir auch gleich einen brasilianischen Boyfriend«, meint sie mit vielversprechendem Grinsen. »Das macht ebenfalls locker in den Hüften.« Dann zieht sie mit Luftküssen und Bewegungen davon, die mich seufzen lassen. Carla ist ein Phänomen. Sie ist keine silikonoperierte Tussi oder glitzerverliebte Schönheitskönigin, sie ist eine gestandene Frau mit Falten und Narben und grauem Haaransatz, und sie hat so viel Energie im Becken und so viel Ausstrahlung, dass man nicht anders kann, als ihr bewundernd nachzuschauen.

* * *

Die Idee, mir einen südamerikanischen Adoranten anzulachen, hatte ich übrigens durchaus selbst schon. Seit ich in Rio bin, ist Tinder wieder aktiviert. Doch es gibt ein klitzekleines Problem: Ich bin lost in translation. Cariocas, so nennen sich Rio-Geborene stolz, mögen zwar in der Schule Englisch lernen, aber sie vergessen es dann gerne wieder. Immerhin ist Brasilien das fünftgrößte Land dieser Erde, und als solches produ-

ZEHNTES KAPITEL

ziert es nationale TV-Shows und Seifenopern am laufenden Band. Da verliert alles abseits der Muttersprache schnell an Existenzberechtigung. Und auch das Veranstalten von Großereignissen wie der Fußballweltmeisterschaft oder den Olympischen Spielen hat nicht geholfen, gewisse »How are you?«-Grundkenntnisse auffrischen zu wollen. Ninguém me entende. Niemand will mich verstehen, nicht mal die Einwanderungsbehörde, die für Touristen zuständig ist. Als ich in Bezug auf mein Visum eine Frage hatte und diese per E-Mail und in Englisch einreichte, bekam ich zurück: »Unverständlich. Bitte formulieren Sie Ihr Anliegen in portugiesischer Sprache.« E-i-n-w-a-n-d-e-r-u-n-g-s-b-e-h-ö-r-d-e, ich sag's nur.

In meinem Tinder-Profil ist deshalb angeführt, dass ich maximal »Obrigada« (danke) und »Uma taça de vinho, por favor« (ein Glas Wein, bitte) unfallfrei aussprechen kann. Außerdem weise ich darauf hin, dass ich mir ein Kennenlernen anders vorstelle als: »Wir sitzen beide in einer Bar, tippen wie blöd ins Handy und rätseln dann darüber, was die Übersetzungs-App gemeint haben könnte.«

»Was hast du gegen technische Kommunikationshilfen? Du kannst nicht erwarten, dass jeder deine Sprache spricht. Sei nicht so arrogant«, schnauzt mich ein Typ im Chat an. Er hat prinzipiell recht. Aber eine flüssige Unterhaltung ist für mich ebenso eine Dating-Voraussetzung wie eine Körpergröße von über einsfünfundsechzig – ohne Schuhe. Also lösche ich seinen Kontakt.

Und zu meiner Ehrenrettung: Ich war gewillt, Portugiesisch zu lernen, wirklich. Auch wenn Rio nicht unbedingt der beste Platz dafür ist. Der lokale Akzent ist gewöhnungsbedürftig, man nuschelt viel und verwendet ständig Schhhh-Laute. Trotzdem bin ich wenige Tage nach meiner Ankunft zu einer

WIE WECKE ICH DIE GÖTTIN IN MIR?

Sprachschule an der Copacabana marschiert und habe mich für
einen Grundkurs eingeschrieben. Mit fünf anderen Lernwilli-
gen aus aller Welt saß ich bei bestem Tropenwetter im Klassen-
raum – und entwickelte alsbald Gelüste, den Lehrer an die Fische im Meer zu verfüttern. »Hoje só falamos português«, sagte
er zur Begrüßung. Was, wie ich erfahren sollte, heißt: »In diesem Kurs sprechen wir ausschließlich Portugiesisch.«
»Das wird schwierig werden«, gab ich zu bedenken. »Es ist
mein erster Tag. Ich kann ja nix. Oder bin ich hier falsch? Ist
das nicht der Grundkurs?«
»Não é problema. Você pode perguntar: como se diz em
português«, meinte der Lehrer stoisch lächelnd. Er wiederholte
den Satz mehrmals und so, als ob ich schwerhörig wäre. Ich
lächelte stoisch zurück. Irgendwann erbarmte er sich: »Deine
Mitstudenten können schon ein paar Worte, aber spring einfach ins kalte Wasser, so lernst du am schnellsten. Du kannst
mich jederzeit fragen: ›Wie sagt man XY auf Portugiesisch?‹
Ich verrate es dir dann, und du baust daraus einen Satz.«
»Ich soll also bei JEDEM Satz JEDES Wort erfragen?«,
fragte ich.
Der Lehrer nickte. »Wäre es nicht schlauer, ich pauke erst
mal die Zahlen von eins bis hundert, Fragewörter und ein paar
Vokabeln?«, wagte ich vorzuschlagen. Tone, eine norwegische
Studentin, schien die Sache ähnlich zu sehen, zumindest ver-
riet ihr Blick das.
»Das ist nicht unser Konzept«, sagte der Lehrer.
Nach einer Woche und gefühlt drei Milliarden »Was heißt
das auf Portugiesisch?«-Fragen beschloss ich, mich nicht länger
zu quälen. Ich verließ den Kurs, aber nicht, ohne vorher Tele-
fonnummern mit Tone auszutauschen. Sie wirkte nett. Dann
installierte ich eine Sprach-Lernapp, die einen Bruchteil des-

ZEHNTES KAPITEL

sen kostet, was ich für den Grundkurs hinlegen musste, und sicherstellen sollte, dass ich in Geschäften nicht immer wie eine unhöfliche Neandertalerin auftrat. Und in Bezug auf Tinder beschloss ich, mich auf zwei Experimente einzulassen. Zum einen gab ich wahllos allen Foto-Vorschlägen ein »Like« – sogar den Zahnlosen, den Glatzköpfigen und den Anabolika-Helden. Warum groß wählerisch sein, vielleicht hatte der Zufall ja ein Ass im Ärmel? Es stellte sich relativ schnell heraus, dass die Sache eine Schnapsidee war. Bei hundertprozentiger »Gefällt mir«-Klickrate wird man für einen Tag von der Plattform gesperrt. Wieder was gelernt. Außerdem bekommt man lange im Nachhinein noch Nachrichten von Leuten, von denen man eigentlich keine Nachrichten bekommen möchte. Ein Siebzigjähriger, der meinte, sich in einem brustfreilegenden Tanktop zeigen zu müssen, ist mir nachhaltig in Erinnerung.

Experiment zwei lautete: Ich werde mich fortan einfach auf Touristen konzentrieren, die des Englischen mächtig sind. Und diese limitierte Dating-Auswahl hat auch ihr Gutes: So treffe ich Menschen, an denen ich sonst vorbeigescrollt wäre. Dank Mark, einem kalifornischen Weltreisenden, weiß ich nun, wie man zum Schnäppchenpreis durch die Antarktis schippern kann. Der Trick ist, in den Hafen von Ushuaia in Argentinien zu fahren. Dort legen die großen Expeditionskreuzfahrtschiffe ab. »Man muss sich einfach ein paar Tage Zeit nehmen und herumfragen, ob jemand storniert hat. Unter Antarktis-Reisenden befinden sich viele Senioren. Passagiere fallen regelmäßig aus gesundheitlichen Gründen aus. Ich konnte so ein Ticket für die Hälfte ergattern.« Dass der Globetrotter-Sparfuchs nach unserem Treffen ins digitale Nirwana verschwand und auf keine meiner Nachrichten mehr antwortete, obwohl ich Tage später wie vereinbart in einer Bar auf ihn war-

WIE WECKE ICH DIE GÖTTIN IN MIR?

tete, ist eine andere Geschichte. Schnüffelei auf Social Media ließ mich zumindest ausschließen, dass Mark zwischenzeitlich verstorben war. Er wollte nur tot für mich sein.

Kandidat Nummer zwei machte mir klar: Frisch geschiedene Männer – vor allem jene, die lange verheiratet waren – sind mit Nachsicht zu behandeln. Der Wiedereinstieg in den Single-Markt löst bei ihnen Angststarre aus, vergleichbar mit der von Rehen im Scheinwerferlicht. »Keine Sorge, ich tu dir nichts«, erklärte ich lachend, als Adam beichtete, dass ich seine erste Verabredung nach fünfzehn Jahren Ehe sei.

Adam war Schwede und Privatpilot. Die Kombi klang vielversprechend, zumindest online. Im realen Leben erfüllte der Gute weder die eine noch die andere Klischeevorstellung. Er war semmelblond, ja. Aber ansonsten von allem ein bisschen mehr, als das Profilfoto versprochen hatte: mehr Bierbauch, mehr Doppelkinn, mehr Goldkette. Außerdem entpuppte sich Adam als einer jener Typen, die zwar durchaus in der Welt herumkommen, aber wenig von ihr sehen. Er hatte sein Hotelzimmer an der Copacabana bisher kaum verlassen.

»Die Sightseeing-Touren zu Cristo, dem Botanischen Garten und dem Zuckerhut waren ausgebucht.«

»Zieh doch alleine los«, schlug ich vor.

»Nein, dafür ist Rio viel zu gefährlich«, entgegnete er.

»Rio ist nur dann gefährlich, wenn du dich entsprechend verhältst«, entgegnete ich. Einerseits, um ihn zu beruhigen. Andererseits empfinde ich es tatsächlich so. Die sozialen Missstände in der Stadt lassen sich nicht schönreden. Auf Hochglanz polierte Angeber-Autos brausen an Menschen vorbei, die nichts mehr zu verlieren haben. Voll verglaste Penthäuser schauen auf die Wellblechbauten der Favelas. Trotzdem habe ich mich in Rio noch nie unwohl gefühlt. Wenn mir eine Begeg-

ZEHNTES KAPITEL

nung komisch erscheint, wechsle ich die Straßenseite. So wie ich das zu Hause auch handhaben würde. Ich trage keinen teuren Schmuck, wedle nicht mit meinem Smartphone herum, und an der Ampel warte ich als Fußgängerin weit von der Gehwegkante entfernt, bis das Signal auf Grün umspringt. Das macht potenziellen Handtaschenräubern auf Motorrädern die Arbeit schwer.

Im Normalfall hätte ich die Sache mit Adam schnell beendet. Ein Drink, auf Nimmerwiedersehen. Doch so stammelnd wie er vor mir stand, begann ich, Mitleid zu entwickeln. Ich beschloss, ihn nicht mit Small Talk zu quälen, sondern ihm lieber ein bisschen was von der Stadt zu zeigen. Immerhin hatte ich sonst an diesem Nachmittag nichts vor, und wo Adam sich schon mal todesmutig aus dem Hotel gewagt hatte, warum nicht?

Ich führte ihn zum Arpoador-Felsen, der natürlichen Grenze zwischen Ipanema und Copacabana, wo die besten Sonnenuntergänge zu beobachten sind. Ich ließ ihn Açai, die Wunderbeere aus dem Amazonas, kosten. Und informierte ihn darüber, dass die Strandbuden in Rio bereits vormittags Maracuja-Caipirinhas und kaltes Bier ausschenken, ohne dass jemand die Anonymen Alkoholiker alarmiert.

»Engov, das Anti-Hangover-Mittel, wurde nicht umsonst in Brasilien erfunden.«

»Was ist der Wirkstoff?«, wollte Adam wissen.

»Die Rezeptur ist streng geheim, aber laut Beipackzettel enthalten die Tabletten Koffein, Antihistaminika und Aspirin. Du kriegst sie rezeptfrei in jeder Drogerie, praktischerweise liegen sie oft neben den Kaugummis und Schokoladeriegeln am Kassenschalter.«

Am Ende nahm Adam eine Handvoll Pillen mit nach Hause, in Schweden sind die Winter lang und dunkel, da schadet es nicht, vorsorglich eine Kater-Kur in der Hausapotheke zu bunkern.

* * *

»Gibst du den Leuten überhaupt eine Chance, bei dir zu Wort zu kommen?«, fragt James, als ich die ersten Minuten unserer Begegnung ohne Punkt und Komma rede.

Nachdem ich mir nicht sicher bin, ob ich schon wieder ein schweigsames Männer-Exemplar à la Adam vor mir habe, texte ich ihn vorsorglich zu.

»Was soll das heißen?«, frage ich. Statt einer Antwort zieht James nur die Augenbrauen hoch und grinst. Touché.

James ist Norweger und ebenfalls ein Tinder-Fundstück. Erst befand ich ihn für zu jung, immerhin trennen uns viereinhalb Jahre. Aber wenn man zu blöd für die Lernmethoden beim Portugiesisch-Sprachkurs ist, dann darf man nicht wählerisch sein. Die Alterspräferenz nach unten zu korrigieren half in jedem Fall, meine Trefferliste an potenziellen Gesprächspartnern zu erweitern. Außerdem klang James im Chat lustig. Er schrieb Dinge wie »Ich bin gerade frisch vom Boot runter.« – »Du bist nach Brasilien gesegelt?« – »Nein, es klang nur besser als: Ich bin mit dem Flugzeug gekommen.« Und: »Um das Tinder-Klischee zu erfüllen, sollten wir uns auf einen Drink treffen.«

Also bitte, hier bin ich, und ich bin positiv überrascht.

James – dunkelblonde Haare, blaugrüne Augen, Dreitagebart – ist freier Drehbuchautor, der mal hier, mal da in der Welt seinen Schreibtisch aufbaut. Er suchte eine Vitamin-D-reiche Alternative zum norwegischen Winter und landete in Rio. Nicht nur deswegen ist er mir sympathisch. James scheint einer dieser Ganz-oder-gar-nicht-Typen zu sein. Sein rechter

ZEHNTES KAPITEL

Unterarm ist vollflächig tätowiert, das kann kein Laser der Welt mehr rückgängig machen. Er spielt Schach, trägt immer ein Notizbuch griffbereit, um Ideen oder Beobachtungen niederzuschreiben, und verwickelt einen in Gespräche wie: »Glaubst du an ein Universum oder an ein Multiversum?«

»Ähm ... an ein Multiversum wahrscheinlich?«, sage ich zögerlich.

»Warum?«, fragt er.

»Die Weltraumforschung ist jung, da kann noch nicht alles erfasst sein.« Um mir nicht noch mehr Blöße in Sachen »Große Rätsel der Menschheit« zu geben, lenke ich James mit der umfangreichen Getränkekarte des Lokals ab. »Noch eine Runde? Der Rosé ist gut.«

Irgendwann erhasche ich einen Blick auf die Uhr. »Mist, ich muss los.« Ich bin noch mit Tone, meiner Bekannten aus dem Sprachkurs, verabredet. Tone ist Mitte zwanzig und regelmäßig in Rio zu Gast. Ihr Vater hat nach der Scheidung von ihrer Mutter und einer Midlife-Crisis sein altes Leben in Norwegen hingeschmissen und sich aufgemacht, die Welt zu umsegeln. Bereits im Hafen von Rio fand er eine neue Frau – und alsbald auch eine neue Wohnung. Glück für Tone. Daddys zweiter Frühling bedeutet: Sie hat jederzeit eine Gratis-Unterkunft im Urlaubsparadies. Heute Abend wollen wir gemeinsam zu Mangueira, eine der traditionsreichsten Samba-Schulen Rios. An den Wochenenden werden dort Leistungsschauen veranstaltet, quasi öffentliche Proben für den Karneval. Gegen ein geringes Eintrittsgeld kann man die Tänzer bewundern, die hauseigene Marschkapelle spielt auf, und Tones Freund, ein Brasilianer, der selbst Samba unterrichtet, ließ mir ausrichten: »Das Ganze artet immer in eine fulminante Party bis zum Morgengrauen aus. Da kannst du deinen Hüftschwung üben, bis dir schwindlig wird.«

WIE WECKE ICH DIE GÖTTIN IN MIR?

»Möchtest du vielleicht mitkommen?«, frage ich James, während ich dem Kellner signalisiere, dass er die Rechnung bringen soll. Tone hätte nichts dagegen, die beiden könnten auf Norwegisch parlieren. Aber eigentlich war die Frage rhetorisch gemeint. Erwähne einem europäischen Mann gegenüber das Wort »Samba« – und er rennt. Oder er hat plötzlich etwas sehr, sehr Wichtiges zu tun. Zumindest ist das meine Erfahrung. Die wenigsten Typen tanzen gerne. Und schon gar nicht wollen sie es in Gegenwart heißblütiger Latinos tun, die mehr als schnödes Links-Rechts-Wippen draufhaben.

»Samba?«, fragt James. »Ja, klar.«

* * *

Eine lange U-Bahn- und eine Taxifahrt später stehen wir in einer pink-grün geschmückten Vereinshalle im Norden von Rio de Janeiro. Die Gegend ist rau, die Schule befindet sich am Rande einer Favela. Die wenigsten Straßen hier tragen Namen, und Kinder, die eigentlich längst im Bett sein sollten, betteln um Geld. In der Halle selbst herrscht Festzeltstimmung. Auf der Bühne spielt sich die Marschkapelle warm. Die vielen Trommeln, Schellen, Tamburine und Pfeifen verursachen einen Höllenlärm. Kellner wieseln zwischen Tischen und Plastikstühlen herum und servieren das Bier gleich im Zwölferpack. Eimer mit Eiswürfeln sollen die Bestellung trinkbar halten, warmes Cerveja gilt in Brasilien als Kapitalverbrechen.

Ich erspähe Tone und ihren Freund Anderson an der Bar und stelle ihnen James vor.

»Es beginnt nicht vor Mitternacht, habe ich gerade erfahren«, brüllt Tone mir ins Ohr, während Anderson, der selbst Mitglied der Mangueira-Schule ist, dem Barmann einbläut, uns

ZEHNTES KAPITEL

»richtige« Caipirinhas zu mixen. Mit frischem Maracujasaft anstelle des billigen Sirups, den Gringo-Besucher sonst serviert bekommen. Als ich James seinen Plastikbecher reichen will, ist der Platz neben mir leer, mein Date ist nirgendwo mehr zu finden. »Muss ich mir Sorgen machen?«, frage ich Anderson. Samba-Schulen haben mitunter einen leicht mafiösen Touch, manche Vorsitzende genießen einen Status wie »der Pate«. Für sie geht es nicht nur um Musik und Tanz, sondern auch um Geld und Macht. Die Preisgelder, die es beim Karneval zu gewinnen gibt, dienen der Kontrolle der Favelas, und es wird gemunkelt, dass gerne mal Schmiergelder an die Stadtverwaltung und die Polizei fließen.

Anderson lacht: »Nein, James passiert schon nichts. Die Samba-Schule ist heute Nacht der sicherste Ort in der Favela.« Alle, die etwas zu sagen haben, seien hier, und jedem liege daran, eine gute Party zu feiern.

Fünfzehn Minuten später, als ich schon überlege, eine Suchmeldung rauszugeben, tippt mir jemand auf die Schulter. James. Breit grinsend und offenbar neu eingekleidet steht er vor mir. Er trägt einen pink-grünen Polyester-Albtraum mit Fotodruck, eine Art Trikot-Shirt, das jeder Designregel trotzt.

»Man muss sich anpassen, wenn man dazugehören will«, sagt er, sichtlich stolz auf seinen Style. »Das ist das hässlichste Teil, das der Mangueira-Fanshop hergegeben hat. Wusstest du, dass man alles mit Logo kaufen kann? Die Schule ist wie ein Profi-Fußballclub aufgezogen.«

»Soll das ein Foto von einer Tänzerin auf deiner Brust sein?«, frage ich.

James zuckt ratlos mit den Schultern. »Willst du auch eines? Es gibt noch welche, sogar mit Glitzer!«

Ich lehne dankend ab, und mein Begleiter trollt sich zu Anderson, der den Kauf wohlwollend zur Kenntnis nimmt. Ander-

WIE WECKE ICH DIE GÖTTIN IN MIR?

son ist in einem weißen Anzug, in Bling-Bling-Shirt und Hut erschienen. Letzterer sitzt gemäß der Samba-Etikette leicht seitlich und schief in die Stirn gezogen. Man könnte ihn für ein Remake des John-Travolta-Films *Saturday Night Fever* casten. Dass Rio stiltechnisch in den Siebzigern stehen geblieben zu sein scheint, gefällt mir prinzipiell. Nicht nur die Samba-Anzüge erinnern an die gute alte Zeit, auch die Speedo-Badehosen mit dem breiten Bund, die man am Strand sieht, haben Retro-Charakter. Die Nacht selbst vergeht wie im Flug. Als der Umzug beginnt, muss ich staunen, in manchen Momenten überkommt mich die Rührseligkeit. Erst ziehen die Ältesten der Gemeinschaft ein, sprich diejenigen, die schon vor Urzeiten für Mangueira beim Karneval Samba getanzt haben. Die faltigen und zerfurchten Gesichter strahlen. Alle sind in ihr feinstes Sonntagsgewand gekleidet und schwenken Blumen. Und obwohl das Leben so manche Rücken gebeugt haben mag, die Alten tänzeln zwar langsam, aber noch immer mit federleichten Schritten durch die Menge. Dann laufen die Türsteher, das Barpersonal, die Fahnenträger, die Sänger übers Parkett. Jeder, der irgendwie im Verein aktiv ist, erhält seinen großen Auftritt, bevor, ganz zum Schluss, sich die jungen Schönheiten in Feder- und Glitzer-Fantasiekostümen präsentieren. Jeder tanzt mit jedem. Sogar James wagt ein paar Schritte. Wobei er an dieser Stelle erwähnt haben möchte: »Ich habe dich verdammt noch mal in Grund und Boden getanzt.« Ich sage dazu nichts und merke lediglich an: Tone und Anderson haben ein Video aufgezeichnet. Das kennt die Wahrheit.

Gegen vier Uhr morgens zieht mich ein älterer Herr, der meine Samba-Versuche den ganzen Abend über beobachtet hat, zur Seite. »Im nächsten Jahr tanzt du bei uns mit«, sagt er. Ich gebe zu, er ist schon mächtig betrunken. Der Cachaça, der

ZEHNTES KAPITEL

brasilianische Zuckerrohr-Brand, wird an der Schulbar großzügig ausgeschenkt. Und auch wenn ich weiß, dass meine Karriere als Samba-Queen ungefähr so realistisch ist wie die Hoffnung, dass er sich morgen noch an unsere Unterhaltung erinnert: Seine Worte geben mir Selbstbewusstsein. Plötzlich gelingen mir ein paar Moves, die meinen Hintern und das umliegende Bindegewebe so wackeln lassen, als stünde ich auf einer Power Plate. Meine Hüften bewegen sich so geschmeidig, wie ich das will, und drei Millisekunden lang fühle ich mich wie eine brasilianische Göttin. Tadschke, tadschke, tadschke. Es scheint zu stimmen, was man über Samba sagt: Du kannst ihn nur tanzen, wenn du gut drauf bist. Ansonsten lass es bleiben.

Der alte Herr nickt anerkennend. Eine junge Frau klatscht. Ich danke ihr inständig für diesen Gnadenakt. Samba ist gelebte Frauensolidarität. Egal ob in Carlas Studio oder in der freien Wildbahn, überall trifft man auf Geschlechtsgenossinnen, die einen aufbauen und motivieren, vielleicht, weil sie aus eigener Erfahrung wissen, wie schwer es ist, sein Innerstes nach außen zu kehren. Nur Anderson, der selbst Samba unterrichtet, hat etwas auszusetzen. »Du bewegst den Oberkörper noch zu stark. Vergiss nicht, die Action passiert eine Etage tiefer.« Okay. Beim nächsten Mal.

Wenig später löschen die Veranstalter das Licht, die Party ist vorbei. Die Musiker packen ihre Instrumente zusammen, und der Putzdienst kehrt mich, Tone, Anderson und James in den anbrechenden Morgen hinaus.

Anderson besteht noch auf einem Abschlussgläschen in Rios Ausgehviertel Lapa, und zu meiner Überraschung sind wir nicht die einzigen Überbleibsel der Nacht. Fast sämtliche Tische auf dem Pflasterstein-Platz vor der Bar sind besetzt. Andere mögen schon Kaffee aufbrühen, hier werden noch

Ingwer-Shots ausgeschenkt. Ich strecke meine Beine aus und beobachte zufrieden das Treiben. Die Sonne ist aufgegangen, Vögel zwitschern, es wird ein fabelhafter Tag, und ich nehme mir vor, ihn mit einem gesunden Frühstück zu beginnen. Seit ich ganz hinten im Küchenkasten meiner Unterkunft einen Smoothie-Mixer entdeckt habe, gibt's kein Halten mehr. Ich püriere mehr Ballaststoffe und Vitamine, als mein Verdauungssystem verarbeiten kann. Manchmal ertappe ich mich dabei, zärtlich über den Glasbehälter zu streicheln, ich bin völlig verliebt in das Teil. Für meine Waschmaschine habe ich ähnliche Gefühle entwickelt, auch wenn sie nur kalt wäscht. Auf Reisen sind Mixer und saubere Wäsche der Inbegriff von Glück.

James und sein kreischend pink-grünes Fan-Shirt stecken noch in einer angeregten Diskussion mit Freunden von Anderson. »Danke, es war ein toller Abend«, sagt er, als ich mich verabschiede und mein Taxi kommt. James scheint unkompliziert. Man kann ihn überall parken und er findet sofort Anschluss. »Wir sehen uns.«

Als ich meine Wohnung aufschließe und einen Blick auf mich im Garderobenspiegel erhasche, muss das Frühstück noch kurz warten. Ich streife meine Sandalen ab und beginne barfuß über den Fliesenboden zu tanzen. Hüfte links, tadschke. Hüfte rechts, tadschke. In meinem Leben habe ich schon vieles hingeschmissen, mit einem überheblich gefauchten: »Das habe ich nicht nötig, das bringt doch nichts.« Dieses Mal will ich mich durchbeißen – obwohl oder gerade weil Samba den Finger in viele Wunden legt. Meine Kondition ist verbesserungswürdig, und wenn ich jemals zwanzig Minuten Arschwackeln durchhalten will, brauche ich schnellstens ein paar vernünftige Bauch- und Oberschenkelmuskeln. Der Tanz macht mir auch bewusst, dass die Befehle aus meinem Hirn nicht bei den entsprechenden

ZEHNTES KAPITEL

Gliedmaßen ankommen. Ich bin ein großer Wackelkontakt, der aber zumindest in lichten Momenten zu erahnen beginnt, dass da eine neue Dimension von Körpererfahrung auf mich wartet, die mich Sehnsüchte und Begierden ausdrücken lässt, ohne zu reden. »Tadschke«, sage ich zu mir selbst, obwohl ich meine Arme kaum noch ausgestreckt halten kann. Sambatechnisch mag ich ein Kleinkind sein, aber das ist nicht unbedingt die schlechteste Ausgangsbasis, wie die menschliche Natur zeigt. Ein kleines Kind schmeißt nicht hin. Es muss krabbeln, gehen und sprechen lernen. Es macht einfach immer weiter. Es hat keine andere Wahl, als über sich hinauszuwachsen.

Als der Mixer schließlich unter sonorem Röhren Obst und Gemüse in allen Farben des Regenbogens zerkleinert, schnappe ich mir mein Handy und erledige das, was ich schon längst machen wollte. Ich schreibe eine E-Mail an den Vermieter meiner kleinen Wohnung und teile ihm mit, dass ich meinen Aufenthalt gerne verlängern würde und er mir bitte die zusätzliche Miete in Rechnung stellen möge. Ursprünglich hatte ich geplant, drei Wochen zu bleiben. Kurz nach der Ankunft bat ich ihn, mir das Apartment für insgesamt fünf Wochen freizuhalten. Jetzt will ich noch einmal drei Wochen hinzuaddieren. Er ist bereits wach, denn seine Antwort kommt sofort: »Die Wohnung ist für diese Zeit schon gebucht. Tut mir leid.« Verdammt. Etwas ähnlich Ruhiges zu diesem Preis wird in der Zona Sul schwer zu finden sein, von meiner Bleibe schaue ich in einen Innenhof, sie ist lichtdurchflutet und frisch renoviert. Aber durch diesen kleinen Dämpfer lasse ich mich nicht von meinen Plänen abbringen. Dann muss ich eben umziehen und notfalls den Mixer kidnappen. Ich habe ja gesagt, das hier wird was Längeres.

11

EINE NACHT MIT AYAHUASCA

»Was sind deine Pläne für Samstagabend? Hast du schon was
vor?«, fragt James, als ich aus dem Badezimmer komme.
»Samstag? Keine Ahnung. Aber wenn du so fragst, schätze
ich, ich verbringe ihn mit dir?«

James grinst. Die Morgensonne scheint durch die Vorhänge, er sitzt noch verschlafen im Bett und ruft auf seinem Handy
eine Webseite auf, die er mir zeigen will.

»Am Samstag findet eine Ayahuasca-Zeremonie in den
Hügeln von Rio de Janeiro statt. Sie beginnt bei Einbruch der
Dunkelheit und endet erst am nächsten Morgen.« »Ayahuasca?«, sage ich, und in meinem Kopf beginnen Alarmglöck-
chen zu schrillen. Ich war davon ausgegangen, James würde ein
Restaurant vorschlagen. Einen Kinobesuch. Irgendeine normale Wochenend-Aktivität. Aber nicht: Lass uns Ayahuasca,
den psychedelischen Pflanzensud aus dem Amazonas, trinken
und uns in wilden Halluzinationen verlieren.

»Also, was sagst du?«, fragt James und schaut mich erwar-
tungsvoll an.

Ich vermute, es stimmt, was man über Ayahuasca sagt. Du
musst es nicht suchen. Es findet dich.

ELFTES KAPITEL

Falls sich an dieser Stelle jemand fragt, warum sich James, der drehbuchschreibende Norweger, überhaupt in meinem Bett befindet, wo wir uns doch nach dem Besuch der Samba-Schule gesittet verabschiedet haben – nun ja, das hat sich so ergeben. James ist im selben Jahr geboren wie mein kleiner Bruder, und eigentlich date ich keine jüngeren Männer. Aber die viereinhalb Jahre Altersunterschied macht der Gute mit fast enzyklopädischem Wissen und unstillbarer Neugierde aufs Leben wieder wett. Außerdem: Er war mutig genug, mich zum Samba-Tanzen zu begleiten. Nicht einmal, sondern zweimal. Da kann man durchaus beschließen, nicht allein nach Hause zu gehen. Er war offenbar derselben Meinung.

»Durch die halluzinogene Wirkung haben sich neue Türen zu meinem Unterbewusstsein geöffnet«, sagt James über Ayahuasca. Dass er psychonautisch interessiert ist, ließ er mich bereits bei unserem Kennenlernen wissen. Und nein, niemand muss deshalb die Hände über dem Kopf zusammenschlagen. Ich weiß selbst, wie sich die Sache liest: Alleinreisende Frau verabredet sich mit einem Typen aus dem Internet – noch dazu im kriminell verrufenen Rio –, er überredet sie zu Rauschmitteln, und plötzlich liegt sie ermordet im Wald. Aber ohne James heiligsprechen zu wollen oder heillos naiv zu erscheinen: Mein norwegischer Bettgenosse ist kein Typ, der dauer-high durchs Leben rennt. Jede Stammtischrunde beim Kirchenwirt hat wahrscheinlich heftigere Exzesse hinter sich. James hat Ayahuasca dreimal ausprobiert, im Rahmen eines Seminars, das von einem Schamanen aus Peru geleitet wurde. »Die Erfahrung hat mein gesamtes Denken zum Positiven verändert.« Das klingt ja erst mal nicht so schlecht.

EINE NACHT MIT AYAHUASCA

»Okay, ganz unverbindlich gefragt: *Falls* ich mich entschließen sollte, am Samstag mitzukommen, was bewirkt Ayahuasca noch mal genau in meinem Hirn?«, frage ich. Wenn James etwas interessiert, liest er sich praktischerweise derart intensiv ins Thema ein, dass er darüber eine Doktorarbeit schreiben könnte. Außerdem brauche ich das Ganze verständlich erklärt. Im Hinblick auf psychoaktive Substanzen bin ich nämlich völlig unbedarft. In meinem Leben habe ich vielleicht dreimal gekifft, und jedes Mal wurde mir sensationell übel. Und vor vielen Jahren, auf den Gili-Inseln in Indonesien, probierte ich mit einer Freundin Magic Mushrooms aus. Wir taten es vor allem deshalb, weil es das Zeug offen und ohne Heimlichtuerei zu kaufen gab. Der Typ im Geschäft pürierte die Pilze, wir würgten sie mit Apfelsaft hinunter und legten uns dann abwartend ins Bett. Die Tür unseres Hotelzimmers hatten wir vorsorglich abgeschlossen. Zu frisch war die Erinnerung an die illuminierten Australier, die nackt und desorientiert durch die Straßen liefen. Ähnlich kompromittierende Szenen wollten wir uns ersparen. Jedenfalls: Etwa eine Stunde nach dem gepantschten Fruchtsaft verwandelte ich mich in eine Elfe, die Paisley-Muster sah und zwischen zauberhaft bunten Erdschichten hin und her fliegen konnte. Es war ein friedlicher Ausflug in eine fremde Welt. Am nächsten Morgen schmerzte mein Kiefer, offenbar hatte ich die ganze Nacht gegrinst.

»Ayahuasca schmeckt nicht rasend gut«, sagt James und setzt sein bestes »Ich erklär dir die Welt«-Gesicht auf. »Es ist ein bitterer, brauner Sud, der aus einer Lianen-Art und den Blättern des Kaffeestrauchs *Psychotria viridis* gebraut wird. Letzterer enthält Dimethyltryptamin, kurz DMT. Das ist das stärkste Halluzinogen der Natur und ein Wirkstoff, den man sonst nur bei der Geburt und beim Tod erlebt.«

ELFTES KAPITEL

»Soll das heißen, jeder war schon als Baby auf DMT?«, frage ich.

»Offenbar ja. Nur kann ich mich leider nicht an meinen Trip als Neugeborener erinnern.« James lacht. »Das Besondere an Ayahuasca ist: Normalerweise würde deine Magensäure das DMT sofort deaktivieren. Aber spezielle Wirkstoffe in der Liane, dem zweiten Ayahuasca-Bestandteil, verhindern diesen Effekt im Verdauungstrakt. So kann DMT ins Blut gelangen und dein Hirn in neue Sphären geleiten.«

Erfunden haben den Sud übrigens keine High-Potential-Hippies. Ayahuasca wird von den Urvölkern Südamerikas seit jeher für rituelle Zeremonien verwendet, und weil es keinen schnellen Rausch verursacht, soll das Suchtpotenzial gleich null sein. Das Halluzinogen der Schamanen verspricht tief gehende, spirituelle Reisen. Die Pflanzenseelen, die in Ayahuasca eingekocht sind, offenbaren sich den Menschen als Lehrmeister. Sie schaffen eine Verbindung zu einer unbekannten Dimension des Geistes, lösen Raum und Zeit auf, weisen den Weg in die Zukunft und zeigen bei Krankheit Heilungswege auf.

»Du würdest, nur zu deiner Info, nichts Verbotenes machen. Also, du kommst deswegen nicht in den Knast oder so«, sagt James. In Brasilien ist die Einnahme legal. Im 20. Jahrhundert sind in Südamerika Ayahuasca-Religionen entstanden, und sofern man sich in einer der anerkannten Kirchen auf die Seelenreise begibt – alles easy. Santo Daime, die Gemeinschaft für James' Samstagabendprogramm, ist anerkannt.

Dass ich nicht im brasilianischen Gefängnis verrotten werde, ist prinzipiell erfreulich. Trotzdem zögere ich. Ich gebe ungern das Zepter ab, schon gar nicht an Pflanzengeister aus dem Amazonas. Außerdem soll Ayahuasca kein Spaziergang für die Gedärme sein.

EINE NACHT MIT AYAHUASCA

»Ich will nicht neben dir kotzen müssen, James«, platzt es schließlich aus mir heraus. »Das wäre mir unangenehm. Dafür kennen wir uns noch zu wenig.« »Wobei ich zu bezweifeln wage, dass man sich dafür überhaupt jemals vertraut genug fühlen kann. Männer, die ich später noch knutschen will, sollen nicht säuerlich riechende Essensreste aus meinen Haaren fischen müssen.

»Das Erbrechen ist eine normale Nebenwirkung, es löst innere Widerstände auf, erst dann arbeitet Ayahuasca. Das ist alles menschlich, nichts, wofür man sich schämen müsste«, sagt James. Er zählt zu der Kategorie Mensch, die für so ziemlich alles Verständnis zeigt. Die explosionsartigen Durchfälle, die Ayahuasca mitunter verursachen soll, traue ich mich schon gar nicht mehr zu erwähnen.

Ich bin kurz davor, ihn allein loszuschicken. Andererseits: Wann sonst kriegt man so leicht eine derartige Erfahrung? Ich muss nichts organisieren – und obendrein wird der Abend kein Loch ins Reisebudget reißen. Erwartet wird eine frei- willige Spende von acht Euro. Das ist phänomenal günstig, Wellness-Zentren im brasilianischen Dschungel verrechnen für Ayahuasca-Seminare mitunter fünfhundertmal mehr. Also einatmen. Ausatmen. Ich bin dabei.

»Was ich noch erwähnen sollte – vor einer Zeremonie wird empfohlen zu fasten: kein Fleisch, kein Alkohol, nur Schonkost und Wasser«, erklärt James. »So bereitet man den Körper best- möglich auf die Einnahme vor.«

»Sollte kein Problem sein. Rios Gemüseregale sind prop- penvoll«, erwidere ich.

»Die meisten Teilnehmer fasten zwei Wochen lang«, meint James weiter. »Das klappt in unserem Fall nicht mehr. Aber je- der Entlastungstag ist besser als keiner.« Dann setzt er grin-

ELFTES KAPITEL

send nach. »Das Fasten gilt auch für den Geist. Kein Fernsehen, viel meditieren und vor allem kein Sex.«

»Das hättest du mir früher sagen sollen«, sage ich entrüstet und werfe mich auf James, um ihn zu küssen.

»Nein, nein, nein«, sagt er und drückt mich lachend weg. Habe ich erwähnt, dass der junge Mann höchst willensstark ist?

»Überleg dir vorab eine Intention. Wobei kann Ayahuasca dir helfen? Welche Frage soll dein höheres Bewusstsein dir beantworten?«, gibt James mir noch als Rat mit, bevor er sich verabschiedet, um weiter an seinem Skript zu arbeiten. Wir versuchen beide, tagsüber zu schreiben. Nur am Strand liegen, ist auf Dauer langweilig und in James' Fall sogar gefährlich. Als hellhäutiger Norweger verbrennt er schnell, während ich durch die vielen Sonnenmonate bereits zur Lederhaut mutiert bin. Ich fürchte, demnächst wird mich jemand entführen und eine Handtasche aus mir anfertigen.

»Keine Sorge. Was ich die Pflanzengeister fragen will, weiß ich bereits«, sage ich und bringe ihn zur Tür.

Zurück im Apartment – es ist nicht so schön wie die erste Bude, die ich hatte, aber die Sache ist zu überleben – beäuge ich die Bananinhas, die auf meiner Küchenanrichte liegen. Für die brasilianische Nascherei wird Bananenpüree im Ofen stundenlang eingedickt. Danach schneidet man die Masse in Scheiben, bestreut sie mit Zimtzucker oder überzieht sie mit Schokolade – herrlich. Ich würde mir am liebsten die komplette Packung einverleiben. Bei innerer Unruhe muss ich essen. Zucker, Kohlehydrate, Fett. Alles, was den Insulinspiegel nach oben schnellen lässt, ist mir willkommen. Aber ich darf nicht. Keine Bananinhas für mich. Außer ich will am Samstag leiden. Passiv-aggressiv falle ich zurück ins Bett und ziehe mir die Decke über den Kopf. Ich bin noch nicht bereit für diese Welt.

* * *

Samstag, bei Anbruch der Dämmerung. »Seid ihr sicher, dass sich hier eine Kirche befindet?«, fragt der Taxifahrer, als er an der gewünschten Adresse vorfährt. James und ich sehen uns um. Wir sind hoch oben in den tropisch grünen Hügeln von São Conrado, vierzig Autominuten von der Copacabana entfernt. Eine einsame Serpentinenstraße, keine Straßenlaternen, viele Bäume – und eine mit Efeu verwachsene Mauer, an deren Eingangstor die Farbe in handtellergroßen Stücken abblättert. Die Hausnummer scheint zu stimmen. Also bezahlen wir den Fahrer, und ich setze James darüber in Kenntnis, dass sich das Handy-Signal verabschiedet hat.

»Sollten wir abbrechen wollen, müssen wir in der Dunkelheit die Straße zurückmarschieren. Ohne Netzempfang können wir kein Taxi rufen.«

James meint: »Ja, das wär blöd.« Dann drückt er meine Hand: »Ich passe auf dich auf und du auf mich. Deal?«

»Abgemacht«, sage ich.

Und so stoßen wir das Tor auf, das uns in eine neue Welt führt.

»Boa noite, guten Abend«, begrüßt uns ein Mann, der am Fuße einer Holztreppe steht und den Unkostenbeitrag kassiert. Er geleitet uns in eine riesige Holzscheune, die auf Stelzen gebaut ist. Offenbar soll das das Kirchengebäude sein. Im Inneren findet sich ein sternförmiger Tisch, der mit weißen Tüchern, Stumpenkerzen und Schnittblumen dekoriert ist. In den Fenstern der Scheune sind keine Scheiben, alles ist offen

ELFTES KAPITEL

zum Dschungel hinaus, der Abendwind lässt das Licht der Kerzen flackern. Rund siebzig Santo-Daime-Mitglieder haben sich bereits eingefunden, noch einmal so viele werden erwartet. Und rein vom Dresscode könnte man meinen, wir sind in einer Sekte gelandet. Sämtliche Teilnehmer – die ältesten gehen am Stock, die jüngsten sehen wie Teenager aus – sind in Weiß gehüllt und bewegen sich wie fleckenlose Lichtgestalten durch den Raum. Die Männer tragen weiße Anzüge, die Frauen führen wadenlange Plisseeröcke und langärmelige Blusen mit grünen Schärpen aus. Jede Dame hat ein Glitzer-Krönchen auf dem Kopf.

»Ich will auch so eine Tiara«, flüstere ich James zu, während ich unsicher an meiner Erscheinung herumzupfe. Ich trage ein blau-weiß geblümtes Maxikleid. James ist in Jeans und einem weißen T-Shirt gekommen. Wir stechen optisch heraus, aber das war das Beste, was unsere Koffer hergaben. Schneeweiße Gewänder sind für Langzeitreisende ähnlich sinnvoll wie Stiletto-Absätze am Strand. Keine Ahnung, wie das diese Bloggerinnen machen, die stets in blütenweißen Blüschen und Kleidern durch Instagram laufen. Vielleicht pflegen sie aber auch einfach nur einen sehr großzügigen Umgang mit Chlorbleiche.

»Seid ihr bereit für die Weisheit von Ayahuasca?«, begrüßt uns Maria. Sie ist eine Endfünfzigerin mit offenem Lächeln und strahlenden Augen. Eine kluge, kultivierte Frau, die Englisch spricht und Zeremonien in der Santo-Daime-Gemeinde leitet. Andere mögen sich am Samstagabend vor dem Fernseher einen Krimi reinziehen, Maria und ihr Ehemann geben sich wöchentlich dem Ayahuasca-Rausch hin und erleben damit ähnlich starke Halluzinationen wie auf LSD.

»Ayahuasca versteht sich als eine jahrtausendealte Medizin. Schamanen reden bewusst von Mutter Ayahuasca, also in

EINE NACHT MIT AYAHUASCA

der weiblichen Form«, erklärt Maria, und sie lässt uns wissen, dass es bei Santo Daime um Liebe, Harmonie, Wahrheit und Gerechtigkeit geht. Ah ja. Klingt ganz vernünftig. Auf Hawaii habe ich abgedrehtere Dinge gehört. Maria erzählt von dem Gründervater Raimundo Irineu Serra, der erstmals 1918 mit Ayahuasca in Berührung kam. In Trance will er eine Marienerscheinung gehabt haben, die ihm auftrug, Ayahuasca allen Menschen in einem strukturierten Rahmen zu ermöglichen. »Der Pflanzenmix kann mitunter verstörende Visionen hervorrufen. Wir schaffen einen sicheren Raum, klare Abläufe. Strukturierter Rahmen bedeutet bei Santo Daime: Wir singen Lieder, in denen wir die Jungfrau Maria und Naturgeister um ihren Schutz und Beistand bitten«, fährt Maria fort. »Und wir tanzen.«

Mein besorgter Blick entgeht ihr nicht. Ich sehe mich bereits mit Gelenkversagen zusammenbrechen, immerhin sind wir in Brasilien, weder meine Kondition noch mein Körperbau sind für zehn Stunden südamerikanische Tanzwut ausgelegt. Seit meiner Landung in Rio habe ich Dauermuskelkater, Carlas Samba-Stunden sind nichts für Schwächlinge.

»Es ist eine simple Bewegungsabfolge, das wirst du schaffen«, beschwichtigt mich Maria. »Zwei Schritte nach links, zwei Schritte nach rechts.« Ah ja. Dann erklärt sie den wichtigsten Teil des Programms: »Viermal pro Nacht nehmen wir zusammen Ayahuasca ein.« Ausgeschenkt werde die Geisterpflanze zu speziellen Zeiten an den Durchreiche-Fenstern im hinteren Teil der Scheune. Ältere Herren, die in ihren Laborkitteln wie Apotheker aussehen, stehen bereit. »Trinkt erst mal nur ein halbes Glas. Solltet ihr keine Wirkung spüren, könnt ihr die Zeremonienmeister jederzeit um mehr bitten.«

James wirkt ruhig. Ich bin eher der Kategorie hypernervöses Eichhörnchen zuzuordnen.

ELFTES KAPITEL

»Wie läuft die Einnahme ab: Liegen wir auf dem Boden?«, frage ich Maria.

»Niemand liegt. Wir formieren uns singend und tanzend um den Tisch. Ihr könnt natürlich jederzeit die Toiletten aufsuchen oder eine Pause einlegen, aber je weniger ihr die Gruppe verlasst, desto besser erhalten wir den Energiekreis. Solltet ihr euch unwohl fühlen, gibt es einen Ruheraum mit Betten«, antwortet Maria geduldig lächelnd.

»Und wenn ich erbrechen muss? Was dann?« Dass ich schon wieder mit diesem Thema ankomme, mag fixiert erscheinen. Aber keiner wird begeistert sein, wenn ich die Scheune mit meinem Mittagessen entweihe.

»Solltest du tatsächlich erbrechen müssen, spuck einfach an einem der Fenster in die Botanik hinaus. Egal was heute Nacht passiert, denk immer: Du darfst dich in unserer Gemeinschaft sicher fühlen. Alles ist menschlich, es gibt nichts, was wir nicht bereits gesehen haben.«

Warum beruhigt mich das nicht? Warum betonen alle, wie natürlich etwaige Entgleisungen seien? Was zur Hölle kommt da auf mich zu oder aus mir raus? Ich sehe mich bereits wie in dem Film *Der Exorzist* unkontrolliert mit den Augen rollen, Schaum vorm Mund, vielleicht levitiert mein Körper auch ein wenig und schwebt frei herum, während sich ein Strahl gelber Gallenflüssigkeit aus mir ergießt und ich mit dunkler Stimme plötzlich fließend Portugiesisch rede. Wobei, Letzteres wäre mir gar nicht unwillkommen.

Maria klatscht in die Hände. Ihr Ehemann schnappt sich eine Gitarre. Die Zeremonie beginnt. Jeder Teilnehmer wünscht dem Nebenstehenden »Bom trabalho« (gute Arbeit) – bei Santo Daime spricht man von Ayahuasca als geistiger Arbeit, eine Zeremonie erfordert viel motorische und

EINE NACHT MIT AYAHUASCA

geistige Kontrolle. James geht auf der Männerseite in Stellung. Ich finde mich gegenüber, im Bereich der Frauen, ein. Der Holzboden ist mit Klebestreifen in gleich große Rechtecke unterteilt. Jedes Kästchen rund um den Tisch markiert einen Stellplatz, den persönlichen Tanzbereich. Es reicht genau für zwei Schritte nach links und für zwei Schritte nach rechts. Von einer Helferin werde ich in die letzte Reihe verfrachtet. Das macht Sinn. Ganz hinten stört mein Kleidungs-Fauxpas weniger die Symphonie in Weiß. Außerdem fällt es auf den billigen Plätzen nicht auf, wenn ich falsch oder gar nicht mitsinge. Alle Lieder sind auf Portugiesisch, und das daumendicke Gesangsbuch bietet keine Hilfestellung in Sachen korrekter Aussprache.

»Hallo.« Neben mir steht plötzlich Claudia Schiffer, die frühe Mittzwanziger-Version. Lange blonde Haare, sinnlich geschwungene Lippen, wasserblaue Augen, einsachtzig Hammerfigur. Eine deutsche Reisende, die offenbar ebenfalls ihren Weg hierher gefunden hat. Ihr beiger Jersey-Rock mag farblich dem Dresscode der Gemeinde besser entsprechen als meine Kleiderwahl, aber dass man unter dem dünnen Stoff ihren Stringtanga und jede Kurve bestens sehen kann, bringt ihr bei den Sittenwächterinnen Punkteabzug ein. Kaum dass der blonde Engel eingeschwebt ist, wird er auch schon wieder abgeführt – und kehrt wenig später, in ein blickdichtes Tuch gewickelt, zurück.

»Dein erstes Mal Ayahuasca?«, flüstere ich, während die anderen singen.

»Nein«, sagt der Schiffer-Klon. »Ich habe es schon mehrfach ausprobiert, aber nicht in diesem Rahmen und nicht in so einer großen Gruppe. Ich war bei einem Heiler auf Ibiza und bei einem in einer schamanischen Praxis in Berlin.« Sie spricht

- 209 -

ganz langsam, und ihre Lider sind auf Halbmast, irgendetwas an ihrem Schlafzimmerblick wirkt entrückt.

»Hast du etwa gekifft?«, frage ich leise.

Sie nickt in Zeitlupe und grinst. »Willst du auch was?«

Ich sehe sie an, als wäre sie der Antichrist. »Nein danke. Denkst du, das war eine gute Idee?« Ich weiß, ich klinge wie eine elende Spießerin. Aber für mich ist Ayahuasca eine Riesennummer. Ich habe mich vorweg nicht mal getraut, mir die gezuckerten Bananen einzuverleiben. Das Amazonas-Gebräu mit anderen Rauschmitteln zu paaren, scheint mir höchst verwegen.

»Entspann dich. Alles ist gut«, sagt die Eso-Schiffer und tanzt tranceartig in ihrem Rechteck herum. Sie will entspannt aussehen. Die Energie, die sie ausstrahlt, verspricht Probleme.

Ich lasse Frau Schiffer in ihrer eigenen Welt und konzentriere mich auf das Geschehen. Die Szenerie, die sich binnen einer halben Stunde aufgebaut hat, ist mystisch. Das hoffnungsfrohe Singen, das laut und klar durch die Nacht schallt. Dazu das rhythmische Tanzen. Gitarren. Wir halten Kerzen in den Händen. Jeder, von der Studentin bis zur Seniorin, strahlt. Eine junge tätowierte Teilnehmerin mit Haarlack-Locken übt sich in ausladenden Gesten, ihr Liederbuch knallt dabei unabsichtlich einer alten Frau ins Gesicht. Eine Helferin ruft sie zur Ordnung, es gibt Entschuldigungen, Umarmungen, Lachen. Summend bewege ich mich von links nach rechts und von rechts nach links. Eine Stunde lang. Bis sich der Kreis um den Sternentisch langsam auflöst. Zeit für den ersten Ayahuasca-Trunk, die Durchreiche-Fenster gehen auf.

»Bitte erst mal nur ganz wenig. Pequena, por favor«, signalisiere ich dem Zeremonienmeister, als ich an der Reihe bin. Er nickt und reicht mir ein halbes Schnapsglas Ayahuasca. Das Zeug ist bitter, ein bisschen wie starker Salbeitee, nur

EINE NACHT MIT AYAHUASCA

süßlicher, und von der Konsistenz her wirkt es dicker, aber es schmeckt nicht so unangenehm, wie ich befürchtet hatte. Ich schlucke alles auf einmal hinunter und kehre an meinen Platz zurück. »Es dauert rund zwanzig Minuten, bis du die Wirkung spürst«, hat James mir im Vorfeld mitgegeben. Nervös warte ich darauf, dass mein Hirn sich in andere Sphären verabschiedet und mein Magen zuckt. Doch nichts passiert. Keine Visionen, keine Farbsprenkel, die vor meinen Augen tanzen. Nur Angespanntheit meinerseits, sogar die kleinste Regung im Zeh wird als mögliche Folge von Ayahuasca analysiert. James formt ein lautloses »Bist du okay?« mit seinen Lippen. Ich nicke, und das rhythmische Tanzen und Singen lullt mich ein. Erst dachte ich: Zehn Stunden, das hält kein Mensch aus. Doch die Zeit vergeht wie im Flug. Fräulein Schiffer hat die Augen geschlossen und gibt sich mit geschürzten Lippen was auch immer hin.

Drei Stunden nach Zeremonienbeginn folgt der zweite Trank. Dieses Mal wage ich es, ein volles Schnapsglas zu nehmen. Die Flüssigkeit sieht dunkler aus, wie Bernstein mit Honigfäden. Sie schmeckt auch besser. Oder sind meine Geschmacksnerven abgehärtet? Ich warte zwanzig, dreißig Minuten lang. Keine bunten Lichter. Keine neonblinkenden Türen in eine neue Dimension. Stattdessen bin ich völlig klar im Kopf. Es scheint, als hätte sich das Gedöns, das sonst in meinen Gehirnwindungen herrscht, abgeschaltet, und ich kann durch mein Oberstübchen wie durch einen leeren Dachboden spazieren, ohne dass ein Gedankenfetzen mich ablenkt. Seltsam aufgeräumt gehe ich in mich, durch mich, und meine Schritte hallen in mir nach.

»Werte Pflanzengeister! Was brauche ich, um einen vernünftigen emotionalen Schutzschild aufzubauen?«, rufe ich

ELFTES KAPITEL

in mich hinein. Mit dieser Frage bin ich herkommen. Weil ich manchmal mehr fühle, als vielleicht gut für mich ist. Hobbypsychologisch könnte man sagen, das habe mit unterentwickelter Abgrenzung und überentwickelter Sensibilität zu tun. Treffe ich Menschen, kann ich mir weder ihre Gesichter noch ihre Kleidung merken. Meine gesamte Aufmerksamkeit ist dahingehend ausgerichtet, die Gefühlswelt des Gegenübers abzuscannen. Wie ein Jagdhund nehme ich emotionale Witterung auf. Und mit Emotionen, vor allem mit denen von Fremden, verhält es sich so wie mit allem im Leben: Die Dosis macht das Gift.

Falls dieses Geschwurbel niemand versteht – ich entschuldige mich tunlichst. Unter dem Einfluss von biologischen Rauschmitteln können sich Sätze und Gedanken schon mal verwaschen. Mutter Ayahuasca aber scheint zu erahnen, was ich meine. Sie lässt mir meinen Körper als Festung erscheinen. Und ich realisiere: Als Burgfräulein habe ich in puncto Abriss und Aufbau freie Hand. Welches Baumaterial will ich für meine Fassade wählen? Sandstein vielleicht? Oder ist dieser zu porös? Brauche ich fürs Innere was Weiches, humusreiche Erde, auf der Blumen gedeihen können? Oder doch lieber eine Schubkarre voll mit Beton? Aus vagen Gefühlen entstehen konkrete Bilder. Und so viel kann ich vorab verraten: Die Gedanken machen auch am nächsten Tag und in den Folgemonaten noch sehr viel Sinn. Ich beginne zu verstehen, warum oft gesagt wird, Ayahuasca erspare einem zehn Stunden Psychotherapie.

»Spürst du etwas?«, frage ich James im Garten.

»Ja, aber es ist anders als bei meinen vorangegangenen Erfahrungen«, meint er. »Ich schätze, das Ayahuasca hier ist weniger stark dosiert als das Gebräu, das bei Psycho-Seminaren aus-

EINE NACHT MIT AYAHUASCA

geschenkt wird. Man will ja in dieser Gruppe, dass die Leute noch funktionieren, irgendwer muss schließlich singen und tanzen und die Jungfrau Maria anbeten.« Dann beginnt er zu erzählen, was er sieht, wenn er die Augen schließt. Bei ihm scheint in Sachen fremde Welten wesentlich mehr abzugehen als bei mir. Vielleicht bin ich immun gegen das Zeug? Eine halbe Stunde später nimmt James mich zur Seite:»Was habe ich dir gerade erzählt? Ich weiß es nicht mehr!« Ich lache.»Kein Problem. Genieß deinen Trip.« Trank Nummer drei. Und plötzlich Übelkeit und schummerige Knie. Es wird sekündlich schwieriger, mit den anderen zu tanzen. Also verlasse ich den Gruppenkreis und taste mich in den Garten hinaus, wo ich in einer ruhigen Ecke in die Hocke gehen kann. Fallen mit meinem Brechreiz die inneren Widerstände? Alles in mir wehrt sich, ich will die Kontrolle nicht an Ayahuasca abgeben, und letztlich überlasse ich dem Blumenbeet nur einen minimalen Teil meines Mittagessens. Eine Sukkulente – ist es ein Kaktus? – scheint mir mit ihren wächsernen Blättern zuzuwinken, sie wirkt erstaunlich lebendig, auf sehr freundliche Art. Als ich die Augen schließe, erstrahlt alles in einem orangegelben Licht, das mir suggeriert: »Du hast eine goldene Zukunft vor dir.« Die filigranen, geometrisch angeordneten Goldornamente, die ich sehe, sind anscheinend typisch für Ayahuasca, zumindest habe ich das irgendwo gelesen. Ich zwinge mich, wieder in die Realität zurückzukehren, nicht dass da noch etwas kommt, das ich vielleicht nicht sehen will.

Im Inneren der Scheune tanzen und singen die anderen Teilnehmer weiter. Man würde nie im Leben vermuten, dass sie gerade alle Ayahuasca getrunken haben. Manchmal hört man jemanden erbrechen, die würgenden Platsch-Laute kommen

– 213 –

ELFTES KAPITEL

vor allem aus dem Männerteil, aber niemand scheint motorisch die Kontrolle zu verlieren. Von einer Holzbank im Frauentrakt aus sehe ich dem Treiben zu. Ich mag leicht beeinträchtigt sein, aber ich bin nicht high. James sitzt auf der gegenüberliegenden Seite des Saals. Wir winken einander verhalten zu. Er schließt die Augen. Ich finde es seltsam, ihn so zu beobachten. Also gehe ich zu einem versteckteren Plätzchen im Saal. Nicht wissend, dass der Arme mich daraufhin überall suchen wird. James mag Ayahuasca voll spüren, aber sein Versprechen, auf mich aufzupassen, hat er nicht vergessen.

Zeit für Ayahuasca Nummer vier. Ich lasse die letzte Dosis aus.

Als der Morgen anbricht und die Gruppe aus voller Kehle zum letzten Loblied auf die Naturgeister anstimmt, hat Claudia Schiffer rot geweinte Augen.

»Es ist einiges an Emotionen aus mir herausgebrochen«, sagt sie. Vielleicht war das mit dem Kiffen doch keine so gute Idee. Oder vielleicht war es die beste Idee, was weiß ich schon. Ich werde den Teufel tun und mir anmaßen, eine Welt zu beurteilen, die ich nicht mal im Ansatz verstehe.

James wirkt am Ende der Zeremonie gelöst. Er musste sich erbrechen, aber es geht ihm gut.

»Haben wir das wirklich gerade durchgezogen?«, frage ich.

»Zehn Stunden singen und tanzen, dazu Ayahuasca mit Menschen, die auch ein Haufen Sektengurus hätten sein können?«

Maria hat unsere Unterhaltung belauscht und meint: »Ich hoffe, die heutige Nacht hilft euch auf eurem weiteren Lebensweg.«

Sie hat uns ein Taxi gerufen, keine Ahnung, wie ihr das gelungen ist, der Handyempfang ist noch immer unterbrochen. Wir danken ihr und der Gemeinde für die Gastfreundschaft und brausen hinunter ins Tal. Der Morgen ist jung und jede Sekunde ein Neuanfang. In meinem Mietapartment unterhalten James und ich uns noch lange über die Ereignisse der Nacht. Es ist taghell, meine Fenster haben keine Jalousien, und wir sind zu aufgekratzt, um zu schlafen. Ayahuasca muss auch eine aufputschende Wirkung haben, sonst wäre ich in der Scheune sicher mal eingenickt. Als mein norwegischer Psychonaut schließlich doch wegdämmert, denke ich darüber nach, warum Ayahuasca bei James stärker gewirkt zu haben scheint als bei mir. Die Antwort kommt wie von selbst, vielleicht sprechen ja noch die Pflanzengeister: »Weil dein innerer Widerstand zu groß war.« Ich habe Ayahuasca im Vorfeld als eine Art K.-o.-Trunk dämonisiert. Doch es scheint das genaue Gegenteil zu sein. Der Pflanzensud hat mir den Raum gegeben, den ich brauchte. Er war mir freundlich gesinnt, er arbeitete mit mir, nicht gegen mich.

»Würdest du es wieder machen?«, fragt James, als er kurz aufschreckt und bemerkt, dass ich noch immer wach liege.

»Ja«, sage ich instinktiv. »Weil ich jetzt weiß, dass mir nichts passieren kann – auch wenn ich die Kontrolle verliere.«

❖ ❖ ❖

Eine Woche später stehe ich mit meinem Koffer auf der Straße und blicke wehmütig auf den Atlantik und die Strandpromenade. Die Liegestuhl- und Sonnenschirmverleiher haben viel zu tun, es wird ein heißer Tag. Auch andere reiben sich die Hände. Rio hat den Beach-Handel perfektioniert, eine Tatsache, die mich immer wieder aufs Neue fasziniert. Alle drei Sekunden läuft ein fliegender Händler an einem vorbei und bietet Bikinis, Strandtücher, Badehosen, Handy-Lautsprecher, Son-

ELFTES KAPITEL

nenbrillen, Sonnenmilch, Flip-Flops, T-Shirts, Ketten, Bier, Grillkäse, Maiskolben oder Popcorn feil. Man könnte ohne Ausrüstung kommen und würde alles finden, was man braucht. Ich wünschte, ich könnte mich in das Treiben einfügen, wie so viele Male zuvor. Aber ich muss weiter. Diesmal wirklich. Ursprünglich wollte ich noch nach Salvador da Bahia, zwei Flugstunden nördlich von Rio. Die Küstenstadt gilt als Wiege des Karnevals, in den Gassen mit den bunten Häusern wird Tag und Nacht musiziert. Aber ich habe mein Flugticket dorthin verfallen lassen, um länger in Rio zu bleiben. Auch aus dem Plan, zumindest ein paar Tage durch die Hochhausschluchten von São Paulo zu wandern, wurde nichts. Ich konnte mich nie vom Zuckerhut und dem Strand-Dschungel-Dorf-Paradies losreißen. In den zwei Monaten meines Aufenthalts bin ich dreimal umgezogen. Jeder Unterkunftswechsel war eine Verschlechterung meiner Wohnsituation, die neuen Buden waren allesamt klein und von Straßenlärm geplagt, aber das war mir egal. Doch jetzt gibt es keinen Umzug und keinen Aufschub mehr. Afrika, dieser wunderbare Kontinent, wartet – und ein Abenteuer, für das ich, nebenbei erwähnt, bereits einige tausend Euro Anzahlung hingelegt habe.

James hievt mein Gepäck ins Taxi. Er sagt nicht viel. Meine bibbernde Unterlippe ist ihm unangenehm. Ich würde ihm gerne sagen, dass ich nicht seinetwegen aufgewühlt bin. Im Verabschieden bin ich mittlerweile Profi. Ob und was aus dieser schnellen Romanze wird, soll die Zeit zeigen. Aber meine Stimme bricht mir weg, also behalte ich für mich, dass mein Herzschmerz vor allem mit Rio zu tun hat. Ich habe in dieser Stadt mehr gefunden, als ich gesucht habe. Samba hat mir gezeigt, dass ich Frau sein kann, ohne Weibchen zu sein. Auch wenn ich noch immer jede Choreografie vermurkse, zumindest

– 216 –

EINE NACHT MIT AYAHUASCA

hopse ich mit mehr Selbstbewusstsein in die Welt hinaus – und der Gewissheit, dass mein Körper in der Lage ist, jene Dinge zu kommunizieren, die ich nicht in Worte verpacken kann. Ayahuasca wiederum hat mir klargemacht, wie viel Schützenhilfe die Natur in spirituellen Fragen bereitstellen kann. Und dann, die viele Zeit am Meer. Von Tania Blixen, einer dänischen Schriftstellerin, stammt das Zitat: »Die Lösung für alles ist Salzwasser: Schweiß, Tränen oder das Meer.« Dieser Satz ist für mich sehr wahr. Ich habe geschwitzt, geweint und den kleinen Zeh in den Atlantik gesteckt. Ich war selten so glücklich wie in Rio.

❋ ❋ ❋

Als das Flugzeug sich in die Lüfte erhebt und Rio mich mit blauem Himmel und Postkartenkulisse verabschiedet, weiß ich: Das ist nicht vorbei. Da kommt noch was. Ich soll recht behalten.

12

ROLLENTAUSCH IN SÜDAFRIKA

Solo um die Welt zu ziehen bedeutet: Irgendwann kündigt sich die Familie zu Besuch an. Und damit wird automatisch ein Reality-Check fällig. Wie sehr habe ich mich verändert? Hat das Herumstreunen überhaupt etwas bewegt? Merke: Du kannst noch so viele Kilometer zurücklegen, um dich neu zu erfinden, den Eltern machst du nichts vor. Die durchschauen dich mit Röntgenblick. Entsprechendes Nervenflattern habe ich, als ich mich zum Flughafen Kapstadt aufmache, um meine Mutter und meinen Vater in Empfang zu nehmen. Dass ich die beiden in Südafrika treffen würde – sieben Monate, nachdem ich in die Welt aufgebrochen bin –, war lange im Vorhinein vereinbart. Mein Vater, ein Metzgermeister mit eigenem Betrieb, der selbst unter Androhung von Folter nicht dazu zu bewegen ist, in Rente zu gehen, hat ein Faible für Wein. Aspirin hat er nie daheim, dafür immer ein Fläschchen Roten, den sieht er als Medizin, die gut fürs Herz, aber auch gegen tausend andere Dinge ist. Meine Mutter wiederum geht voll in der Rosenzucht sowie in der Jagd nach den gefräßigen Buchsbaumzünslern auf. Sie fühlt sich ihrem Garten so ver-

- 218 -

bunden, dass sie in den Sommermonaten täglich zwei Stunden mit Schlauch und Gießkanne übers Grundstück stapft, um jedes Gewächs persönlich zu gießen. Sprinkleranlagen, so findet sie, sind herzlos und eine Zumutung für die zarten Pflänzchen. Insofern war Südafrikas Garden Route als Treffpunkt perfekt: Es gibt genügend Weingüter, um sich kardiologisch für die nächsten hundert Lebensjahre zu wappnen, und obendrein botanische Anlagen, die den Club der Hobbygärtner daheim grün vor Neid werden lassen.

* * *

Von Rio de Janeiro direkt nach Kapstadt zu fliegen, erwies sich auch für mich als gut. Es bedurfte wenig Umgewöhnung. Die Städte ähneln sich sowohl in ihren Annehmlichkeiten als auch in ihren dunklen Seiten. Was in Brasilien Favela heißt, wird in Südafrika Township genannt. Beide Metropolen liegen an der Atlantikküste, sie haben vernünftige Joggingrouten und experimentierfreudige Restaurants. Einzig, dass man in Kapstadt nur vollständig bekleidete Menschen antrifft, erschien mir erst ein wenig befremdlich. Rios Bewohner, vor allem jene, die in Strandnähe leben, reißen sich bei jeder möglichen und unmöglichen Gelegenheit die Klamotten vom Leib. Cape Town gleicht dieses textilfreie Manko dafür mit reiselogistischen Vorteilen aus. Soll heißen: Von hier ist es nicht allzu weit in den Busch. Das ist nicht ganz unwichtig, denn der Wildnis-Kurs, für den ich mich vor Ewigkeiten angemeldet habe, soll in wenigen Tagen beginnen. Dann gibt's zwei Monate nur Löwengebrüll, Savanne und Camping. Dabei bin ich – wie schon erwähnt – kein Fan vom Leben in kleinen Stoffbehausungen. Es sieht darin immer aus, als hätte eine

ZWÖLFTES KAPITEL

Bombe eingeschlagen, egal wie ordentlich man sich gibt. Und dass man bei so einem Freiluftabenteuer in Nasszellen duscht, die man besser nicht ohne Gummistiefel betritt, daran mag ich gar nicht denken. Aber ich wollte eine Herausforderung – zumindest erschien mir das zum Zeitpunkt der Buchung eine fabelhafte Idee –, und noch bin ich nicht dort. Noch sind wir im letzten Zipfel von Afrika, und ich wollte eigentlich von der Begegnung mit meinen Eltern und dem damit verbundenen Reality-Check erzählen.

* * *

Ein bisschen Nervosität in der Ankunftshalle am Flughafen ist auch der Tatsache geschuldet, dass meine Mutter internationale Einfuhrregeln prinzipiell ignoriert und gerne mit Würsten aus Vaters hauseigener Produktion reist.

»Mama, Fleisch nach Afrika zu bringen, ist verboten. Außerdem ernähre ich mich recht gemüselastig, ich will das Zeug gar nicht«, warnte ich vorab am Telefon.

»Würste sind immer gut«, gab sie zurück. »Wenn du sie nicht essen wirst, freuen sich sicher andere Menschen darüber.«

»Sollte dich der Zoll erwischen, dann hole ich dich nicht aus dem südafrikanischen Knast raus, nur damit du's weißt.«

»No risk, no fun«, antwortete meine Mutter.

Gerade als ich überlege, wie viel wohl eine Kaution und die Bestechung eines südafrikanischen Richters kosten würden – immerhin lassen meine Eltern seit der Landung schon über vierzig Minuten auf sich warten –, spazieren sie doch noch aus der automatischen Tür heraus. Unbehelligt und unverhaftet. Mutter hat die Würste daheim zurückgelassen. Weniger aus Einsicht, mehr aus Platznot. Von den zwei Gepäckstücken, die

ROLLENTAUSCH IN SÜDAFRIKA

sie laut Ticketbestimmungen mitnehmen dürfen, ist eines gerammelt voll mit meinem Safari-Zeug. Ich habe die Ausrüstung für den Busch bereits vor meiner Abreise aus dem alten Leben fix und fertig gepackt, wissend, dass die Eltern die khakigrünen Multifunktions-Schrecklichkeiten, das Fernglas und den Schlafsack gratis einfliegen werden.

Nachdem wir uns in die Arme gefallen sind, dreht mich meine Mutter ein Stückchen von sich weg, um mich von oben bis unten zu begutachten. Ich zeige ihr mein kleines Tattoo, das ich mir auf den linken Unterarm habe stechen lassen – meine allererste Tätowierung; ich bin diesbezüglich Spätzünderin, wie mit so vielem im Leben. Es trifft augenscheinlich nicht ihren Geschmack. Sie hat den Schriftzug bereits einmal auf einem Foto gesehen und meinte damals nur:»Bleibt das jetzt für immer auf der Haut?« Meine Antwort:»Davon gehe ich stark aus. Ich habe seit Jahren mit dem Gedanken gespielt, mir so was machen zu lassen. In Rio hat es sich richtig angefühlt.«Jetzt, live und in Nahaufnahme, meint sie nur: »Du bist bei klarem Verstand und erwachsen. Du wirst wissen, was du tust.«

Das ist die Universalantwort meiner Mutter auf so gut wie alle meine Unternehmungen. Manchmal ärgert es mich, wie gleichgültig der Satz klingt. Ein bisschen mehr Interesse an meiner Person und meinen Beweggründen könnte ruhig drin sein. Andererseits, eine überbesorgte Glucke, die sich in alles einmischt und mich resolut zurück nach Hause verschiffen lässt, wenn die Dinge mal nicht großartig laufen, wäre mir auch nicht recht. Also werte ich die»Du bist bei klarem Verstand«-Aussage als einen Code für:»Ich hab dich lieb, ich vertraue darauf, dass du das Richtige machst.« In meiner Familie hat man's eben nicht so mit Gefühlen.

ZWÖLFTES KAPITEL

Mutters Augen wandern nach dem Tattoo über den Rest meiner Erscheinung. Fehlt dem Kind etwas? Ist es glücklich? Traurig? Krank? Richtig ernährt? »Du siehst gut aus, braun gebrannt und happy«, fällt sie schließlich ihr Urteil.

Ich zeige ihr ein paar Samba-Schritte. Öffentlich mit dem Arsch zu wackeln, kostet mich weiterhin Überwindung, aber solange die Erinnerung an meine Tanzklasse noch frisch ist, gebe ich ein bisschen damit an.

Meine Mutter lacht. »Das Reisen scheint dir gutzutun.«

Mein Vater, ein Mann, der wenig spricht, nickt zustimmend.

Und ich bin erleichtert, Test bestanden, zumindest den, dem man auf die Schnelle optisch unterzogen werden kann.

Doch die größte Hürde steht uns noch bevor. Urlaub miteinander. Den haben wir zuletzt gemacht, als ich in der Pubertät war. Ab meinem sechzehnten Lebensjahr befand ich: Ich bin zu cool für die Welt, aber vor allem will ich nicht mit meinen Eltern am Strand von Jesolo erwischt werden. Sie wiederum hatten wenig Lust, einen übellaunigen Teenager hinter sich her zu schleppen, der nur an Disko, halbstarken Italo-Schmalzlocken und Eros-Ramazzotti-Gedudel aus den Kopfhörern des Walkmans interessiert ist.

Fast fünfundzwanzig Jahre später passt's wieder, auf beiden Seiten – obwohl ich prinzipiell kein großer Fan von Besuchen aus der Heimat bin. Das mag jetzt ein bisschen herzlos und asozial klingen. Aber auf meiner ersten Weltreise haben mir gleich mehrere liebe Menschen Stippvisiten abgestattet. Es war toll, vertraute Gesichter zu sehen und für kurze Zeit wieder eine Vergangenheit zu haben, die mehr als die vergangenen vierundzwanzig Stunden umfasste. Aber seit damals weiß ich: Urlaub und Weltreise vertragen sich nicht mitein-

ROLLENTAUSCH IN SÜDAFRIKA

ander, weder finanziell noch von den Erlebniserwartungen her. Für Urlauber mögen das Miet-Cabrio, der Sonnenuntergangs-Segeltörn und das überteuerte Degustationsmenü im Restaurant, das der Reiseführer anpreist, unumstößlich sein, von wegen »Man gönnt sich ja sonst nix«. Selbst fühlt man sich dabei aber schnell wie eine arme Kirchenmaus oder eine Spielverderberin. Dass man es auf Reisen manchmal aufregend findet, einfach nur in den Waschsalon zu gehen, ist schwer zu erklären. Aber es sind die Eltern. Da kann man schon mal ein Auge zudrücken. Außerdem dauert die Audienz überschaubare zehn Tage – und ich seh's als meine Verantwortung, ihnen ein bisschen was von der Welt zu zeigen. Vor allem mein Vater hat diesbezüglich Nachholbedarf. Er ist der Typ Einsiedler, der seinen Reisepass in der Schreibtischschublade verstauben lässt und sein Wissen über die Welt vor allem aus Büchern und Zeitungen bezieht. Dass er vor Kurzem einen Artikel über Südafrikas steigende Straßenkriminalität in die Finger bekommen hat, war für diesen Trip nicht unbedingt hilfreich.

»Keine Sorge, ihr werdet nicht gleich erschossen«, sage ich, als ich das Eingangstor zur Unterkunft aufschließe und bemerke, wie meine Eltern sich verstohlen nach links und nach rechts umblicken. Sie sind keine ängstlichen Menschen, aber in Kapstadt sehen sie sich offenbar bereits als wandelnde Schlagzeile einer Revolverblatt-Gazette. »Eure Rolex-Uhren und die Juwelen habt ihr daheim gelassen?« Ich ernte ein unsicheres Grinsen, und mir dämmert: Der gemeinsame Trip wird ordentlich an der gewohnten Familienstruktur rütteln. Weil die Eltern auf einmal zu Kindern werden, ob man will oder nicht. Und ich habe keine Ahnung, wie gut und vor allem wie geduldig ich als »Hier entlang!«-Entenmutter bin. Aber zumin-

ZWÖLFTES KAPITEL

dest bin ich gut im Lügen: Ich verspreche, dass sie sich um
nichts kümmern müssen und ich auf diesem Trip alles lösen
werde, auch jene Dinge, von denen ich nichts verstehe.

* * *

Die erste Hürde, die wir als Trio meistern müssen, ist das
Autofahren. Sehr zum Leidwesen meines Vaters herrscht in Südafrika Linksverkehr – und dieser Umstand hat ihn schon im Vorfeld irrationale Aussagen wie »Ich finde, wir sollten uns einer ge-
führten Reisegruppe anschließen« tätigen lassen. Die Garden
Route schlängelt sich rund dreihundert Kilometer an der Küste
des Indischen Ozeans entlang durch grüne und azurblaue Bilder-
buch-Landschaften. Wer von der Gegend was sehen will, nimmt
sich am besten einen Mietwagen und fährt selbst – auch auf die
Gefahr hin, dass man das Auto als Geisterfahrer schrottet.

»Reisegruppe?«, entgegnete ich. »Willst du ernsthaft mit
einem Haufen Hundertjähriger durch die Gegend gurken und
gezwungen sein, bei jeder Edelstein- oder Souvenirfabrik was
zu kaufen? Du bist fünfundsechzig, nicht blind oder hirntot.«

»Dann fahr du«, meinte er gequält.

»Das bringt nichts«, gab ich zurück. »Ich werde früher in
den Busch abreisen, schon vergessen? Am Ende dieser Reise
seid ihr beide, Mama und du, auf euch allein gestellt. Du musst
dich also mit der Situation anfreunden. Außerdem kosten zwei
registrierte Fahrer beim Mietwagen-Verleiher mehr als einer,
das ist rausgeschmissenes Geld. Du schaffst das. Wir helfen dir
beim Navigieren, sechs Augen sehen mehr als zwei.«

Mittlerweile kann ich berichten: Es mag zwar ein bisschen
dauern, bis mein Vater sich auf unbekanntes Terrain wagt, aber
wenn er es dann tut, wird er zum Musterschüler. In Kapstadt –

ROLLENTAUSCH IN SÜDAFRIKA

wo wir noch ohne eigenen Wagen unterwegs waren – bestand er darauf, in jedem Bus und in jedem Taxi vorne zu sitzen, mit freiem Blick durch die Windschutzscheibe. »Ich muss üben«, sagte er, um dann im Geiste zu verfolgen, wie der Chauffeur abbiegt und wie er selbst das gemacht hätte. »Die Kreisverkehre sind verwirrend.« Diese generalstabsmäßige Vorbereitung hat aber geholfen. Seit wir den Mietwagen beim Verleiher abgeholt haben, ist er nur einmal auf die falsche Spur gerutscht. Mama und ich haben dabei lauthals um unsere Leben geschrien. Teamwork eben.

Ansonsten ist die Garden Route ein Traum. Ich weiß, das ist ein plattes Wort, und ein bisschen eloquenter könnte es in einem Reisebericht schon sein. Aber irgendwie scheint kein Attribut der Schönheit der Region gerecht zu werden. Die Küste ist rau und wild. Wenn man zur richtigen Jahreszeit auf den Ozean schaut, kann man Buckelwale und Orcas beobachten. Die Meeressäuger zeigen sich vor allem in den Monaten von Mai bis Dezember. In den Häfen wiederum, wo Fischkutter und Ausflugsboote ankern, schwimmen Seelöwen herum. Obwohl es wilde Tiere sind, drehen sie zirkusreife Pirouetten im Wasser, manche hieven sich erstaunlich wendig die Stege hoch, um sich vor Publikum zu sonnen. Nicht selten fällt dabei ein Fisch als Belohnung von den Hafenarbeitern für sie ab, nicht dass die Unterhaltung für die Tagesausflügler abreißt.

Entlang der Route – die durch idyllische Städtchen wie Stellenbosch und Franschhoek führt – findet man Weingüter, auf denen es sich wie Gott in Frankreich leben lässt. Die Herrenhäuser sind weiß getüncht, in den Gartenanlagen scheint der Rasen mit Lineal und Nagelschere getrimmt worden zu sein. Viele Kellereien bieten am Wochenende Picknicks an. Man muss nichts mitbringen außer sich selbst. Die Sitzdecken und die Weidenkörbe, die mit regionalen Köstlichkeiten gefüllt sind, werden

ZWÖLFTES KAPITEL

gestellt. Der Rebensaft kommt in Flaschenkühlern, und es gibt sogar metallene Halterungen, die ins Gras gesteckt werden, damit das Weinglas nicht umkippt. Es sind Orte, an denen man die Arme ausbreiten und durchatmen möchte, auch wenn die Geschichte dahinter weniger schön ist. Die Winzerfamilien Südafrikas kamen vor allem deshalb zu Reichtum, weil sie ihre Anwesen mit Sklavenarbeit betrieben. Die Gratis-Arbeiter wurden oft mit Alkohol gefügig gemacht, getreu dem Motto: »Gib den Sklaven zu trinken, das lässt sie ihre Sorgen vergessen. Ihre Abhängigkeit vom Fusel stellt sie ruhig.« Auch nach Abschaffung der Sklaverei setzte man auf dieses System. Bis zum Ende der Apartheid im Jahr 1994 wurden Arbeiter gezwungen, einen Teil ihres Lohns in Wein zu akzeptieren. In Sachen Wiedergutmachung gibt es in Südafrika noch einiges zu tun.

»Es ist schwer zu glauben, dass wir auf dem afrikanischen Kontinent sind«, sagt meine Mutter, als wir wieder einmal durch eine pittoreske Anlage lustwandeln. Reben wachsen kilometerweit die sanften Hügel hinauf, Enten watscheln zum nächsten Teich, unsere Schritte knirschen auf den Kieswegen.

»Ich sehe mich hier heiraten«, rufe ich euphorisch. »Unter einem Eichenbaum in einem bodenlangen weißen und viel zu teuren Kleid.« Wahrscheinlich spricht der Wein aus mir. Auf der Garden Route bekommt man schon vormittags ohne viel Aufhebens ein Gläschen in die Hand gedrückt – natürlich nur, um zu verkosten. Ein Alkoholproblem will hier niemand haben, jeder sieht sich als Teilzeit-Sommelier.

»Für den Bund der Ehe fehlt es dir meines Wissens an einem Mann«, meint meine Mutter nüchtern und nimmt sich offenbar vor, etwas an diesem Umstand zu ändern. Anders lässt es sich nicht erklären, dass sie mir fortan jeden Kellner und jeden Verkäufer als zukünftigen Gatten anträgt. Zum Glück ist

ROLLENTAUSCH IN SÜDAFRIKA

der Sohn des deutschen Auswanderer-Paars, in deren Bed & Breakfast-Cottage wir untergebracht sind, keinen Tag älter als zwanzig. Sogar meine Mutter sieht ein: Die Kuppelei kann man dem Jungspund nicht antun. Von James, meinem Norweger aus Rio, erzähle ich ihr nicht. Wozu auch? Wir schicken uns zwar freundliche »Wie geht es dir?«-Updates mit Küsschen-Smileys, und ich habe ihm zu seinem Geburtstag gratuliert, aber ich habe nicht das Gefühl, dass er sich die Augen ausweint, seit ich aus Brasilien abgereist bin. Ich mache es im Gegenzug auch nicht. Ich vermisse James' neugieriges Hirn, ja. Es war inspirierend, sich mit jemandem auszutauschen, der nichts als unmöglich abtut und es wagt zu träumen. Aber weiterführende Pläne zu machen, ist nicht sein Ding. Es liegt wohl auch an seinen Finanzen, aktuell ist er ziemlich abgebrannt. Und ich bin es leid, immer die Impulsgeberin für »Lass uns ein Wiedersehen vereinbaren« zu sein.

Als wir in einem Restaurant in Stellenbosch zur Fotoattraktion des Personals werden – die Pizzen hier sind rechteckig und werden auf überdimensionierten Holzbrettern serviert, trotz eindringlicher Warnung der Bedienung haben wir eine drei Meter lange Thunfisch-Käse-Vegetariana-Salami-Orgie bestellt, und die Kellnerin knipst ungläubig Bilder von unserer Verfressenheit –, kommt schließlich das Gespräch auf ein Thema, das ich gerne ausblende.

»Wie stellst du dir dein Leben weiter vor?«, fragt meine Mutter, während sie sich durch ein Stück Salami-Pizza kämpft. Sie kann kaum mehr, aber ich bitte sie inständig, weiter zu mampfen, die Sache mit der »Ach, kein Problem, wir sind hungrig«–Bestellung ist irgendwie peinlich.

»Ich schätze, ich werde mich weiter treiben lassen«, sage ich. »Mein Reisebudget ist weniger geschrumpft, als ich dach-

ZWÖLFTES KAPITEL

te. Die Freiwilligen-Arbeit in Vietnam und auf Hawaii hat Kohle gespart, immerhin waren die Unterkünfte gratis. Thailand und Indien waren günstig. Und die Freelance-Arbeit als Journalistin bringt auch ein bisschen Geld. Ich habe neulich mal auf mein Konto geschaut: Ein paar Monate, vielleicht sogar ein Jahr Vogelfreiheit sollten noch drin sein, sofern ich nicht Luxusgelüste entwickle oder etwas Schlimmes passiert.«

Mein Vater will Zahlen wissen, ich nenne sie ihm, Pi mal Daumen. Im Rechnen bin ich kein Talent. Ich weiß nur: Geld kommt und geht. Es vermehrt sich nicht exponentiell mit Sorgen, und ständig über Tabellen mit Ausgaben und Einsparungsmöglichkeiten zu brüten, macht vor allem eines: verrückt vor Angst.

»Habe ich euch erzählt, dass ich ein Jobangebot bekommen habe?«, frage ich, wie eine erschöpfte Stopfgans im Sessel hängend. Noch immer nimmt sehr viel Pizza sehr viel vom Tisch ein, das Zeug scheint nicht weniger zu werden. Die Eltern horchen auf, und ich berichte davon, dass eine Kollegin schwanger geworden ist und mein ehemaliger Arbeitgeber mir ihre Stelle als Elternzeitvertretung angeboten hat. Arbeitsort: Wien. Gehalt: ordentlich. Nach acht bis zehn Monaten Schreibtischtäterin könnte ich mit aufgebessertem Budget weiterreisen. »Ich habe die Stelle abgesagt.«

Mein Vater runzelt die Stirn. »Das klingt doch nicht so schlecht. Hast du dir das gut überlegt?«, fragt er.

»Ja. Ich habe keine Wohnung mehr in Wien.«

»Eine Mietwohnung findet sich immer«, wirft der Vater ein.

»Das stimmt. Aber ich würde mich für diesen kurzen Zeitraum nicht nett einrichten wollen. Warum soll ich in einer kargen Bude sitzen und in einer Stadt, in der ich eigentlich nicht sein will? Karrieresprung wär's auch keiner, es ist dieselbe Position, die ich vorher innehatte. Und nur des Geldes wegen? Es würde sich anfühlen, als würde ich in mein altes Leben zurückgehen – schon wieder. Ich bin so weit gekommen, ich bleib jetzt auf dem Kurs.«

»Bloß: Wo willst du hin?«

Anstatt einer Antwort stopfe ich mir noch mehr Pizza in den Mund und bin dadurch offiziell erst mal sprechunfähig.

»Du bist bei klarem Verstand, du wirst wissen, was du tust«, grätscht die Mutter dazwischen und beendet die Diskussion. Ihr Satz für alles. Dieses Mal ist er mir sehr recht.

Die verbliebene Pizza lasse ich in zwei Kartons einpacken, wir grinsen mit vollen Backen noch ein letztes Mal für die Social-Media-Fotos des Lokals, dann flanieren wir zurück zum Auto. Stellenbosch ist ein beschauliches Städtchen. Es hat Holzhäuser im Kolonialstil, schnuckelige kleine Boutiquen, Haubenlokale, Kunstgalerien – aber Südafrikas soziale Probleme machen auch vor einem ausgeklügelten Tourismuskonzept nicht halt. In dem Park, an dem wir vorbeikommen, bereiten Obdachlose ihr Nachtlager vor. Ein junger Mann liegt weggetreten von einem Drogencocktail auf dem Rasen, seine Augen sind halb geschlossen, sein Atem geht flach und schnell. Ich stelle einen Pizzakarton neben ihm ab. Wenn er von seiner Flucht in eine bessere Welt erwacht, wird er Hunger haben. Die andere Pizza händige ich zwei Männern aus, die in ein Gespräch vertieft sind und so aussehen, als hätten sie schon länger keine warme Mahlzeit mehr im Bauch gehabt. »Danke«, sagen sie. Und dann nochmals »thank you« in Richtung meiner Mutter. Sie ist mutig geworden und mir durch den Park zu den Obdachlosen gefolgt. Niemand hat sie überfallen. Mein Vater traut der Sache noch nicht ganz.

* * *

ZWÖLFTES KAPITEL

Am nächsten Tag fahren wir ans Kap der Guten Hoffnung. Die markanten Klippen an der Südspitze Afrikas waren früher von Seefahrern gefürchtet. Nicht wenige Entdeckerschiffe gingen hier auf Grund, die Strömungen und Stürme in der Gegend können heimtückisch werden.

»Vom Kap habe ich in meiner Schulzeit gehört«, sagt meine Mutter und klatscht in die Hände. Ihre Euphorie ist ansteckend, zumal ich weiß, dass sie solche Erlebnisse nicht für selbstverständlich nimmt. Meine Mutter ist auf einem kleinen Bauernhof aufgewachsen. Von diesem in fremde Länder wie Südafrika scheint es mitunter unerreichbar weit. Und wenn man vier Kinder zur Welt bringt und nebenbei den familiären Fleischereibetrieb aufbaut, kann man finanziell kaum große Sprünge machen. Aber jetzt, mit dem Nachwuchs aus dem Haus, genießt sie das Leben in vollen Zügen.

Wir erklimmen Hunderte steile Stufen zu einem Aussichtspunkt. Und während meine Eltern vor mir gehen und einander auf exotische Pflanzen und Kamikaze-Haubentaucher aufmerksam machen, beginne ich sie in einem neuen,»jungen« Licht zu sehen. Der wortkarge Vater und die Mutter, die mit ihrer Energie Bäume ausreißen kann, sind plötzlich nicht mehr Einzelkämpfer und ein unverständlich ungleiches Paar, sondern ein Team. Ich habe in den vergangenen Tagen mehr über ihre Wünsche und Ängste erfahren, als das in den achtzehn Lebensjahren unter ihrem Dach der Fall war (wobei, vielleicht war ich einfach nur zu selbstzentriert, wie so ungefähr jeder Heranwachsende). Zufrieden denke ich: Ich kann so eine Reise nur jedem ans Herzen legen, der noch Oldies hat – auch wenn das ständige Aneinanderkleben sicher gewöhnungsbedürftig ist. Und das Mysterium Internet ... ich fürchte, das wird sich meinen Eltern in diesem Leben nicht mehr erschließen.

ROLLENTAUSCH IN SÜDAFRIKA

»Wenn ich mein Handy einschalte, zahle ich dann schon Roaming?«, fragt die Mutter jeden Tag aufs Neue. »Nein, Mama, die mobile Daten-Funktion auf deinem Gerät haben wir deaktiviert. Du kannst aber jederzeit im Internet surfen, wenn du WLAN-Zugang hast«, sage ich. »Kapier ich nicht«, sagt die Mutter. »Musst du auch nicht.« Der Vater wiederum kämpft tapfer mit der App des Fahrdiensts Uber. Es fasziniert ihn, wie quasi aus dem Nichts ein Auto um die Ecke biegen kann, um einen von Haustür zu Haustür zu chauffieren. Wir haben die Online-Bestellung gemeinsam geübt – auf der weinseligen Garden Route kann man trotz Mietauto schon mal einen Fahrer brauchen, und mittlerweile klappt's beim dritten Mal.

»Früher haben wir dir alles beigebracht, jetzt lehrst du uns neue Dinge. Das ist der Kreislauf des Lebens und irgendwie schön«, haben meine Eltern auf dieser Reise schon mehrmals kundgetan. Und jedes Mal bin ich versucht, Elton Johns *Can You Feel The Love Tonight* aus dem Film *Der König der Löwen* anzustimmen, weil es so gut zu Afrika und der ganzen Situation passt.

Ohne mich selbst loben zu wollen, ich glaube, ich bin doch keine so schlechte Entenmutter. Bisher habe ich nur einmal die Nerven verloren. Es passierte in einem Geschäft, in dem ich die letzten Dinge für den Busch kaufen wollte. Mein Hirn war übervoll – wie viel Milliliter Sonnenschutz braucht man für zwei Monate Wildnis? Soll ich das teure Lehrbuch übers Spurenlesen doch noch kaufen oder darauf vertrauen, dass es sich in der Camp-Bibliothek finden wird? –, und jeden Kommentar meiner Eltern empfand ich als Störung und persönlichen Affront. Sie nahmen meine Übellaunigkeit gelassen, trollten

ZWÖLFTES KAPITEL

sich in eine ruhige Ecke und sagten: »Wir sind eh brav.« Über
so viel Folgsamkeit musste ich lachen.

»Kommt, lasst uns zurückfahren, ihr habt sicher Hunger«,
sage ich, als es am Kap der Guten Hoffnung immer windiger
wird und alle Fotos geknipst sind. Meine Eltern drehen um und
gehorchen mir aufs Wort. Meine Mutter, bestens mit kulinari-
schen Reiseführern ausgestattet, hat sogar schon das Restaurant für diesen Tag herausgesucht. Nur in einer Sache ist sie
schwer erziehbar. Ich darf kein Essen bezahlen. In dieser Angelegenheit kehrt sie sofort die Erziehungsberechtigte raus.
Wenn Mama schon keine Würste nach Südafrika schmuggeln
darf, dann will sie sicherstellen, dass das Kind wenigstens mit
vollem Bauch und geschontem Bankkonto weiterreist.

* * *

Zwei Tage später stehe ich auf dem Parkplatz eines abgeranzten
Airport-Hotels in Johannesburg. Polizeisirenen heulen, Flug-
zeuge steigen in den Himmel auf, im Lastenanhänger eines
Kleinbusses wird gerade mein Gepäck verstaut – zumindest hoffe ich das, ich habe in dem Gewusel den Überblick verloren.
Überall türmen sich Rucksäcke und Reisetaschen. Es ist fünf
Uhr dreißig morgens. Meine Eltern werden noch schlummern.
Das Cottage, in dem ich sie nach einem tränenreichen Abschied
anderthalbtausend Kilometer weiter südlich zurückgelassen
habe, liegt inmitten eines Gartenparadieses, und die ägyptische
Baumwollbettwäsche dort ist herrlich weich. Ich hingegen habe
in Laken geschlafen, die kratzig und nicht hundertprozentig
taufrisch waren. Und der Teppichboden im Zimmer – na ja.

Dass ich eine schlammgrüne Cargo-Hose, ein beigefarbe-
nes T-Shirt und braune Trekkingschuhe trage, darüber will ich

nicht reden. Das Outfit ist stiltechnisch schwierig, vor allem Beige schmeichelt keinem Teint. Aber »neutrale« Naturfarben, die sich harmonisch ins Gesamtbild einfügen, werden nun mal im Busch erwartet, obwohl der Dresscode meiner Meinung nach nicht ganz schlüssig ist. Einem Löwen oder Elefanten ist es egal, ob ich ein kreischpinkes Top trage. Sie werden deswegen nicht aggressiver oder schneller aufmerksam auf mich. Wie fast alle Säugetiere im Busch können sie nur Schwarz-Weiß sehen. Folglich wären lediglich ein schwarzes oder ein weißes Shirt ungünstig, Pink und der Rest der Farbpalette aber nicht. Und bevor jetzt jemand einwirft: »Vögel, Insekten und Reptilien sehen das volle Farbspektrum, das erklärt auch die bunten Balzfedern und die ‚Achtung giftig!'-Schuppen« – ja, stimmt. Aber ganz ehrlich: Um hin und wieder wie ich selbst auszusehen, nehme ich gerne in Kauf, Federvieh aufzuscheuchen, das ist auf beiden Seiten zu überleben ... Vielleicht hätte ich auch nur Wimperntusche auftragen sollen oder zumindest einen Hauch von Rouge. Die junge Frau neben mir, eine platinblonde Elfe, hat ordentlich Pink auf den Wangen. Dafür, dass sie versucht, sich mit ihrer geflochtenen Basttasche und der Hornsonnenbrille einen letzten Rest Mode-Identität zu bewahren, hat sie meine Bewunderung.

»Gleich ist dein Lotterleben, wie du es kennst, vorbei«, sage ich mir. Ich bin physisch anwesend, aber geistig nicht wirklich da. »Von heute an: keine Alleingänge mehr, kein Ausschlafen, kein Netflix, keine saubere Dusche, keine Mahlzeit ohne Gesellschaft. Die nächsten zwei Monate wirst du Teil einer zwanzigköpfigen Gemeinschaft sein und dich der Wildnis und der Gruppendynamik unterwerfen.«

Ich scanne die anderen Ankömmlinge. Mir wurde im Vorfeld gesagt, es sei ein recht internationaler Haufen. Ein blasses Pärchen, das sehr jung, sehr deutsch und sehr nett aussieht,

ZWÖLFTES KAPITEL

trägt seine beigefarbenen Multifunktions-Klamotten im Part-
nerlook und holt sich noch Kaffee vom Frühstücksbuffet. Ein
dunkelhaariger, drahtiger Typ, dem der Schalk aus den Augen
blitzt – wahrscheinlich Italiener –, stopft noch schnell eine
kiloschwere Vogel-Enzyklopädie und ein Buch über Südafrikas
Bäume in seine Tasche. Johnny Depp, die junge Version, ist
auch da. Er spricht Englisch und scheint aus Südafrika zu sein.
Etwas abseits stehen ein paar Mädels, Studentinnen, die aussehen, als wären sie unkompliziert und als hätten sie Erfahrung
mit Outdoor-Abenteuern.

Ich muss die Personaldaten auf der Namensliste, die der
Busfahrer durchgeht, nicht kennen, um zu wissen: Ich bin eine
der Ältesten hier. Nur Miss Mode-Elfe scheint mehr als dreißig
Geburtstagskerzen ausgeblasen zu haben. Aber ich frage sie weder nach ihrem Namen noch nach ihrem Alter, ich bin merkwürdig schüchtern und still. Die vielen neuen Gesichter überfordern
mich. Genauso wie die Tatsache, dass ich aus dieser Nummer
nur schwer wieder rauskomme. Sollte ich beschließen, dass der
Busch nicht mein Ding ist – machen wir uns nichts vor, ich habe
einen Hang zu impulsiven »Ich schmeiß alles hin!«-Kursände-
rungen –, kann ich die Wildnis nur mit viel Drama verlassen. Sich
heimlich aus dem Camp zu schleichen, wird nicht klappen, außer
ich will von einem Löwen gefressen oder einem Büffel über den
Haufen gerannt werden. Außerdem wär's eine Schmach, zugeben
zu müssen, dass ich zu verweichlicht fürs »echte« Leben bin.

Dabei will ich genau das. Ich brauche etwas Echtes. Die
Sehnsucht danach ist riesengroß und war letztlich die treibende
Kraft dafür, das Anmeldeformular auszufüllen. Im anonymen
Großstadtdschungel, egal ob in Hongkong, New York, Kal-
kutta oder Sydney, mag ich mich zurechtfinden. SIM-Karten
kaufen, U-Bahn-Netze studieren, Grußworte in anderen Spra-

- 234 -

ROLLENTAUSCH IN SÜDAFRIKA

chen lernen, auf dem Wochenmarkt einkaufen – zuerst ist alles neu und aufregend, aber am Ende funktioniert es doch in jeder Stadt irgendwie gleich. Es gibt an vielen Orten weltweit sogar dieselben Ladenketten, was die Besuche dort zu einem mitunter austauschbaren Erlebnis werden lässt. In der Natur hingegen kenne ich mich null aus. Man kann mich in der Wildnis aussetzen und ich garantiere, ich finde nie wieder meinen Weg zurück. Auch dann nicht, wenn man mir Brotkrumen oder etwas, das nicht gleich von hungrigen Vögeln gefressen wird, streut. Ich kann weder nach den Sternen navigieren noch Spuren lesen. Und sollte ich es dennoch schaffen, nicht gleich zu verdursten oder von einem Raubtier angegriffen zu werden, dann werde ich jämmerlich erfrieren. Meine »Ich mache ein Feuer ohne Streichhölzer«-Qualitäten lassen zu wünschen übrig, und ob die Pflanze vor mir essbar ist oder nicht – keine Ahnung. Den Biologie- und Naturkundeunterricht in der Schule habe ich offenbar jahrelang verpennt. Obwohl ich so viel herumgekommen bin, ist mir die Welt, die mich beherbergt, sehr, sehr fremd. Das muss sich ändern. Deshalb der Busch. Ich will unter freiem Himmel schlafen, Dreck unter den Fingernägeln haben und belauschen, wie sich Fuchs und Hase gute Nacht sagen. Oder Antilope und Elefant, ich bin ja in Afrika.

»Das ist dein Koffer, richtig?«, fragt mich jemand, kurz bevor ich in den Bus steige. Ich schaue auf mein Gepäck, das mich in den vergangenen Monaten begleitet hat.

»Ja, er bleibt hier.« Die tollen farbenfrohen Kleider aus Vietnam. Meine Jeans, in die ich nur vor dem Frühstück passe, die aber einen sehr knackigen Hintern macht. Mein Kaschmirschal. Die nächsten zwei Monate wird das alles in einem Abstellraum des Airport-Hotels eingelagert, nur die khakigrünen Schrecklichkeiten kommen mit.

– 235 –

ZWÖLFTES KAPITEL

Im Bus quetsche ich mich auf einen Sitz neben der Mode-Elfe mit den Rouge-Wangen. Sie ist müde und nicht sehr kommunikativ. Rundherum schnappe ich Gesprächsfetzen auf. Eine der Studentinnen, die vorne neben dem Fahrer sitzt, erzählt von ihrem Praktikum im australischen Outback, wo sie mit Kängurus gearbeitet hat. Ah ja, die dürfte sich mit wilden Kreaturen auskennen. Hinter mir rattert Johnny Depp die Namen sämtlicher afrikanischer Nationalparks von Botswana bis Namibia herunter und prahlt damit, wo er schon überall auf Safari war. Ich bin vor Jahren einmal auf Safari gegangen, drei Tage in der Serengeti, also bleibe ich besser still. Der Italiener entpuppt sich tatsächlich als Italiener und berichtet von Mountainbike-Touren durch die Wildnis, er hat auch mal als Fremdenführer im ostafrikanischen Kenia gearbeitet. Es ist amtlich: Es sind überwiegend Naturburschen und Survival-Amazonen hier.

Irgendwann hat die Mode-Elfe ausgeschlafen und wir kommen ins Gespräch. Sie ist aus Deutschland, aus dem hohen Norden, daher der helle Teint.

»Ich weiß nicht, wie es dir geht, aber ich habe Muffensausen«, sage ich. »Ich hasse Camping – und dann auch noch eine derart lange Zeit.«

Sie nickt und sagt: »Mir geht es ähnlich. Dieser Kurs liegt definitiv außerhalb meiner Komfortzone, aber ich habe mir geschworen, ich ziehe das jetzt durch.«

»Es heißt, außerhalb der Komfortzone lernt man am meisten.« Mit schiefem Grinsen versuche ich mich als Motivationscoach.

»Das müssen wir uns jetzt einreden, oder?«

Absolut.

BEVOR ICH ES VERGESSE ...

DAS LIEBE GELD: WOHER NEHMEN, WENN NICHT STEHLEN?

Wer eine Weltreise oder das Nomadendasein plant, braucht was auf der hohen Kante. Ohne geht's nicht – oder sagen wir, es geht nur schwer. Drei prinzipielle Überlegungen zum Sparen (ich weiß, kein sexy Wort, aber die wenigsten von uns haben im Lotto gewonnen oder Talente als Erbschleicher oder erpresserische Computerhacker):

1. Wie viel Geld brauche ich?
Gegenfrage: Wie lange soll der Trip dauern? In welche Länder wird es gehen? Welchen Komfort braucht man, um happy zu sein? Wer kein Typ für Hostel-Schlafsäle oder Couchsurfing ist, sollte sich solche Dinge bei Langzeitreisen nicht aufzwingen. Denn was bringt's, wenn man ein paar Euro spart, aber dabei todunglücklich ist?

Meine Wohlfühlsumme ist eher hoch angesetzt. Auf meiner ersten Weltreise habe ich binnen eines Jahres 42 000 Euro verprasst, was vor allem daran lag, dass ich die glorreiche Idee hatte, Silvester auf Hawaii zu verbringen (Hochsaison = hundert Prozent Deppensteuer) und am Great Barrier Reef in Australien schnorcheln wollte. Prinzipiell gelten 20 000 Euro pro Jahr als Unterkante – diese Summe entspricht rund 55 Euro pro Tag, alles inklusive, also Essen, Transport, Versicherungen. Viel Außerplanmäßiges darf bei diesem Budget nicht passieren, sonst kommt man schnell in Finanznot und macht sich mit »Wie schaffe ich das bloß?«-Gedanken fertig. Günstiger geht's, wenn man sich Kost und Logis durch Arbeit verdient, aber zählen würde ich bei der Planung darauf nicht. Wer digitaler Nomade spielen möchte, sollte ebenfalls rund 20 000 Euro auf dem Sparkonto haben, um die erste Zeit durchzukommen.

2. Ich kann nicht sparen ...
Dazu ist keiner geboren. Aber man kann sich durchaus selbst überlisten, indem man sich zwei Dinge vor Augen führt: 1. Geld, das nicht auf dem Konto liegt, gibt man auch nicht aus. Am besten ist, jene Beträge, die man abzweigen kann, auf einem Konto zu parken, auf das man mit seiner Girokarte keinen Zugriff hat. Sonst ist beim ersten »Ich muss mir was gönnen!«-Frustanfall alles futsch. Und nur fürs Protokoll: Selbstbelohnung muss nicht immer was kosten. 2. Geld ist Lebenszeit. Jedes Produkt hat einen Preis. Und dieser lässt sich in Lebenszeit umrechnen (= die Zeit, die ich arbeiten muss, um dieses Geld zu verdienen). Die Designerschuhe, die ich *jetzt* nicht kaufe, erlauben mir *später* ein paar Tage in einem netten Hotel auf Bali. Geld, das man erst mal nicht ausgibt, wird zu einem späteren Zeitpunkt zu Freiheit. Ich habe diese Formel von einer Frau gelernt, die seit zehn Jahren durch die Welt reist. Sie war glücklich, ich schwör's.

3. Ich kann noch immer nicht sparen ...
Okay, werden wir konkret. Ich habe es so gehandhabt: Am Ersten des Monats ging ein Teil meiner Einkünfte auf ein Weltreise-Sparkonto. Zuerst 100 Euro. Schnell steigerte ich die

Summe, sodass ich Mitte des Monats fast pleite war und mir sehr genau überlegen musste, was ich in den Einkaufskorb legte und was nicht. Zusatzzahlungen wie Urlaubs- oder Weihnachtsgeld legte ich komplett für die Reisezukunft weg. Das ständige Gefühl des Mangels war nervig und vielleicht auch nicht hundertprozentig gesund, aber ich wusste, wofür ich es tat. Ich reduzierte Klamottenkäufe und Restaurantbesuche auf ein Minimum, kein Fitnessstudio (dafür Laufen bei jedem Wetter), kein Spotify-Abo, keine Pediküre, kein Urlaub (bis auf ein paar Tage in der Toskana zu meinem Geburtstag), sogar Weihnachtsgeschenke bastelte ich selbst. Zwei Jahre lang. Kein Auto zu besitzen, nicht zu rauchen, keinen coffee to go zu kaufen und auf einen günstigen Handytarif umzusteigen, hilft auch. Aber jeder kennt seine Geldfresser am besten. Und wer sich bei wahren Profis Rat zum Reduzieren der Lebenskosten holen will, der google das Wort »Frugalisten«. Das sind Menschen, die beschlossen haben: Ich werde mit vierzig oder fünfzig ausgesorgt haben, bei ganz »normalem« Gehalt. Sie reduzieren dafür ihre Ausgaben sehr, sehr drastisch, ohne angeblich an Lebensqualität einzubüßen. Die Vorschläge sind mitunter sehr speziell, aber man lernt bekanntlich bei allem was.

Enttarnende Killerphrasen

Das Ego sagt: Ich muss mir was gönnen.

Die Vernunft rät: Absolut. Go for it. Die Frage ist nur: Muss Belohnung gleich was kosten?

Das Ego sagt: Alle anderen haben das auch. Ich brauch das jetzt.

Die Vernunft rät: Haben die anderen auch den Traum von der Weltreise?

Das Ego sagt: Etwas ist kaputtgegangen. Ich muss mir was Neues anschaffen.

Die Vernunft rät: Lässt es sich kostengünstig reparieren? Gebraucht kaufen? Oder ausleihen?

13

WER LEBEN WILL,
MUSS STILLSTEHEN

Tag zwanzig im Busch. Der afrikanische Sternenhimmel liegt noch wie ein Diamantenteppich über der Nacht. Es ist stockdunkel. Nur der Lichtkegel meiner Taschenlampe sucht sich seinen Weg durch das Labyrinth an Kuppelzelten, aus denen mancherorts leises Schnarchen zu vernehmen ist.

»Oh mein Gott«, flüstere ich, als ich an der Feldküche ankomme. Die Eingangsplane steht einen Spalt offen, und im Inneren tut sich ein Bild der Verwüstung auf.

»Na, der hilft dir jetzt auch nichts«, schnaubt es in meinem Ohr.

Sandy, meine Zeltkumpanin, ist neben mich getreten, und egal was unsere Lampen auch streifen, überall finden sich Chaos, Zerstörung, Fett. Der schwere Gasofen der Küche – umgeschmissen. Teekessel, Kochtöpfe und Blechteller liegen quer über die Erde verteilt. Dazwischen: zerfetztes Plastik, Hühnerknochen, Messer. Es sieht aus wie auf einem Filmset von *Aktenzeichen XY ... ungelöst.*

»Was um alles in der Welt war das?«, frage ich und leuchte in die verwinkelten Ecken. »Denkst du, es ist noch da drin?«

»Keine Ahnung, aber das werden wir gleich sehen«, meint Sandy, eine ein Meter achtundfünfzig große bayerische Naturgewalt, die wenig aufhalten kann. Und mit diesen Worten poltert sie mitten ins Schlachtfeld hinein.

Sandy und ich haben Frühdienst im Camp. Das heißt, wir haben uns um kurz vor vier aus unseren Schlafsäcken gerollt und Katzenwäsche gemacht. Mit klammen Streichhölzern die Gaskocher anzuwerfen, das wäre unser nächster Punkt. Im Busch mag man auf vieles verzichten, aber wehe, es gibt zum Sonnenaufgang kein heißes Wasser für Tee oder Kaffee, dann droht Meuterei. So viel habe ich über die Regeln des Zusammenlebens in der Wildnis schon gelernt.

»Kein Viech zu sehen ... nichts ... die Luft ist rein«, gibt Sandy Entwarnung.

Vorsichtig steige ich über Essensreste und Töpfe.

»Sollen wir versuchen, den Herd aufzurichten, um eine der Kochplatten anzumachen, oder jagen wir damit das Camp in die Luft?«, frage ich und inspiziere den orangefarbenen Gummischlauch, der zur Gasflasche führt. Er scheint halb aus der Verankerung gerissen, und vielleicht bilde ich mir das auch nur ein, aber es riecht so, als würde ein Funke für das nächste Armageddon reichen.

Sandy hat Wichtigeres als Wasserkochen im Sinn. Sie ist in den *CSI: Südafrika*-Modus übergegangen und versucht sich als Kriminalhauptkommissarin. Die fettigen Tapser auf den Planen, die den Boden der Küche bilden – großkatzenartige Abdrücke mit deutlich sichtbar ausgefahrenen Krallen –, lassen sie beschließen: »Das waren Hyänen.« Insgeheim habe ich die Viecher »Teddybären des Grauens« getauft. Hyänen mögen ein flauschiges Fell, Knopfaugen und große Ohren haben, aber ihr unverhältnismäßig langes, muskulöses Genick verheißt nichts

DREIZEHNTES KAPITEL

Gutes, und ihr Maul beißt sich so mühelos durch Knochen, als wären diese aus Butter. Falls ich es nicht schon erwähnt habe: Rangerin wird keine aus mir, nicht in hundert Jahren. Ich mag mir das nett vorgestellt haben – frei und furchtlos durch den Busch zu streifen, eins mit der Natur zu sein. Und ich gebe auch zu, es wurden selten bessere Fotos von mir gemacht. Auf manchen könnte man mich tatsächlich für eine fähige Amazone halten. Meine Haut ist gebräunt. Mein Teint wirkt durch die viele frische Luft taufrisch. Und die ungeliebten kaki Klamotten tragen überraschend hilfreich zum Image der Abenteurerin bei. Aber dass ich deswegen überlegen würde, dauerhaft in die Savanne, sechs Stunden nördlich von Johannesburg, zu ziehen? Nein. Zu sehr vermisse ich ein vernünftiges Bett, gemauerte Wände, Hyäne-freie Küchen und tausend weitere Annehmlichkeiten der Zivilisation.

Den Ausbildern, die Sandy und ich mit der frohen Küchen-Botschaft aus dem Schlaf gerissen haben, scheint es in diesem Moment ähnlich zu gehen.

»Das sieht übel aus«, murmelt einer und kratzt sich den Kopf.

Es wird diskutiert, welcher Idiot wohl die Reste des Abendessens in der Ofenklappe anstatt im Kühlschrank aufbewahrt hat.

»Kriegt ihr das wieder flott?«, frage ich in die allgemeine Ratlosigkeit.

»Müssen wir ja wohl.« Installateure sind im Busch Mangelware. Dann machen sich die Männer seufzend daran, dass Chaos der Nacht zu lichten, während Sandy und ich dem Rest der Truppe verkünden, dass der Tag wegen des Besuchs der Horror-Teddys heute etwas später beginnen wird.

– 242 –

WER LEBEN WILL, MUSS STILLSTEHEN

Nur damit kein falsches Bild entsteht: »Später« heißt im Busch sechs Uhr. Das Wort »ausschlafen« existiert in der Wildnis nicht. Erst hegte ich den Verdacht, die frühe Tagwache hätte mit gewissen Drill- und Disziplinierungsgelüsten der Ausbilder zu tun. Aber Tatsache ist: Wer auf Dauer mehr als ein paar Giraffen oder knackige Zebras sehen will, tut gut daran, noch vor den ersten Sonnenstrahlen aus dem Zelt zu kriechen. Immerhin sind die meisten Buschbewohner nacht- und dämmerungsaktiv.

»Was habe ich in den vergangenen drei Wochen gelernt?«, frage ich mich, während ich die Zeit nutze, die die Hyänen-Randale bringt, um mich ans Wasserloch zu setzen, das am Rande des Camps liegt. Seit der Abfahrt aus Johannesburg sind die Tage so schnell vergangen, dass ich kaum noch mitkomme, und es ist angenehm, einmal still zu sitzen und durchzuatmen.

Am gegenüberliegenden Ufer scheint alles ruhig. Die Elefantenherde, die täglich zum Trinken und zum Planschen kommt, wird erst später vorbeischauen. Es ist jedes Mal surreal, wenn die Dickhäuter lautlos wie aus dem Nichts auftauchen. Elefanten hört man nicht kommen. Ein dämpfender Gewebekeil in ihren Füßen sorgt für diesen Effekt, lediglich ein paar knackende Äste und Zweige kündigen ihr Erscheinen an.

»Was sind die Dinge, mit denen ich später beim Kaffeekränzchen im Altenheim angeben kann?«, überlege ich weiter. Nun gut, da wäre die Regel: »Do not run.« Das Laufverbot war mir vorher nicht bewusst, aber offenbar gilt es für den gesamten Busch, außer man hegt Selbstmordgelüste. »Jeder, der sich in der Wildnis schnell bewegt, macht sich zu einem interessanten Jagdobjekt«, bläuen uns die Lehrer seit Kursbeginn ein. Sogar von Joggingrunden zwischen den Zelten im Camp wird abgeraten, obwohl angesichts des Toastbrots, der Kekse

DREIZEHNTES KAPITEL

und der Dosenbohnen, die man vorgesetzt kriegt, die Angst ums Gewicht mittlerweile größer ist als die, dass einem ein Löwe ein paar Gliedmaßen abbeißt. »Trefft ihr auf ein wildes Tier, gebt dominante, respektvolle Laute ab. Verteidigt mit der Stimme euren Raum, aber lauft um Himmels willen nicht. Stillstand ist die beste Verteidigung.« Ich habe keine Ahnung, ob ich das im Ernstfall beherzigen werde. Mein Fluchtinstinkt meldet sich bereits bei kläffenden Schoßhunden. Aber ich habe die Sache zumindest abgespeichert, und die Zukunft oder mein Grabstein werden zeigen, wie's am Ende wirklich läuft.

Hm ... was noch? »Warum sind die Augen von Löwen mit weißem Fell umrandet, während Geparden eine schwarze Zeichnung unter der Augenpartie haben?«, fragte neulich mein Lehrer. Er fragt oft solche Sachen, und die Antwort läuft immer auf eine unfassbar kluge Strategie der Natur hinaus. Nämlich: »Löwen jagen nachts. Die weiße Linie reflektiert das Mondlicht und nutzt somit auch diese geringe Lichtquelle maximal aus. Geparden wiederum sind untertags auf Jagd, die schwarze Linie absorbiert das Tageslicht, sodass die Tiere nicht geblendet werden.« Ich war platt.

Da ist zu vieles, das neu und Stoff zum Grübeln ist. Vor drei Wochen war der Busch für mich ein undurchsichtiges Dickicht mit fotogenen Raubtieren drin. Mittlerweile ist das Grün zum Leben erwacht. Mehr noch, es hat sogar Namen: Die Bäume heißen Tamboti, Mopane, Knobthorn, Marula, und die schattigen Riesen scheinen allesamt unterschiedliche Persönlichkeiten zu haben. Manche sind Killer, ihre Blätter enthalten giftige Milch, andere entpuppen sich als Schönheits-Docs, mit Wirkstoffen, die das Wachstum von weiblichen Brüsten ankurbeln können. Und dann ... habe ich schon erzählt, dass ich einen Mistkäfer heiraten will? Ich schwöre, ich würde ihn zum Standesamt schleppen, wäre er menschlich und ein Mann. Die kleinen Krabbler spinnen nicht nur sprichwörtlich Scheiße zu Gold. Sie geben auch fabelhafte Partner ab. Ihr ganzes Tagwerk besteht darin, Futter für ihre Weibchen zu beschaffen und diese anzubeten. Sorry. Ich schweife ab. Aber wenn der Morgenhimmel rot und rosa zu glühen beginnt, werde ich immer ganz wunderlich. Wahrscheinlich, weil mir bewusst wird, mit welchem Zauber jeder einzelne Tag beginnt. Es scheint fast so, als würde das Universum uns täglich ein Geschenk vor die Füße legen, das uns mit Hoffnung, Liebe und Zuversicht erfüllen soll – und was machen wir? Wir schauen viel zu selten hin. Manchmal denke ich, man sollte dem Menschen den Titel *Homo sapiens* aberkennen. Die Welt wäre besser dran, wenn man den Affen das Zepter in die Hand gäbe. Die begrüßen jeden Tag nämlich mit freudigem »Hurra, wir leben noch«-Geschrei. Auch jetzt.

Wobei, vielleicht sind die kreischenden Affen auch Aasgeier. Oder Eichhörnchen. Oder was weiß ich. Beim Erkennen von Tierstimmen bin ich keine Leuchte. Neulich habe ich Löwengebrüll als Masturbationsstöhnen in einem der Nebenzelte abgetan. »Ist das Elliott, der Hilfsranger?«, fragte ich. »Ich kann gar nicht hinhören, wie peinlich.« Den Blick, den Sandy mir zuwarf, werde ich nie vergessen. Doch mittlerweile hat sie verstanden, dass irgendetwas an meiner Ohr-Hirn-Verbindung unterentwickelt sein muss. Ich kann weder Hitparaden-Songs nach tausend Takten identifizieren, geschweige denn eine Kröte von einer gurrenden Taube unterscheiden. Deswegen habe ich auch beschlossen, mich mit Ohrenstöpseln schlafen zu legen. Unsere Zelte stehen ungeschützt im Busch, die Camps

DREIZEHNTES KAPITEL

sind nicht eingezäunt, alles geht offen in die Wildnis hinaus. Jeder dahergelaufene Leopard könnte nachts ungehindert an meinem Zelt schnüffeln, wenn er das möchte. Darüber darf man eigentlich gar nicht so recht nachdenken. Aber solange ich nicht eindeutig identifizieren kann – »Knurrt da eine Raubkatze oder ein Erdhörnchen?« –, wird der Gehörgang verbarrikadiert. Aus den Ohren, aus dem Sinn.

»Du versäumst etwas, wenn du dem Busch nicht lauschst«, sagt Sandy regelmäßig.

»Alles, was ich versäume, ist ein Herzinfarkt«, entgegne ich dann und schiebe den Schaumstoff noch tiefer in Richtung Trommelfell.

Sandy, eine süddeutsche Immobilienverwalterin mit dunkler Mähne und lustigen braunen Augen, ist mit Anfang fünfzig die einzige Frau im Camp, die noch älter ist als ich. Sie ist separat angereist, deshalb hatte ich sie im Bus bei der Anreise nicht gleich auf dem Radar. Jedenfalls: Die Safari-Betreiber fanden, es wäre eine gute Idee, bei der Doppelbelegung der Zelte nach Geburtsjahrgängen vorzugehen. Anfangs war ich nur semibegeistert, mich im Busch auf Deutsch oder gar auf Bayerisch unterhalten zu müssen. Man fühlt sich, als wäre man auf einem Campingplatz in Oberammergau. Aber mittlerweile ist mir die Sache sehr recht. Denn Sandy ist großartig. Ihr Lachen ist so laut, dass man sich manchmal fragt, wie eine kleine Person so viel Stimmvolumen haben kann, und ihr mitunter rauer Charme vermag nicht davon abzulenken, was für ein weiches Herz unter ihrer Superwoman-Rüstung schlägt.

Dass ich in der fünf Quadratmeter kleinen Stoffbehausung bisher weder mich noch Sandy umbringen wollte, überrascht die Einsiedlerin in mir. Wenn ich ehrlich bin, ist die Doppelbelegung sogar das Beste, was mir passieren konnte.

Denn die Wildnis bringt eine Seite in mir hervor, die ich so nicht kenne: Nachts habe ich plötzlich Angst. Kaum bricht die Dunkelheit an, mutiere ich zum verschreckten Häschen, das nicht mehr allein sein will. In Städten ist mir das nie passiert. Man kann mich in zweifelhaften Unterkünften und Gassen aussetzen – alles kein Problem. Ich motze dann vielleicht ein bisschen, arrangiere mich aber prinzipiell mit der Situation. Im Busch jedoch: andere Geschichte. Während ich Menschen gut lesen kann – manchmal besser als meinem Gefühlshaushalt lieb ist –, erscheint mir das Verhalten von Tieren rätselhaft und nicht logisch, auch wenn ich weiß, dass diese Aussage ein Widerspruch in sich ist. Denn Tiere sind keine Poser, sie agieren instinktgetrieben und unverfälscht. Aber ich bin nun mal unter Posern aufgewachsen, und Fragen wie: »Wenn jemand Augenkontakt hält – ist das ein gutes oder ein schlechtes Zeichen?« lassen mich bei der armen Sandy am Rockzipfel hängen.

Regelmäßig wecke ich sie nachts auf, um zu verkünden: »Du, ich muss auf Klo. Kommst du mit?« Ich habe keine Ahnung, warum sie sich dann ohne viel Aufhebens aus ihrem Schlafsack schält, um mit mir ans andere Ende des Camps zu den dunklen Toiletten zu latschen, die gerne von Skorpionen oder Schlangen heimgesucht werden. Sie könnte mich auch einfach ignorieren. Wahrscheinlich aber tut sie mir den Gefallen, weil wir uns in unserer Gegensätzlichkeit gut ergänzen. Sandy profitiert von der unverbesserlichen Träumerin in mir. Ich versuche, ihr emotionale Innenschau beizubringen, Meditation, Affirmation. Sie wiederum übernimmt mit ihrer Anpacker-Mentalität die Beschützerrolle, die ich mir manchmal auf Reisen wünsche (auch wenn ich das nie zugeben würde). Jedenfalls: Ohne Sandy an meiner Seite hätte ich

DREIZEHNTES KAPITEL

wahrscheinlich schon in der ersten Woche einen Rettungshubschrauber rufen lassen, der mich aus der Wildnis und ins
nächste Fünf-Sterne-Hotel fliegt. Und der Grund dafür war
eine Maus. Spinnen, Monsterechsen, giftige Hundertfüßer – mit allen kann ich leben, wenn ich nicht zu viel darüber nachdenke.
Nur bei flauschigen Nagern setzt mein Verstand blitzartig
aus. Dahinter steckt ein altes Kindheitstrauma. Ich hatte als
kleines Mädchen mal zwei Albino-Mäuse als Haustiere. Die
waren lustig und nett, bis sie aus dem Käfig entkamen, alle
Vorräte anfraßen und meine Eltern die Apokalypse herauf-
beschwören ließen: »Diese Viecher werden uns noch alle
krank machen. Pest! Typhus! Parasiten!« Als mein Vater das
freiheitsliebende Duo schließlich doch zu fassen kriegte,
überlebte das zarte Genick der Mäuse die Sache nicht. Triumphierend ließ er die leblosen Körper vor meiner Nase bau-
meln, während ich wie am Spieß schrie, aus Angst, er würde
die Kadaver auf mich fallen lassen. Mein Vater war jung. Er
hatte mit dreißig Jahren schon vier Kinder im Haus und ob
dessen chronischen Schlafmangel. In so einem Umfeld läuft
pädagogisch nicht alles hundertprozentig einwandfrei ab.
Die toten roten Augen werde ich nie vergessen. Seitdem drehe ich bei Mäusen durch.

Dass eine Maus das Nachbarzelt terrorisierte, genauer die
Behausung, wo die Mode-Elfe wohnte, drang schnell zu mir
durch. Im Camp gilt: »Kein Essen in den Zelten, nicht mal ein
Brotkrümel ist erlaubt.« Doch ein vergessener Apfel in der Sei-
tentasche eines Rucksacks lockte den Nager an. Und die Maus
war von dem süßen Fund offenbar so nachhaltig begeistert,
dass sie sich fortan jede Nacht durch die Klettverschlüsse des
Nebenzelts kämpfte, um irgendwann auch bei Sandy und mir

WER LEBEN WILL, MUSS STILLSTEHEN

aufzuschlagen. Ich habe das nur deshalb mitbekommen, weil mir nachts ein Ohrstöpsel aus dem Gehörgang fiel und ich Kratzgeräusche vernahm.

»Sandy, Hilfe! Da ist was«, flüsterte ich und zog mir hysterisch den Schlafsack über den Kopf.

»Ja, da ist eine Maus«, erwiderte diese seelenruhig. »Ich sehe sie. Sie ist ziemlich dick. Vielleicht ist es auch eine Ratte.«

»Bitte, bitte, bitte, mach was!«

»Was soll ich denn bitte schön tun? Das Viech wird irgendwann schon wieder von selbst verschwinden.«

»Bitte! Tu irgendwas!«

Sandy seufzte, und nach zehn Minuten Trampelei hatte sie die Maus vor der Eingangsluke, wo sie ihr einen Klaps mit der Taschenlampe auf den Allerwertesten gab und den Fellball gekonnt aus dem Zelt schoss. Zumindest hat sie es mir so erzählt, ich steckte ja unter der Decke.

Drei Nächte später hieß es endgültig: »Aus die Maus!« Die Mode-Elfe hatte trotz Protesten der Tierschützer in unserer Gruppe durchgesetzt, eine Schlagfalle aufzustellen. Mittlerweile war ihr ganzes Gepäck von dem Nager angefressen, überall im Rucksack fanden sich kleine Löcher, und sie selbst war wegen Schlafmangel ziemlich durch den Wind. Als um drei Uhr früh ein Schnalzen die nächtliche Stille durchbrach – aufgeregt trippelnde Füßchen, Schleifgeräusche am Boden fünf, sechs Sekunden lang –, war das herzzerreißend und Karma-technisch ganz falsch. Ich schickte trotzdem ein erleichtertes Dankeschön gen Himmel.

Seit dem Mäuse-Exitus schlafe ich jedenfalls wieder durch. Und das ist gut so. Denn in der Wildnis kann man sich kein müdes Hirn leisten. Schon gar nicht bei dem Lernpensum, das es zu bewältigen gilt. Der Kurs endet mit dem Diplom »Profes-

DREIZEHNTES KAPITEL

sional Field Guide, Level 1«. Der Wisch ist erst einmal nichts Besonderes, er qualifiziert einen lediglich zu einer Art Busch-Lehrling, als welcher man sich um weiterführende Praktika bei südafrikanischen Safari-Lodges bewerben darf. Kurz: Man lernt ein bisschen was von allem. Aber das ist im Busch nicht wenig. Dafür lebt und wächst hier einfach zu viel.

Am Morgen des Hyänen-Überfalls wird mir das wieder besonders klar. Als wir endlich für unsere Busch-Ausfahrt bereit sind, steht die Sonne bereits so hoch am Himmel, dass von Großwild wenig zu sehen ist. Also fokussieren die Lehrer auf Bäume und Vögel. Erstere stehen immer in der Gegend rum. Und auch nach Federvieh muss man nicht lange suchen, immerhin ist Südafrika mit neunhundert verschiedenen Vogelarten gesegnet. »Am Ende des Kurses müsst ihr hundert Vögel identifizieren können«, wurde uns gesagt. Hundert Schnabeltiere, so viel braucht doch kein Mensch, dachte ich erst. Um höflich darauf hingewiesen zu werden, dass man als Safari-Guide nicht sekündlich über Löwen oder Nashörner stolpern wird und seine Gäste insofern mit Kleinvieh bei Laune halten muss.

Die Krux mit den gefiederten Freunden ist nur: Hoch am Himmel sind sie mikroskopisch klein und schnell der Kategorie »unbekannte Flugobjekte« zuzuordnen. Und sollte ein Exemplar die Güte haben, für drei Sekunden auf einem Ast still zu bleiben, steht entweder die Sonne so ungünstig, dass man die Farbe des Gefieders kaum erkennt. Oder es verdeckt Blattwerk ihren Körper. Da hilft auch der beste Feldstecher nichts.

»Wenn ihr vom Aussehen her nicht gleich bestimmen könnt, um welchen Vogel es sich handelt, hört einfach dem Gesang zu«, sagen die Lehrer dann oft. »Na, wer könnte das sein? Gurrr-gu-gu-guuu?« Als Übungshilfe wird auf eine App verwie-

- 250 -

WER LEBEN WILL, MUSS STILLSTEHEN

sen, die jedes Gezwitscher Südafrikas abspielbereit hat. Ich weiß nicht erst seit meiner Löwen-Masturbations-Verwechslung, dass ich diesbezüglich auf verlorenem Posten bin. Zumal Vögel artikulationstechnisch schizophren zu sein scheinen. Oder sagen wir, sie sind sehr vielseitig. Ihr Repertoire reicht von »Alarmgezeter« bis »Balzgesang«.

Zum Glück bin ich nicht die Einzige im Jeep, die überfordert ist. Massimiliano, der Italiener aus der Toskana, scheint ähnlich verloren. Während die Superhirne in unserer Gruppe ständig richtige Namen von Bäumen und Vögeln ausspucken, schauen wir uns mit großen Fragezeichen in den Augen an.

»Weißt du, ich habe nachgedacht«, raunt er irgendwann, leicht irre grinsend. »Es ist ganz einfach: Am Tag vor der praktischen Prüfung werde ich den gesamten Busch abfackeln, bis nichts mehr steht. Wenn's keine Bäume mehr gibt, muss ich die Dinger auch nicht mehr identifizieren können.«

»Und ohne Bäume gibt's keine Vögel, die als potenzielle Testobjekte auf den Ästen rumsitzen können«, strahle ich. »Das wird die leichteste Prüfung der Welt. Kein Dickicht mehr zu haben heißt auch, dass die großen Viecher leicht auszumachen sind: Löwe hier, Antilope da, Büffel da drüben, fertig.«

Die Idee gefällt uns, sehr sogar.

»Welcher Vogel pickt da vorne in der Baumrinde?«, ruft der Lehrer vom Fahrersitz aus, um unsere terroristische Verschwörung zu beenden und unsere Aufmerksamkeit wieder auf den Lehrplan zu richten. Sein Finger zeigt auf einen Punkt am Horizont. Ich habe keine Ahnung, welches Grün er meint, aber um guten Willen zu zeigen, tue ich so, als würde ich in die entsprechende Richtung schauen, dabei hantiere ich übertrieben geschäftig mit dem Scharfstellhebel meines Feldstechers herum.

DREIZEHNTES KAPITEL

»Er will wissen, welcher Vogel das ist?«, flüstert Massimiliano. »Ich kann ihm sagen, welcher Vogel das ist: Es ist einer, den ich demnächst erschießen werde.« Und sein italienischmafiöses Herz lacht.

* * *

Zurück im Camp setze ich mich vor mein Zelt und versuche zu lernen. Es gilt, so viel an Wissen ins Hirn zu hämmern, dass man Schlaf- und Essenspausen eigentlich verbieten müsste. Gesteinskunde. Wetterphänomene. Amphibien. Heilkräfte lokaler Pflanzen und Bäume. Säugetiere. Schmetterlinge. Ich wälze Lexika und Fachbücher. Sie sind allesamt in englischer Sprache, von vielen Begriffen weiß ich nicht mal die deutsche Bezeichnung. Aber ich kann nichts googeln, die Ausbilder erlauben kein WLAN im Camp. Nur manchmal, wenn der Wind günstig steht, lässt mich meine südafrikanische SIM-Karte eine Datenverbindung aufbauen und eine WhatsApp-Nachricht verschicken, doch zum Laden von Webseiten reicht es nicht. Dabei wüsste ich zu gern, wie viel ein Elefantenpenis wiegt. Die Lehrer behaupten, diese Info hätten Zoologen nicht erfasst. Erforscht sei nur seine Durchschnittslänge – er misst rund einen Meter achtzig, so viel wie ein erwachsener Mann. Aber ich wette, irgendwo im Web findet sich die Gewichtsinfo der grauen Kronjuwelen.

Zwischendrin lausche ich immer wieder über Kopfhörer der Zwitscher-App. Mit dem Ergebnis, dass sich Verzweiflung und Vogelhass einstellten. Einzig den »grey go-away bird«, den Grauen Lärmvogel – ein papageienartiger Geselle –, kann ich mir merken. Das Tier heißt tatsächlich so, weil es aus seiner Kehle etwas quetscht, das klingt, als ob die Teletubbies »Go

WER LEBEN WILL, MUSS STILLSTEHEN

awaaay« rufen würden. »Geh weg. Geh weg. Geh weg.« Dieser Vogel muss zu Tausenden gezüchtet werden, denke ich. Er ist die perfekte Lebend-Türglocke für konfliktscheue Menschen! Eine echte Marktlücke! Postboten, Exekutoren und Ex-Freunde, sie alle könnten mit »Go away!« friktionsfrei in die Wüste geschickt werden. Der Rest jedoch? Ein zwitschernder Einheitsbrei, der nicht von einem Tinnitus zu unterscheiden ist.

Ein paar Nyalas, grazile Antilopen-Geschöpfe mit weißen Streifen, grasen vor meinem Bücherturm. Ich erspähe zwei Grashüpfer, ihre Körper haben hellblau-pastellrosa-gelbe Sprenkel. Es ist erstaunlich viel los um mich herum, doch mein Tunnelblick sieht nur Tabellen und Fachbegriffe.

»Sandy?«, rufe ich ins Zelt hinein. Meine Mitbewohnerin gönnt sich ein Mittagsschläfchen.

»Mmmh.« Ich höre, wie sie gähnt.

»Ich habe beschlossen, die Prüfung nicht zu machen«, verkünde ich. Diese Möglichkeit besteht prinzipiell. Zwei Leute aus der Gruppe handhaben es so. Man darf weiterhin an den Safari-Ausfahrten und Lehrveranstaltungen teilnehmen, die Ausbilder sehen »normale« Teilnehmer jedoch nicht gern, weil sie befürchten, dass der Sonderstatus die Lerndynamik stört.

»Wieso das denn jetzt?«, fragt Sandy und richtet sich in ihrem Feldbett auf. »Dass *ich* nicht zum Examen antrete – das war immer klar. Mein Englisch ist zu schlecht. Aber *du*? Du bist doch ein schlaues Ding und hast alle Zwischentests bestanden. Wieso willst du aufgeben?«

»Es ist kein Aufgeben. Es ist ein Anfangen.« Und als ich das sage, fühle ich mich ein klitzekleines bisschen weise, aber vor allem befreit. Mein »Nein« zur Prüfung ist ein »Ja« zu etwas viel Größerem. Weil ich ahne: Sobald ich aufhöre, in die Bücher zu schauen, lerne ich mehr, als ich aus kleinstgedruckten Seiten

DREIZEHNTES KAPITEL

rauslesen kann. Das kann man gerne auch als Metapher fürs Leben nehmen.

Während Sandy mir die Prüfungsverweigerung nicht ganz abkaufen will – sie hält mich für zu ehrgeizig –, lehne ich mich zurück und atme durch. Ich schaue den Antilopen beim Grasen zu. Wenn sie die Grasbälle aus dem Magentrakt wieder nach oben pressen, sieht das aus, als würden an der Innenseite ihrer Hälse geschäftige Mäuse entlanglaufen. Rauf und runter. Runter und rauf. Ich habe von diesem Effekt gelesen, mir aber nie die Zeit genommen, ihn wirklich anzuschauen. Mit dem Lernstoff hinterherzukommen, schien mir wichtiger zu sein: »Konzentrier dich auf das, was beim nächsten Zwischentest abgefragt wird. Lass die Antilopen vorerst links liegen.« Und genau das ist der Punkt: Ich will nichts mehr links liegen lassen. Nicht den Busch, diese geheimnisvolle Wiege der Menschheit. Und auch sonst nichts. Wozu morgens zwanzig Minuten meditieren, um »im Moment« zu sein, wenn man dann den Rest des Tages mit Vergangenheit, Zukunft, Prüfungen oder falschen Erwartungen zugedröhnt ist und nicht mehr sieht, was sich vor den eigenen Augen abspielt? Dafür muss man stillstehen. »Do not run.« Die Busch-Regel, die uns die Ranger einbläuen, birgt offenbar nicht nur für Angriffssituationen eine Wahrheit.

Der Wind lässt die Blätter in den Bäumen rascheln, der Zweig eines dornigen Buschs kommt gefährlich nah an meinen nackten Oberarm heran. Ich habe keine Ahnung, wie die Gewächse heißen. Aber es ist mir auch egal. Ich muss es nicht mehr wissen. Ich werde am Ende dieses Kurses kein Diplom in der Hand halten und von sämtlichen Bäumen vielleicht nur zehn einwandfrei identifizieren können. Aber diese zehn, die kenne ich dann richtig. Warum? Weil irgendetwas an ihnen

WER LEBEN WILL, MUSS STILLSTEHEN

mein Interesse geweckt hat und ich sie nicht aus reiner Pflicht-
erfüllung studieren werde.

Sandy kriecht aus dem Zelt. Ihr Gesicht ist zerknittert,
drinnen war es so heiß, dass sich die Falten des Kissenbezugs in
ihre Haut geprägt haben. Wir sitzen schweigend nebeneinander. Das Leben im Busch mag ruhig erscheinen, aber die Stille ist sehr laut. Beides, Ruhe und Gewusel, sind in jedem Moment zu finden.

»Alles gut?«, fragt sie.

»Alles besser«, seufze ich. »Nicht in jedem Viech eine Wis-
senslücke sehen zu müssen, entspannt ungemein.«

»Ja, eh«, brummt Sandy.

Und ich bin sehr zufrieden mit mir. Ab jetzt wird gelernt.
Lektionen nämlich, die kein Test der Welt abfragen wird.

14

DER BUSCH LEHRT SEX, CRIME UND TOLERANZ

Wie hält man die Magie des Moments fest? Ich bin hundemüde. Das frühe Aufstehen im südafrikanischen Busch geht langsam an die Substanz, aber zumindest habe ich heute endlich ein Nashorn gesichtet. Das hatte mir auf der Liste des Big-Five-Herrscherquintetts noch zum Abhaken gefehlt, und man kann es dem grauen Koloss nicht verdenken, dass er uns seit Wochen großräumig aus dem Weg gegangen ist und lieber erst mal seine Löwen-, Leoparden-, Elefanten- und Büffelkollegen vorgeschickt hat. Wilderer haben es auf Nashörner abgesehen, ihr angeblich heilendes Horn bringt bis zu 50 000 Euro auf dem Schwarzmarkt. Wobei ich das nicht verstehe. Ich könnte genauso gut die Reste meiner geschnittenen Fingernägel verkaufen, es käme aufs selbe raus. Beides, sowohl meine Nägel als auch das Rhinozeros-Horn, bestehen aus einem Material: Keratin. Ohne Hokuspokus.

Aber lassen wir das. Eigentlich wollte ich auf etwas anderes hinaus. Nach der Nashorn-Erscheinung schwebte mir vor, mich früh in den Schlafsack zurückzuziehen. Im Busch kriegt man einen Vorgeschmack aufs Alter. Selten kann man seinen Wachzustand länger als bis zwanzig Uhr aufrechterhalten. Wer darüber hinaus durchs Camp spaziert, hat schnell den Ruf eines wilden Partytiers weg. Und davon haben wir ein paar Exemplare, vor allem unter den Jungs, einer aus dieser Gruppe trinkt gerne den Bierkühlschrank leer und sitzt dann am nächsten Tag windschief auf seinem Platz im Safari-Jeep. Doch mein Plan mit dem Schönheitsschlaf im Feldbett scheint warten zu müssen.

»Heute ist eine klare Nacht«, heißt es. »Wir treffen uns am ausgetrockneten Flussbett zum Sterneschauen.«

Deshalb liege ich jetzt, eingelullt von der Dunkelheit, mit einem Haufen anderer still im Sand und starre andächtig nach oben. In der Ferne kann man Löwen brüllen hören, und der Lehrer zeigt mit einem Laserpointer in den nachtschwarzen, funkelnden Himmel. »Das ist die Venus«, sagt er, und sein Lichtschwert kreist einen Punkt ein, der heller als die anderen am Firmament zu leuchten scheint. »Sie begrüßt uns immer als Erste.« Dass die Venus vierzig Millionen Kilometer entfernt von diesem Flussbett durch die Galaxie wandert und ich sie trotz dieser Distanz sehen kann, ist surreal. »Und hier kämpft Orion, der Himmelsjäger. Sein Gürtel ist aus drei Sternen geformt.«

»Hallo Orion, du alter Haudegen.« Die Sterndeuter müssen zwar mächtig neben sich gestanden haben, als sie meinten, die Konstellation am Himmel zeige einen Mann. Aber was soll's? Die Geschichte ist gut. Und während ich Orions Gürtel und Schwert studiere, denke ich: Ich mag nicht für ein Leben unter freiem Himmel geboren sein, aber allein wegen solcher Momente würde ich den Safari-Kurs immer wieder buchen. Bleibt man ganz ruhig liegen, kann man nicht nur das eigene

VIERZEHNTES KAPITEL

Herz schlagen, sondern ebenso den Busch atmen hören. Um mich ist alles schwarz, aber es ist auch alles zum Leben erwacht – und mehr als ein mystisch glitzerndes Dunkelblau.

* * *

Nicht nur die Nächte im Busch haben filmreifen Charakter. Die ganze Savanne ist eine große Unterhaltungsshow, und in jeder Sekunde laufen drei höchst unterschiedliche Filme gleichzeitig ab. Jugendfrei ist davon nur einer. Er zeigt Sternenträume, Tierbabys, pollenschwer beladene Bienen, die von Blüte zu Baum fliegen. Das perfekte Wildnis-Idyll. Die anderen beiden Streifen hingegen ... nun ja. Als Zensorin würde man mitunter Schnappatmung kriegen. Denn es geht um Sex. Ganz viel Sex. Und dann finden sich darin auch Mord und Totschlag. Aber der Reihe nach.

Egal zu welcher Uhrzeit ich durch den Busch laufe, schon nach wenigen Minuten treibt es mir die Schamesröte ins Gesicht. Offenbar frönt jeder der Liebe und dem Austausch von Körperflüssigkeiten, nur ich nicht. Mitunter beschleicht mich das Gefühl, Statistin in einer nicht enden wollenden Pornoproduktion zu sein. Neulich etwa durfte ich Frösche beim Gruppensex bestaunen. Vier Männchen begatteten, einer nach dem anderen, ein zufrieden quakendes Weibchen, während im Tümpel daneben Hunderte Artgenossen eine Swinger-Party feierten. Eng umschlungene Huckepack-Duos und permanentes Breitmaul-Grinsen – überall. Und dass Zebras in Harems leben und Giraffen offene Beziehungen führen, das packe ich bis heute nicht. Das hätte ich den Viechern mit dem romantischen Wimpernaufschlag niemals zugetraut. Oft kann ich darüber, was ich im Laufe eines Tages zu sehen bekommen habe, nicht einschlafen, weil ich mich zu fragen beginne: »Liegt's an mir? Bin ich verklemmt? Altmodisch? Prüde? Ist Polyamorie vielleicht der Schlüssel zum Liebesglück?« In anderen Nächten wiederum denke ich: Hoffentlich ende ich nicht wie eine Leopardin. Die Raubkatze ist der Kategorie »eigenbrötlerischer Dauersingle« zuzuschreiben. Sie streift allein durch die Steppe und begibt sich nur, wenn's hormontechnisch gar nicht mehr anders geht, auf Männerfang. Dann darf der Adorant so oft ran, dass ich inständig hoffe, das arme Weibchen hat einen guten Gynäkologen zur Hand, der ihr was gegen Harnwegsinfekte verschreibt. Forscher wollen bei Leoparden eine Kopulation im Fünfzehn-Minuten-Takt festgestellt haben – und zwar fünf Tage lang! Und wo wir schon dabei sind: Seelenbeistand wäre wahrscheinlich auch nicht schlecht. Denn nach dem Techtelmechtel gilt: Aus den Augen, aus dem Sinn. Etwaigen Nachwuchs muss die Dame allein großziehen.

Böse Zungen könnten jetzt behaupten, dass mein Liebesmodell dem der Leopardinnen nicht ganz unähnlich ist. Immerhin blieb in den vergangenen Jahren kaum ein Typ länger als ein paar schöne Augenblicke an meiner Seite. Und auch auf dieser Reise hat es sich bisher nicht anders gestaltet, ich erinnere nur an den australischen John und den Drehbücher schreibenden James. Wobei ich einzuwerfen wage, dass dieser Umstand mehr den Herren zuzuschreiben ist als mir. Denn prinzipiell hege ich bei jedem ersten Date die Hoffnung, dass es mein letztes erstes Date sein wird. Und das nicht etwa, weil das Gegenüber mich abmurkst. Die unbelehrbare Romantikerin in mir hat auf Pinterest sogar einen ganzen Ordner mit Fotos von Brautkleidern angelegt, nur für den Fall.

»Für Leoparden macht das Singledasein überlebenstechnisch Sinn«, hat ein Lehrer mir erklärt, als ich mich ihm anver-

VIERZEHNTES KAPITEL

traute. Der Arme schien ein wenig überfordert mit meiner Liebesbeichte zu sein, aber ich brauchte jemanden zum Reden. »Die Tiere benötigen pro Tag sehr viel Fleisch. Hätten sie immer einen Partner im Schlepptau, könnten sie sich an ihre Beute nicht im gewohnten Stil anschleichen, und obendrein würden sie im markierten Revier nicht genug für zwei zu fressen finden.« »Ich bin Vegetarierin«, seufzte ich hoffnungsfroh. »Der Futterneid steht meinem Liebes-Happy-End also nicht im Weg.«

»Siehst du«, sagte der Lehrer, klopfte mir auf die Schulter und zog dann schnell von dannen, nicht dass ich ihn noch mit mehr persönlichen Informationen belästigen würde. Trotz seiner Aufmunterung war ich nicht überzeugt und schrieb James sicherheitshalber eine Nachricht.

❋ ❋ ❋

Je tiefer ich ins Reich der Tiere eintauche, desto mehr Liebesvarianten sehe ich, die an meinen Moralvorstellungen rütteln. Nur ein verschwindend geringer Prozentsatz an Säugetieren setzt auf Partner fürs Leben. Mir wär das zu stressig, das ständige Sondieren, der Herzschmerz, die Gewöhnung an jemand Neues, muss ich oft denken. Wo bleibt die Liebe? Was zum Teufel ist falsch an der Monogamie? Letztere Frage warf ich neulich in eine Camp-Runde. Von den Jungs erntete ich dafür leicht belustigte Blicke – was okay ist, viele von ihnen sind kaum älter als fünfundzwanzig, solche Diskussionen kann man noch nicht mit ihnen führen, ohne dass sie befürchten, ihre Männlichkeit oder ihre Coolness zu verlieren. Eine Teilnehmerin meinte: »Es scheint, als wäre Monogamie ein kulturelles Konstrukt, das von verlustängstlichen Menschen erdacht wurde. Vielleicht dient unser Konzept der Treue auch bloß der

DER BUSCH LEHRT SEX, CRIME UND TOLERANZ

sozialen Absicherung: Man heiratet, weil man als Duo mehr Vermögen aufbauen kann als alleine.«

Der Märchenprinzessin in mir, die an Prince Charming und Gefühlsfeuerwerke glauben will, gefiel diese Antwort nicht. Letztlich schaffte es Graham, ein wettergegerbter Mittfünfziger-Ranger, mein Gedankenchaos ein wenig zu kalmieren. Graham ist einer der Lehrer im Busch. Er sieht aus wie die Reinkarnation von Crocodile Dundee und als könne er in der Wildnis ohne Zelt, Nahrung oder Messer überleben. Als ich ihm erklärte, dass Impala-Böcke ja wohl machoide Zuhälter-Typen wären – ein Bock darf alle Weibchen rammeln, bis er müde wird – und die Impala-Damen eine feministische Anführerin gut gebrauchen könnten, meinte er: »Beim Thema Lust und Liebe gibt es kein Richtig oder Falsch. Es gibt nur Offenheit und Toleranz, mehr will dir die Welt mit ihrer Vielfalt nicht zeigen.« Und da hatte ich sie, meine Hausaufgabe für Herzensangelegenheiten, wenn man so will. Eine, an der ich noch lange knabbern werde. Dass wie auf Kommando eine in Regenbogenfarben schillernde Eidechse vorbeispazierte, die aussah, als würde sie zu einer Gay-Pride-Parade gehen – ich schwöre, das ist so passiert –, passte da nur ins Bild. Die Strippenzieher und Zeichen-Schicker im Universum wissen schon, was sie tun.

Jetzt muss sich mein Hirn bloß noch mit der Tatsache anfreunden, dass ich nicht nur Teil einer universellen Freie-Liebe-Bewegung bin, sondern dass in jeder Sekunde des Lebens auch der Tod stecken kann. Okay, das ist jetzt an sich keine große Neuigkeit, aber wie jeder Mensch verdränge ich die Sache gern. Doch hier im Busch wird einem sekündlich vor Augen geführt, dass jeder ein Ablaufdatum hat – und mitunter geht's auch nicht ganz friedlich zu Ende. Mit aufmerksamem Blick sieht man die grausamsten Dramen im Stil von *Game of Thrones*, das

VIERZEHNTES KAPITEL

ist neben der Sternen-Romanze und dem Dauerporno Busch-Film Nummer drei. Ameisen marschieren in Termitenbauten ein, um dort die halbe Belegschaft zu köpfen. Löwen laben sich mit blutverschmierten Lefzen an einem Nilpferd-Jungen, während dessen Mutter im Fluss daneben schwimmt. Und Spinnen injizieren ihren Opfern ein Gift, das diese nicht tötet, sondern bloß für den späteren Verzehr lähmt und frisch hält.

»Wäre ich ein Tier im Busch, ich würde vor Angst wahnsinnig werden«, meinte Andrew, ein südafrikanischer Kursteilnehmer, als wir eine Herde Schwarzfersen-Antilopen beobachteten. »Ich meine, das macht einen doch psychisch fertig, dieses ständige Auf-der-Hut-Sein. Immer muss man damit rechnen, dass ein Killer um die Ecke biegt.«

»Wirken die Tiere auf dich gestresst?«, fragte einer der Safari-Lehrer.

»Nein, und genau das verstehe ich nicht«, antwortete Andrew stellvertretend für alle. »Die Antilopen grasen friedlich, obwohl hier sicher eine Raubkatze herumlungert.«

Der Ausbilder drehte sich zu allen im Fahrzeug um und setzte dann theatralisch zu jener Rede an, die er, glaube ich, schon seit Tagen halten wollte. »Tiere leben im Jetzt. Sie vergeuden keinen Gedanken an die Zukunft. Sie beschäftigen sich mit der Bedrohung erst, wenn sie unmittelbar vor ihnen steht, keine Sekunde früher. Alles andere würde ihnen zu viel Energie rauben.«

»Aber vorgestern wurde hier eine Antilope gerissen.« Andrew gab nicht auf. »Warum kehren die Viecher an den Ort des Verbrechens zurück und tun so, als ob nichts gewesen wäre? Warum weichen sie nicht auf ein anderes Areal aus?«

»Warum sollten sie das? Würden die Tiere all jene Orte meiden, an denen schon einmal etwas passiert ist oder die po-

DER BUSCH LEHRT SEX, CRIME UND TOLERANZ

tenziell gefährlich sein könnten, dann hätten sie bald keinen Lebensraum und vor allem keine Nahrung mehr. Die meisten gehen bereits Minuten nach einem Angriff wieder in den Normalzustand über.«

Hm. Sollte das stimmen, was der Ranger sagte, dann macht sich offenbar nur die Spezies Mensch Sorgen und damit verrückt. Warum beschäftigen wir uns mit Dingen, die entweder längst Geschichte sind oder vielleicht gar nie zu einem Thema werden? Und wozu machen wir um Orte einen großen Bogen, an denen wir verletzt, gekränkt oder sonst was wurden? Ich weiß, auf dem Papier klingt das alles immer ganz einfach. In der Praxis – geschenkt. Nach einem Beziehungsaus habe ich einmal meine halbe Heimatstadt zur No-go-Zone erklärt. Jeder öffentliche Platz, jeder Park und jeder Supermarkt, in dem ich meinem Ex und seiner neuen Flamme hätte begegnen können, waren tabu. Ich habe sogar mein Lieblingsrestaurant von der Liste der »sicheren« Orte gestrichen, und bei jedem Teller mittelmäßiger Pasta in einem anderen Lokal kam meine Wut auf das junge Glück wieder hoch. Aber eigentlich war ich sauer auf mich selbst und auf meinen vorauseilenden Selbstschutz. Die Tiere haben schon recht. Einfach mal machen, ohne viel zu antizipieren. Sich mit einem Hindernis erst dann auseinandersetzen, wenn es auftaucht. Sehr oft entpuppt sich »wenn« als nie. Und wenn der Ex doch ins Restaurant spaziert? Dann kann man sich noch immer spontan überlegen, ihn mit Nudeln oder Schlimmerem zu bewerfen.

* * *

Szenenwechsel. Zurück im Zelt begrüßt mich eine Echse, die sich offenbar als neue Mitbewohnerin bei Sandy und mir vorstellen will, denn von meinen fuchtelnden Händen lässt sie sich

VIERZEHNTES KAPITEL

nicht beeindrucken. Seufzend durchwühle ich meinen Koffer nach etwas, mit dem ich die Besucherin einfangen kann. Sandy nennt mein prall gefülltes Gepäck wahlweise »Wunderkoffer« oder »schwarzes Loch«, weil sich daraus für jede Eventualität des Camp-Lebens etwas hervorzaubern lässt. Eine Anti-Nagelpilz-Tinktur findet sich darin genauso wie ein Superkleber, Reserve-Trinkflaschen oder Sheabutter für raue Fersen. Mit einem großen Badetuch dränge ich das Tier schließlich in eine Ecke, wo ich den Stoff über seinen Körper werfe. Und mit einer schnellen Handbewegung wird daraus ein Sack, mit der Echse drin. Volltreffer. Bye-bye Tollpatschigkeit, hallo Amazone, zumindest heute. Vielleicht bin ich doch nicht so ein hoffnungsloser Busch-Fall, wie ich dachte? Ich kann mittlerweile sogar bei einem dieser XL-Safari-Jeeps die Reifen wechseln. Dreimal musste ich die Sache wiederholen, bis der Ausbilder befand, dass ich das Lösen des Wagenhebers im Griff habe und damit weder mir noch jemand anderem die Zähne ausschlage. Die praktischen Dinge kriege ich langsam hin, denke ich. Womit ich allerdings in keiner Weise gerechnet hätte, ist, dass sich mein Aufenthalt immer mehr zu einem Philosophiekurs entwickelt. Das liegt sicher daran, dass ich durch meinen fehlenden Examens-Ehrgeiz plötzlich viel freie Zeit habe und stundenlang ins Nichts schauen kann. Gerade eben, während ich aus dem Zelt die Bäume betrachte, lässt mein Hirn mich Sachen hinterfragen wie: »Warum will der Mensch alles begradigen und normieren? Was ist noch mal der Grund dafür, dass man Städte nach Rastern und Wände im rechten Winkel baut?« Von der Natur können wir uns das Zwänglerische und Geradlinige jedenfalls nicht abgeguckt haben, denn dort hält wenig einer Wasserwaage stand. Jeder Ast, jeder Zweig in einem Baum wächst anders. Es gibt längere und kürzere Exemplare,

DER BUSCH LEHRT SEX, CRIME UND TOLERANZ

manche strecken sich nach oben, andere zeigen nach unten, es herrscht ein riesiges Durcheinander. Aber genau dieses fulminante Chaos macht den Baum schön.

Und vom Baum lässt sich aufs große Ganze überleiten: Während es so scheint, als würde in der Wildnis nonstop eine große »Alles ist erlaubt, alles darf sein«-Party gefeiert werden, werkelt man in der Zivilisation unermüdlich daran, das Leben in eine spezielle Ordnung zu bringen. Ich nehme mich da selbst nicht aus. Ich zähme meine Naturkrause, weil ich mir einbilde, dass mich glattes Haupthaar professioneller und weniger konfus aussehen lässt. Und in der Vergangenheit habe ich mich sprichwörtlich klein gehungert – auf Kleidergröße »Small«. Das Endergebnis wurde von der Allgemeinheit mit wohlwollenden Kommentaren bedacht. Auf Dauer aber war ich zu hungrig, um über die neuen »Idealmaße« happy zu sein.

Vielleicht lässt es sich so zusammenfassen – ich glaube, was der Busch mir sagen will, ist: Die Welt wurde deshalb so divers gemacht, weil genau das, was nicht zusammenzupassen scheint, am Ende ein schönes Ganzes ergibt. Ich mag diese Theorie der Chaos-Harmonie. Sie macht mich zufrieden und dankbar.

Vielleicht sollte ich mit dieser Erkenntnis auch bei den anderen Teilnehmern im Camp hausieren gehen. Manche aus unserer zwanzigköpfigen Gruppe könnten die frohe Botschaft »Feiere deine Einzigartigkeit« gut gebrauchen. Offiziell mögen wir alle in die Savanne gekommen sein, um über die Natur zu lernen und uns die Option einer weiterführenden Karriere als Safari-Guide offen zu halten. Inoffiziell geht's um viel mehr: Was will ich wirklich im Leben? Welche Träume erlaube ich mir selbst? Was brauche ich, um happy zu sein?

Alle im Camp stehen an einer Weggabelung, beruflicher oder privater Natur. Wir haben einen Koch, der nicht mehr ins

VIERZEHNTES KAPITEL

stressige Restaurantgeschäft zurückwill. Es hat ihn übergewichtig und auch ein bisschen zynisch gemacht. Die Designerin wiederum, die in einem Weltkonzern angestellt ist, findet ihr Tun sinnbefreit und träumt davon, alles hinzuschmeißen, um kreativ und in der freien Natur zu arbeiten. Sie weiß nur noch nicht, wie sie das anstellen soll. Der Typ, der wie Johnny Depp aussieht, ist der Sohn reicher Eltern. Er schwankt zwischen »Ich mache das, was meine Familie von mir erwartet« und »Ich werde Yogi«. Und die Mode-Elfe, die ich bei der Anfahrt im Bus kennen- und im Camp schätzen gelernt habe, ist Ärztin. Für mich ist sie schon deswegen eine Heldin, aber sie sieht nicht, wie stark sie eigentlich ist. Ich hoffe, die Löwen und Elefanten geben ihr die Bestätigung, die sie sucht.

Mich selbst nehme ich bei dem kollektiven Selbstfindungs-Trip nicht aus. Auch ich habe den Kurs nicht ohne Hintergedanken gebucht. Eine Zweitausbildung neben dem Journalismus zu haben, so dachte ich, kann nicht schaden. Irgendwas, das mehr nach Plan B klingt als: »Ich reise ohne Ziel durch die Welt.« Nun ja, seitdem ich das Diplom ad acta gelegt habe, bin ich dazu gezwungen, darüber nachzudenken, was mein Status quo ist. Will ich so weitermachen? Soll ich mehr Freiwilligenarbeit und ungewöhnliche Erfahrungen einschieben, um meine Sinne herauszufordern? Oder bin ich damit erst mal durch?

Langsam zeichnet sich eine Antwort ab.

»Was machst du gerade?«, fragen mich andere Teilnehmer, wenn sie eine Lernpause einlegen und mich über ein Notizbuch oder meinen Laptop gebeugt sitzen sehen.

»Ich schreibe«, sage ich dann.

»Für ein Magazin? Für ein neues Buch? Für deinen Blog?«

»Für alles ein bisschen.«

DER BUSCH LEHRT SEX, CRIME UND TOLERANZ

»Ich wünschte, ich wüsste auch, wofür ich eine Leiden-
schaft habe«, höre ich dann. Und ich komme mir wie eine
Heuchlerin vor. Denn das Schreiben und ich, das ist keine Liebesbeziehung. Im Gegenteil. Es gab Zeiten, da war ich mit
dem Job so durch, dass ich in meiner Verzweiflung vor einen
Zug springen wollte. Jede Zeile, die auf dem Bildschirm ent-
stand, empfand ich als banal. Außerdem war ich es leid, dass irgendjemand immer sauer auf einen ist, weil er oder sie sich
nicht richtig zitiert oder ausführlich genug dargestellt fühlt.
Am absoluten Tiefpunkt musste eine Kollegin sogar eine Geschichte für mich zu Ende tippen, weil ich völlig blockiert war.
Ich habe Rotz und Wasser geheult, meinen Job gekündigt und
mich wochenlang mit einem Jahresvorrat an Süßzeug ins Bett
verkrochen.

Doch im Busch bin ich plötzlich versöhnter mit meinem
Tun. Ich habe jahrelang nach dem perfekten Job für mich gesucht. Mittlerweile sehe ich: Den perfekten Job für mich gibt
es nicht. Aber ich kann ihn mir erschaffen. So wie mein Herz
es mir vorgibt, auch wenn das vielleicht auf den ersten Blick
unorthodox und unmachbar erscheinen mag. Nach dem Kloputzen auf Hawaii, nach dem Sterbehaus, nach Vietnam und
dem Unterwegssein weiß ich: In einer Redaktionsstube ver-
kümmere ich, mich in Verlagskorsette zu pressen, macht mich
sprichwörtlich krank (hallo Autoimmunerkrankung).

»Bist du jetzt nicht mehr Weltreisende, sondern digitale
Nomadin?«, hat mich die Mode-Elfe neulich gefragt.

Und ich musste erschreckt feststellen: Ich fürchte, ja.
Auch wenn ich den Ausdruck entsetzlich klischeehaft finde,
weil ich weder hip noch jung noch technisch versiert bin. Zudem habe ich keine tollen cremefarbenen Hüte, die ich auf
meinen Instagram-Fotos trage.

VIERZEHNTES KAPITEL

Ich glaube, der Busch versucht mir zu verdeutlichen: Es gibt die schillerndsten, schönsten, ungewöhnlichsten, schlauesten Lebewesen auf dieser Welt. Aber irgendjemand hat befunden, es braucht auch mich da drin. Genau so, wie ich bin. Und nicht anders. Das ist ziemlich cool. Und am meisten trage ich zum einzigartigen Ganzen bei, wenn ich mich nicht groß zu erklären oder verbiegen versuche. Ich werde keinen Literaturnobelpreis gewinnen, dafür ist meine Schreibe viel zu schnodderig. Und nach meinem Ableben wird mich auch niemand in den Geschichtsbüchern verewigen. Aber das ist okay. Ich bin eine kleine Ameise in dem großen Ganzen. Und darauf kann ich stolz sein. Die Welt braucht Ameisen. Sie verbessern den Boden, auf dem wir wandeln. Ihr unermüdliches Tun hilft, dass alles zusammenhält, selbst wenn man ihre Bemühungen oft nicht sieht.

* * *

Letzter Tag. Abreise. In wenigen Stunden wird uns der Busch wieder ausspucken. Die anderen beginnen, ihre schweren Gepäckstücke zu den Jeeps zu tragen. Ich stehe nur mit einem Beutel da, in dem sich mein Waschzeug, Unterwäsche, mein Laptop und Ladekabel befinden. Sämtliche Kaki-Sachen habe ich verschenkt. Meine Taschenlampe, die Trinkflasche und meine Bücher gingen als Spende ans Camp, jemand aus den nachfolgenden Kursen wird sich vielleicht darüber freuen. Ich brauche das alles nicht mehr und nehme doch tausendmal mehr von hier mit, als man sehen kann.

In den nächsten Tagen werde ich mit der Mode-Elfe einen Roadtrip durch Namibia machen. Sie hat eine Reisepartnerin gesucht, weil ihr Rückflug nach Europa erst später anberaumt ist, und ich dachte: Warum nicht? Ich mag die Mode-Elfe, wir haben stundenlang im Camp über die Liebe, Lebensziele und gute Ernährung gequatscht, und Namibia fühlt sich richtig an. Es gibt dort eine Sandwüste mit majestätischen Dünen, Teile der Republik streifen das Meer, den Atlantischen Ozean, und vor allem leben extrem wenig Leute in dem Land. Namibia ist – nach der Mongolei – der Staat mit der geringsten Bevölkerungsdichte weltweit. Diese Voraussetzungen versprechen einen sanften Übergang vom Busch in die Zivilisation. Für Smog, Wolkenkratzer und hupende Autokolonnen fühle ich mich noch nicht bereit.

Und danach? Eigentlich habe ich mich kurz der Illusion hingegeben, mit James, meiner Drehbuchautoren-Bekanntschaft, einen neuen Liebesversuch zu wagen. Er schlug vor ein paar Wochen vor: »Wenn du aus dem Busch kommst, dann lass uns in Hoi An treffen. Deine Erzählungen über Vietnam haben mich darin bestärkt, dass ich da auch mal hinwill. Es ist warm, das Essen ist gut, und die Lebenskosten sind günstig.« Doch als ich mögliche Reisedaten mit ihm abklären wollte, wurde er plötzlich wortkarg und die Sache kompliziert. Er ließ mich wissen, dass ihm familiäre Verpflichtungen dazwischengekommen seien. Obendrein schien das Geld für eine Reise nach Südostasien zu fehlen. Normalerweise frage ich mich in solchen Momenten: »Habe ich etwas Falsches gesagt? Liegt es an mir? Denkt er womöglich, dass ich ewige Liebe erwarte?« Doch diesmal zuckte ich nur mit den Schultern: Dann eben nicht. Wird schon einen Grund haben. Tolerant sein und sich auf das Jetzt fokussieren, es scheint, als hätte ich zumindest diese Busch-Lektion schon zur Anwendung gebracht.

»Fuck«, murmelt Massimiliano, der Italiener, zu dem ich ob meiner Vogel-Verzweiflung immer einen guten Draht hatte. Er

VIERZEHNTES KAPITEL

hat im Gegensatz zu mir die Prüfung gemacht und auch bestanden. Jetzt starrt er ungläubig auf seinen Handy-Bildschirm, das Gerät hat er zum ersten Mal seit Wochen angemacht. »Ich lese gerade, mein Zielflughafen Milano droht gesperrt zu werden.«

»Warum?«, frage ich.

»Irgendein Virus scheint in der Lombardei zu grassieren«, murmelt Massi. »Offenbar eine Art Super-Grippe, die aus China kommt.«

»Wird schon nicht so schlimm sein«, sage ich. »Notfalls buchst du dir einen neuen Flug und reist über einen anderen Airport heim. Wird schon klappen.«

Bevor sich die Türen der Fahrzeuge, die uns nach Johannesburg bringen, schließen, stecke ich schnell noch einen rosa Granitstein in meine Hosentasche, obwohl das streng verboten ist. Aus dem Busch darf man nichts ausführen, keine Pflanzen, keine Vogelfedern, keine Steine. Der Granit sieht aus wie ein Mini-Berg und seine Farbe ist wunderschön. Er soll mich immer an Südafrika, den Busch und einen Berg an Wissen erinnern, der sich hier vor mir aufgebaut hat.

»Wohin geht's bei dir weiter?« Jeder stellt jedem dieselbe Frage im Fahrzeug, wir üben uns in Small Talk, um uns nicht in Wehmut zu verlieren. Mein Reiseziel, das nach Namibia folgen wird, habe ich schon im Kopf. Es ist kein Weiter. Es ist ein Zurück. Und es fühlt sich so richtig an, wie das nur Dinge tun, die man tun muss. Ich möchte an keinen anderen Ort als dorthin.

```
BEVOR ICH ES
VERGESSE ...
```

SAFARIWISSEN FÜR ANFÄNGER

Was ich in den zwei Monaten im Busch gelernt habe? So viel, dass ruhig auch andere was davon haben sollen. Die Fakten lassen sich auch gut als Angeberwissen auf Dinnerpartys einbauen:

Der Gummischlangen-Trick

Paviane stehlen alles, was nicht niet- und nagelfest ist: Kaffeetassen, Sandwiches, sogar Löwenbabys (Letzteres gibt's als YouTube-Video, man google bei Interesse die Worte »Kruger National Park«, »baboon« und »lion cub«). Abschrecken kann man die Busch-Kleptomanen mit einer geschickt drapierten Gummischlange. Der Trick sorgt zumindest für ein, zwei Tage für Ruhe. Danach hilft, die Tiere mit Farbkapseln aus der Paintball-Waffe zu befeuern. Das ist nicht sehr nett, aber das sind Paviane mitunter auch nicht.

Angeberwissen

Wer eruieren will, wie groß der Elefant ist, dessen Spuren man sieht, misst den Umfang des Vorderfußes mit einem Schnürsenkel oder einem Seil, multipliziert diesen mit zwei Komma fünf – und schon hat man die Schulterhöhe des grauen Riesen.

Die Giftschlangen-Frage

Schlangenbiss? Immer blöd. Aber bevor man nach der letzten Ölung verlangt: War's eine erwachsene Giftschlange oder ein kleineres Jungtier? Bei Ersterer besteht die Chance, giftfrei davonzukommen, denn erwachsene Tiere injizieren nicht automatisch ihr Gift, sie überlegen sich den Energieverlust genau, oft beißen sie als Warnsignal erst einmal nur »trocken« zu. (Tipp: Schlangen nie reizen, einfach ignorieren oder Tür zu.) Junge Schlangen? Andere Geschichte. Sie können den Giftausstoß nicht kontrollieren. Da hilft nur beten. Und ein Krankenhaus.

Survival-Tipp bei Krokodilangriff

Gut zu wissen: Krokodile können nur ihren Unterkiefer bewegen, da der Oberkiefer eine Verlängerung des Schädelknochens und mit diesem fix verankert ist. Sollte man also rein zufällig im Maul dieses Reptils landen und dann auch noch rein zufällig bei Sinnen sein, wird angeraten, einen Arm fest gegen den Unterkiefer zu drücken (das ist der einzige Hebel, mit dem man sich auseinandersetzen muss, der Oberkiefer ist ohnehin immobil) – und sich elegant aus der Schnappklappe zu befreien. Easy, oder?

(K)eine Hellseherei

Erblickt man Giraffen, sind meist Zebras nicht weit. Die Zebras benutzen die Giraffen, deren Kopf ungefähr drei Meter höher liegt als ihrer, als Warnsystem. Giraffen sehen weit voraus. Beginnen sie zu rennen, rennen auch die Zebras.

Hilfsspirale

Ubuntu ist eine Philosophie, der sowohl Zulu als auch Sotho und Shona folgen. Sie besagt, dass eine Person am meisten bewirken kann, solange sie ihren Besitz teilt, Mitgefühl, Güte und Demut zeigt. Das Grundprinzip lautet: A person is only a person because of other people. Ich find's wahr. Und schön.

Rituelle Reinigung mit Elefantendung

Wer getrocknete Elefantenknödel anzündet, kann damit – so der Glaube mancher Buschvölker – Menschen und Räume von schlechter Energie befreien. Wer den Rauch obendrein durch den Mund inhaliert, wird von Kopfweh befreit. Ich hab geschnuppert, es riecht nicht schlimm. Elefanten sind Pflanzenfresser, letztlich ist das Ganze fermentiertes Gras. Weihrauch riecht meiner Meinung nach weniger gut.

Geradeaus schauen

Mit dem Fernglas durchs Dickicht spähen – schön, aber nicht immer notwendig. Oft reicht der Blick nach vorne. Denn die Tiere, vom Elefanten bis zum Gepard, spazieren ohnehin oft auf jenen Schotterstraßen entlang, die auch die Safari-Jeeps nehmen. Hier plagen sie weniger Dornenbüsche und Zecken, außerdem heizen sich Schotter und Sand in der Morgensonne schneller auf als Gras.

Fliegende Kampfmaschinen

Adler können junge Antilopen killen. Sie brechen den Tieren mit ihren Krallen und der Kraft des Aufpralls das Kreuz.

Orchideen als Liebeshelfer

Man kaue die klein geschnittenen Wurzeln der Leopardenorchidee (auch als Ansilla bekannt), denke dabei fest an jenen Menschen, mit dem man vor den Traualtar schreiten will, und hoffe darauf, dass die Naturvölker mit diesem Ritual recht behalten. Dass das Ganze Schlag Mitternacht passieren soll, versteht sich von selbst. Kein Hexenzauber ohne Geisterstunde.

15

(K)EIN HAFEN WIE
JEDER ANDERE

Als die Welt zum Stillstand kommt, wird es bei mir laut. Und ich bin weder für das eine noch das andere bereit.

»Wo bist du?«, bimmelt und piept mein Handy unaufhörlich.

»Ich bin gerade vom Joggen am Strand zurückgekommen«, sage ich all jenen, die mich persönlich erwischen. Eigentlich würde ich auch noch gerne vom herrlichen Wetter und der Tatsache erzählen, dass man hier schon vor dem Bürostart eine Runde Beachvolleyball spielt. Doch so weit komme ich bei den meisten Anrufern gar nicht.

»Du bist zurück in Rio de Janeiro?«

»Ja, seit ein paar Tagen.«

»Hast du dieses Corona-Dings nicht verfolgt?«

»Doch.«

Ich bekomme aufgeregte Fakten-Monologe zu hören, Medizingurus werden zitiert, und am Ende schließt jeder mehr oder weniger mit dem gleichen Satz: »Sei vernünftig, brich die Reise ab, fliege heim oder zumindest Richtung Europa. Da ist das Gesundheitssystem besser, und du bist schneller in einem sicheren Hafen, wenn was ist.«

Ich antworte immer gleich, nämlich mit einem sturen
»Nein«.

Zum einen, weil ich der Meinung bin: Was ist schon ein si-
cherer Hafen, wenn sich über uns allen derselbe Sturm zusam-
menbraut? Zum anderen: Ich mag es in Rio. Sehr sogar. Und
nein, dass ich hierher zurückgekommen bin, hat nichts mit
James zu tun. Der ist längst aus Südamerika abgereist, und nach
seinem Lass-uns-wiedersehen-und-dann-doch-nicht-Eiertanz
hat sich auch mein Herz ein großes Stück von ihm entfernt.
Zwar habe ich kurz überlegt: Soll ich dann einfach ohne ihn
nach Südostasien düsen? Ich wusste zu diesem Zeitpunkt
schon, dass ich dieses Buch zu Papier bringen wollte, und wenn
man sich dazu entschließt, monatelang an einem Schreibtisch
zu sitzen, dann sollte der Standort, an dem der Hintern geparkt
ist, halbwegs kontofreundlich sein. Doch sosehr Asien finanziell vernünftig gewesen wäre, stimmig war es für mich nicht.
Ein Buch zu schreiben, ist ein einsamer Prozess, und nicht selten wird man wahnsinnig dabei. Es gibt Tage, da macht keine
Wortkonstruktion Sinn, und man will nur mit dem Kopf auf
die Tischkante knallen und so viel Frust-Schokolade in sich
hineinstopfen, dass einem vom Zuckerschock seitlich die Zunge aus dem Mund hängt. Joggingrunden sind da zum Runterkommen ganz hilfreich, allerdings fehlt's in asiatischen Citys
an Grünflächen und Gehwegen. Und mich wie ein Hamster auf
dem Laufband eines anonymen, klimatisierten Fitnessstudios
abmühen? Sicher nicht. Die Möglichkeit, Sport treiben zu können, war aber unabdingbar für mich – vor allem nach meiner
Zeit im Busch, wo man tendenziell faul und fett wird. Viele
Camps setzen einem ausschließlich Zucker-Weißmehl-Fett-
Orgien vor, billiges Zeug, das schnell von der Verpackung auf
dem Tisch ist. Und weil man aufgrund des Jagdinstinkts der

FÜNFZEHNTES KAPITEL

Buschbewohner nicht laufen darf und die meiste Zeit des Tages in Safari-Jeeps verbringt, fühlte ich mich nach zwei Monaten Rumsitzen und zweifelhafter Kulinarik wie ein aufgedunsener Kugelfisch, der dringend wieder Samba tanzen, Smoothies mixen und am Strand laufen sollte. Darum Rio de Janeiro. Dass man in Brasilien als Tourist obendrein bis zu drei Monate bleiben darf, machte die Sache perfekt.

Kurz: Rio ist genau der Ort, an dem ich sein sollte. Und ganz ehrlich, warum auch nicht? Am Tag meiner Einreise hatte Brasilien gerade mal eine Handvoll bestätigte Corona-Fälle zu vermelden, trotz unlängst abgehaltenem Karneval, und die Ausbruchsherde des Virus waren am komplett anderen Ende der Welt zu finden. Ungehindert spazierte ich nach der Landung am Flughafen durch die Passkontrolle. In den Restaurants und in den Bars der Stadt wurde das Leben gefeiert, jeder begrüßte jeden mit Umarmung. Auch Carla, meine Samba-Lehrerin, drückte mich sogleich mit spitzen Freudenschreien an ihre Brust, als ich in ihr Tanzstudio spazierte und das Geld für die ersten vier Unterrichtsstunden auf den Tisch legte.

»Freu dich nicht zu früh«, sagte ich lachend. »Ich kann meine Hüften noch immer nicht geschmeidig bewegen, aber ich hoffe auf deine Gnade und auf dein Mitgefühl.«

»Ach, das kriegen wir alles hin«, meinte sie. »Hauptsache, du bist zurück. Du wirst noch wie eine Brasileira tanzen.«

Die beängstigend kluge Schwester findet das alles hirnverbrannt. Ich glaube, insgeheim tüftelt sie bereits daran, mich entmündigen und gewaltsam nach Hause verschiffen zu lassen. Unsere Telefonate beginnen mit jener übertriebenen Freundlichkeit, die am Ende immer einen Eklat verspricht.

»Geht's dir gut?«

»Danke. Bestens. Und wie sieht's bei dir aus?«

(K)EIN HAFEN WIE JEDER ANDERE

»Auch alles fein.« Stille. »Du wirst schon sehen, das kommt auch zu dir«, sagt sie an jenem Tag, an dem in Österreich der Lockdown verhängt wird. »Nur weil Brasiliens Präsident Meldungen schiebt wie ›Corona ist nur ein Grippchen‹, wird Südamerika nicht verschont bleiben.«

»Und wenn schon«, erwidere ich. »Dann muss ich mich halt zwei Wochen in der Wohnung verschanzen. Ich bin ohnehin hierhergekommen, um zu schreiben.«

»Zwei Wochen? Glaubst du das ernsthaft? Das wird sich über Monate, wenn nicht sogar über den Rest des Jahres hinziehen!«, japst die Schwester, resigniert über meinen Mangel an Weitblick. Sie arbeitet für einen großen Tourismusverband und ist dadurch aus erster Hand darüber informiert, welche Fluglinien ihren Betrieb einstellen und dass viele Anbieter mit mehrmonatigen Ausfällen rechnen. »Komm zurück. Bitte.«

»Warum zum Teufel soll ich nach Europa, ins aktuelle Epizentrum, fliegen, wenn hier noch nichts ist?«, keife ich genervt. »Und fürs Protokoll: Es gibt in Rio so viel Klopapier, dass ich es gewinnbringend exportieren könnte, Hamsterkäufe im Supermarkt habe ich auch noch keine gesehen.«

»Aber die politische Lage in Brasilien ist instabil«, ruft die Schwester. »Und in den Favelas, wo's wenig Möglichkeiten für Social Distancing gibt, wird sich das Virus wie ein Lauffeuer verbreiten. Es geht ja nicht mal darum, dass du selbst erkrankst. Was, wenn dich ein Auto anfährt und du keine vernünftige medizinische Versorgung erhalten kannst, weil die Krankenhäuser mit Corona-Patienten überlastet sind? Was dann?«

»Wenn man so denkt, dürfte man gar nie in die Welt hinaus.«

»Ach, mach doch, was du willst«, schnaubt sie und legt auf.

»Genau«, sage ich in die tote Leitung und stehe dann etwas perplex da. Wir streiten uns sonst nie. Aber seit ich zurück am

FÜNFZEHNTES KAPITEL

Zuckerhut bin, scheinen wir voneinander dauergenervt. Wobei zur Verteidigung der Schwester gesagt sei: Sie hat's gerade nicht leicht. Keiner in meiner Familie will auf sie hören. Mein Bruder, der in einem Büro arbeitet, das wegen Corona geschlossen werden musste, hatte die glorreiche Idee, sein Homeoffice schnurstracks auf den elterlichen Bauernhof zu verlegen. Weil so eine Quarantäne auf dem Land nun mal schöner ist als in der Stadt. »Die Eltern sind über sechzig! Die Oma ist fünfundachtzig! Risikogruppe! Wie blöd kann man denn sein?«, stöhnte die Schwester, als sie davon erfuhr. »Will er sie umbringen?« Und meine Eltern reden sich ein, dass sie das Virus wahrscheinlich eh schon hatten, weil sie bereits vor Wochen an Husten litten. Sie laden weiterhin Bekannte zum Kaffee ein. »Wir sitzen mit zwei Metern Abstand entfernt und auf der Sonnenbank draußen vor dem Haus. Wo ist das Problem?« Irgendwann ruft die Schwester niemanden mehr an und erwägt stattdessen, sich selbst zur Adoption freizugeben, an eine Familie, die geistig zurechnungsfähiger ist als ihre.

* * *

Zehn Tage vergehen. Ich fühle mich in einer Art Vorhölle gefangen, ich bin mittendrin und doch noch nicht dabei. Gleich nach dem Aufwachen schnappe ich mir noch im Bett liegend mein Handy und gehe sämtliche Nachrichtenmeldungen durch. Wie sieht die Lage heute aus? Die Antwort ist stets gleich deprimierend. Zur Ablenkung spaziere ich am Strand, gehe Samba tanzen oder flaniere mit Pamela, einer Reisefreundin, die zufällig für ein paar Tage in der Stadt ist, durch die Geschäfte, um nach einem neuen Bikini für sie zu suchen. Alles scheint wie immer, nur das Desinfektionsgel ist in den Drogerien und Apotheken ausverkauft.

(K)EIN HAFEN WIE JEDER ANDERE

»Nimm eine Flasche Wodka«, sagt Pam. »Damit kannst du notfalls auch die Hände desinfizieren.«

Das Schreibdokument, das seit Tagen auf dem Bildschirm meines Laptops geöffnet ist, bleibt leer. Es will mir nicht gelingen, mit dem Buch zu beginnen. Als Pam abreist und es in meinem hypochondrischen Hals zu kratzen beginnt, ich in meiner Reiseapotheke aber nur nicht Corona-taugliche Hustenpastillen finde, denke ich: Schluss. Ende. Aus. Du bist mutterseelenallein hier. Wenn du tatsächlich monatelang in Quarantäne sitzen solltest, konzentriere dich darauf, ein Umfeld zu schaffen, in dem du gesund und happy bleiben kannst.

Ich beginne, mir einen Notfallplan zu erstellen. Zuerst kontaktiere ich die österreichische Botschaft in Brasilia und lasse sie wissen, dass ich im Lande bin und wo sie mich erreichen können. Die Beamten scheinen sich mit der beängstigend klugen Schwester abgesprochen zu haben. Sie raten mir, schnellstmöglich die Heimreise anzutreten. Wobei, das müssen sie sagen. Die offizielle Weisung lautet, alle Reise-Schäfchen aufzuscheuchen und nach Hause zu holen. Ich ignoriere sie. Danach hebe ich ein dickes Bündel brasilianische Real ab, für den Fall, dass die Geldautomaten irgendwann leer gezogen sind. Die Scheine lege ich zu den 400 US-Dollar Bargeld, die ich immer mitführe. Von meiner ersten Weltreise weiß ich: US-Dollar werden auch in Krisenzeiten akzeptiert. Sollte das Wirtschaftssystem zusammenbrechen, sehen Händler und Taxifahrer die grünen Scheine lieber als ihre lokale Währung. Obendrein besorge ich Nudeln, Reis, Dosentomaten, Kichererbsen, Linsen, Bohnen, Mais sowie Bananenschokolade und Waschmittel. Saubere Wäsche, vor allem, wenn die ganze Welt von Viren spricht, erscheint mir wichtig. Bananenschokolade macht zwar nichts rein, aber sie ist fürs Seelenheil ebenso essenziell.

FÜNFZEHNTES KAPITEL

Ansonsten setze ich mich täglich eine Stunde im Lotussitz hin und versuche zu meditieren. Mit Betonung auf »versuchen«, denn meine Gedanken schießen in alle Richtungen davon, und ich merke, ich sollte aufhören, abends ein, zwei Gläser Wein zu trinken, der Alkohol zieht mich nur runter, er hat manchmal diese Wirkung auf mich. Wenn es dann aber mal für ein paar Minuten mit der Zähmung des Geistes klappt, beginne ich eine Logik in meinem Handeln zu erkennen, die sonst niemand zu sehen scheint. »Ich werde meine Reise auf keinen Fall abbrechen«, sage ich. »Wenn's stimmt, dass der ganze Planet betroffen sein wird, ist es völlig egal, wo ich die Sache aussitze. Als Weltbevölkerung sind wir mehr denn je miteinander verbunden, da hilft nur einander vertrauen und helfen.«

Diese Idee mag ich. Ich habe mich im vergangenen Jahr mehr zu Hause gefühlt als daheim, und ich sehe keinen Grund, warum Rio mir jetzt keine Heimat bieten sollte. Und je mehr ich mich im Om verliere, desto mehr begreife ich, was mich an den besorgten Gesprächen, die ich mit Freunden und Familie führen muss, nervt. Viele denken, das Reisen sei nur ein Hobby, vielleicht betrachten es manche auch als Midlife-Crisis oder als eine Auszeit vom Arbeiten, die ich brauche, um dann wieder mit neuer Energie in die Nine-to-Five-Gesellschaft zurückzukehren. Unterschwellig klingt bei jedem Telefonat durch: »Das ist ja alles ganz nett, aber du warst jetzt fast ein Jahr lang unterwegs, denkst du nicht, es reicht langsam? Sei vernünftig, bring dich nicht aus falsch verstandenem Reisestolz in Gefahr.« Dabei dachte ich, ich hätte bei meiner Abreise klargestellt, dass es nicht darum geht, eine gewisse Anzahl an Sonnenstunden oder Destinationen anzuhäufen, um dann wieder »normal« zu funktionieren. Das Reisen ist keine Reise, sondern zu meinem Leben geworden, und ich bin durchaus in

(K)EIN HAFEN WIE JEDER ANDERE

der Lage, auf mich selbst aufzupassen. Aber offenbar scheint diesbezüglich Erinnerungsbedarf. Und wenn alle damit beschäftigt sind, mir Angst einzujagen, anstatt mir Mut zu machen, dann muss ich mich selbst um Letzteres kümmern. Om. Om. Dreifach-Om.

In dieser Anfangszeit erlebe ich genau zwei Momente, in denen ich kurz Panik schiebe. Situation Nummer eins: Meine Freundin Christiane fragt mich am Telefon:»Wie sieht es mit der Trinkwasserversorgung aus? Kannst du in Rio das Wasser aus der Leitung trinken? Hast du einen Wasserfilter installiert?«

»Weder trinkbar noch ein Filter vorhanden«, antworte ich und rase zwei Minuten später in den Supermarkt, um mehrere Kanister Mineralwasser in meine Wohnung zu schleppen. Vage habe ich in Erinnerung, dass es während des Karnevals Engpässe bei Wasserlieferanten gegeben haben soll. Die Vorstellung, mich in Rio um Wasser anstellen zu müssen und dann keines zu bekommen, stresst mich.

Schreckmoment Nummer zwei: Von befreundeten Weltreisenden höre ich, dass sie verzweifelt auf der Suche nach einem Schlafplatz auf den Philippinen sind.»Sämtliche Hotels auf unserer Insel wurden behördlich geschlossen«, schreiben sie mir auf Facebook.»Und auch private Vermieter wollen keine Gäste mehr aufnehmen, aus Angst vor Sanktionen und vor dem Virus.« Ups. Was, wenn auch Gustavo, mein Vermieter, kalte Füße kriegt? Soll ich ihn darauf ansprechen oder mich erst mal ruhig verhalten, nicht, dass er noch auf dumme Ideen kommt oder gar die Miete in astronomische Höhen jagt? Ich entscheide mich für: Augen zu und durch. Weil's immer besser ist, mit offenen Karten zu spielen, als in Angst zu leben.

»Was passiert, wenn in Brasilien alles dichtgemacht wird und niemand an Touristen vermieten darf oder will?« Ich male

FÜNFZEHNTES KAPITEL

Gustavo das Worst-Case-Szenario an die Wand. »Stehe ich dann auf der Straße?«

»Nein.« Gustavo lacht. »Auf die Straße musst du sicher nicht.«

Er ist – wie ich erst jetzt erfahre – kein Privatvermieter. Auf der Seite von Airbnb war nicht erkenntlich, dass meine Wohnung von einer Immobilienagentur verwaltet wird. Aber jetzt erweist sich dieser Umstand als glückliche Fügung. »Sollte ein Wohnungsbesitzer, aus welchen Gründen auch immer, abspringen, haben wir viele andere Optionen, wir finden eine Lösung.«

Und um zu beweisen, dass er es ernst meint mit dem, was er sagt, holt er mich zwei Stunden später zu einer Besichtigungstour ab. Meine aktuelle Unterkunft ist zwar wunderschön, aber lärmtechnisch kommt sie einem Jumbojet gleich. Die kaputte Klimaanlage ein Stockwerk unter mir lässt mein Bett vibrieren. Selbst die teuren Ohrenstöpsel aus der Apotheke und ein herbeigerufener Elektriker haben das konstante Brummen nicht dämpfen können. Also zeigt Gustavo mir nun Alternativwohnungen, die meinen Anforderungen »Waschmaschine, Küche, Schreibtisch« entsprechen und angeblich keine Jumbojets sind.

Ich bin bei jedem Mietobjekt ratlos: Wie wählt man den richtigen Platz für eine mögliche Isolationshaft aus? Nimmt man die ruhige Wohnung, in der es an Tageslicht fehlt? Oder wird man in dem dunklen Loch nur depressiv? Ist die hellere Unterkunft besser, auch wenn es dort leicht nach Schimmel riecht? Und wie wichtig ist es, einen Supermarkt in unmittelbarer Nähe zu haben?

Gustavo spürt, dass ich mit dem, was da auf mich zukommt, überfordert bin: »Hey, wir finden was für dich. Und egal was in den nächsten Wochen passiert, ich kann dir helfen. Meine Schwester ist Ärztin. Brauchst du bei den Behörden Unterstützung, spiele ich gerne Übersetzer.«

(K)EIN HAFEN WIE JEDER ANDERE

Habe ich schon erwähnt, dass Cariocas, sprich Rio-Geborene, die nettesten Menschen der Welt sind? Das meine ich wirklich: Sie sind extrem hilfsbereit. Stehe ich mit schweren Wasserkanistern an einer Fußgängerampel, bietet immer jemand seine Hilfe beim Tragen an. Türen werden sowieso stets aufgehalten. Und neulich, als es wie aus Kübeln schüttete und mein Regenschirm kaputtging, bemühte sich ein Straßenhändler, das Malheur zu richten. Er wollte kein Geld dafür. Er tat es einfach so. Gustavo passt da nur ins Bild. Er telefoniert herum, obwohl er längst bei sich zu Hause erwartet wird, und organisiert einen weiteren Schlüssel. Diese Wohnung ist hell. Ruhig. Ich kann viel vom brasilianischen Himmel und sogar ein bisschen was vom Meer sehen. Direkt vor dem Schlafzimmerfenster streckt ein wunderschöner alter Seemandelbaum seine Arme aus, er muss schon viele Stürme erlebt haben, und trotzdem steht er stolz und gerade da. Anstatt zu checken, ob Kühlschrank und Dusche funktionieren, stelle ich mich ans Fenster und starre auf dieses wunderschöne Grün. Ein Baum kann niemals weglaufen, denke ich, was auch immer geschieht. Wird er verletzt, bleibt er an seinem Platz und versucht, sich so gut wie möglich selbst zu heilen. Er mag Hindernisse in den Weg gestellt bekommen, aber er wächst an diesen oder um sie herum. Er macht einfach weiter, macht das Beste aus der jeweiligen Situation.

»Die Wohnung ist perfekt«, sage ich leise zu Gustavo und lächle. Ich weiß, hier, mit dem Seemandelbaum, wird es mir gut gehen. Hier kann mir nichts passieren. Obendrein hat die Bude eine Waschmaschine mit Neunzig-Grad-Programm und Gustavo gibt sie mir für minus fünfzig Prozent, weil er findet: Schwierige Umstände erfordern freundliche Preise. »Wir haben als Agentur lieber weniger Einnahmen als gar keine.«

FÜNFZEHNTES KAPITEL

Während die letzten Touristen fluchtartig die Stadt verlassen, packe ich meinen Koffer und ziehe in meine neue Behausung um.

* * *

Und dann kommt das, was unausweichlich war. Die Realität holt mich ein, und ich fühle mich wie ein Zuschauer in meinem Leben. Zuerst müssen die Fitnessstudios schließen. Ich erwarte kurz einen Aufstand. Den Cariocas kann man vieles wegnehmen, aber nicht die Möglichkeit, ihre Muskeln und Hinterbacken zu stählen, immerhin zählen in manchen Ecken der Stadt Speedo-Badehosen und Bikinis als vollständige Bekleidung. Der Spruch »In Brasilien geht es ohne Textilien« hat schon was. Doch niemand geht auf die Barrikaden, alle bleiben gelassen und weichen zum Sporteln an den Strand aus. Auch Carla muss ihr Studio zusperren. Sorgenfalten haben sich in ihre Stirn gegraben, sie weiß nicht, wie und wann es weitergehen soll.

»Pass gut auf dich auf«, sagt sie.

Normalerweise hätten wir uns umarmt. Angesicht der allgemeinen Weltlage tun wir das nicht, und das linkische Winken, mit dem wir uns verabschieden, fühlt sich komisch an. Restaurants stellen auf Zustellservice um, die Bars müssen komplett dichtmachen. Nur für Popeye, eine winzige und etwas heruntergekommene Straßenspelunke, scheint die Verordnung nicht zu gelten. Jedes Mal, wenn ich an dem Laden vorbeispaziere – die Bar ist eine Institution in Ipanema, jeder verbindet irgendwie eine Geschichte mit ihr, ich selbst habe hier schon mit James rumgeknutscht –, denke ich: Solange Popeye weiterhin um neun Uhr früh Bier ausschenkt, ist die Welt in Ordnung.

(K)EIN HAFEN WIE JEDER ANDERE

Die Flugzeuge verschwinden vom Himmel und überlassen die azurblaue Leinwand den Seevögeln, die frei und schwerelos über der Stadt segeln. Cristo Redentor, der vom Berg Corcovado über Rio wacht, kann mit seinen weit ausgestreckten Armen nur noch ein paar medizinische Frachtflieger begrüßen. Jeden Abend lassen die Regenten der Stadt eine neue Botschaft auf die dreißig Meter hohe Statue projizieren. Mal schaut Cristo als gigantischer Arzt auf die Stadt herunter. Auf seinem Kittel prangt der Schriftzug »Obrigada«, um den Pflegern, Krankenschwestern und Ärzten für ihren Einsatz zu danken. Ein anderes Mal ist sein Körper in alle Flaggen der Welt gehüllt, und das Wort »Esperanza« (Hoffnung) erhellt die Nacht bis zum Morgengrauen. Ich muss vor Rührung weinen. Einer für alle, alle für einen.

Als die Beachvolleyballnetze flächendeckend abgespannt werden und die Polizei mit Quad Bikes die Strände leer räumt, wird klar: Brasilien trifft es mit voller Wucht, die Schutzmaßnahmen greifen nicht. Jedes Mal, wenn die Hauptabendnachrichten im Fernsehen vorbei sind, bricht in der Stadt für ein paar Minuten ein Höllenlärm los. Die Leute treten an ihre Fenster oder auf ihre Balkone hinaus und schlagen mit Kochlöffeln unablässig auf Töpfe und Pfannen. Erst denke ich, das Ganze sei Ausdruck eines Jubels für ein Fußballmatch. Doch sind solche Großveranstaltungen nicht mittlerweile verboten? Als ich genauer hinhöre, wird klar: Die Schreie, die das Topfgeklapper begleiten, sind nicht freudig, sie sind voller Groll und als Protest gegen Präsident Jair Bolsonaro zu verstehen. Wenn es zu klappern und trommeln beginnt, heißt das für mich: Ich muss mir im Internet zusammenklauben, was das Staatsoberhaupt jetzt wieder verbockt hat. Polizeichef gefeuert. Veto gegen Gesichtsmasken eingelegt. Kein Corona-Schutz für die Urbevölkerung im Amazo-

FÜNFZEHNTES KAPITEL

nasgebiet. Gesundheitsminister weg. Popeye, mein abgeranzter Leuchtturm der Hoffnung, hat nach wie vor geöffnet.

Nicht alles lässt sich mit Leichtigkeit erzählen. Es gibt Bilder, die werde ich bis an mein Lebensende nicht aus dem Kopf kriegen. Während jeder haufenweise Lebensmittel und Desinfektionsgel – das gibt es mittlerweile wieder – nach Hause schleppt, entdecke ich einen jungen Mann, der im Eingang eines geschlossenen Geschäftslokals schläft. In Rio leben viele Obdachlose, die Kluft zwischen Arm und Reich ist riesig und das Gesellschaftssystem so ungerecht aufgebaut, dass man nicht überblicken kann, wo man mit dem Beheben der Missstände zuerst anfangen soll. Der junge Mann ist noch ein halbes Kind, seine Arme sind spindeldürr, er liegt in eine Decke eingewickelt und trägt eine dünne, schmutzige Gesichtsmaske über Mund und Nase – ein verzweifelter Versuch, sich zu schützen, obwohl er weiß, dass er sich nicht schützen kann. Für ihn gibt es keine Möglichkeit, sich regelmäßig die Hände zu waschen, in jedem hustenden Passanten kann das Virus stecken. Und dann: zu welchem Arzt? Und von welchem Geld?

Ich kann nicht tatenlos vorbeigehen. Corona mag sich nicht ausradieren lassen. Aber zumindest kann ich dazu beitragen, dass dieser Tag ein bisschen leichter wird. Also laufe ich in den nächsten Mini-Markt, kaufe eine Packung Kekse, Äpfel sowie eine Flasche Wasser und stelle das Ganze neben dem jungen Mann ab. In der Hoffnung, dass er, wenn er aufwacht, zumindest das Problem von Hunger und Durst für einen Tag als gelöst betrachten kann. Ich erzähle das nicht, weil ich mich als gute Samariterin aufspielen will. Aber Nelson Mandela hatte recht, als er sagte: »Die Beseitigung von Armut ist kein Akt der Barmherzigkeit, sondern der Gerechtigkeit.« Jeder hat ein Recht auf Unterschlupf, Schutz und Nahrung. Der Satz hat

(K)EIN HAFEN WIE JEDER ANDERE

sich mir eingebrannt. Seitdem kaufe ich in Städten, in denen sich viele Schlaflager im Freien finden, regelmäßig ein bisschen mehr ein. Der Nächstbeste, der die Sachen brauchen kann, kriegt die Extratüte. Der Zufall weiß schon, wer gerade etwas Unterstützung nötig hat, und mich bringen die Beträge, die ich dafür ausgebe, finanziell nicht um. In Zeiten von Corona merke ich aber: Es reicht mir nicht, nur aufs Zufallsprinzip zu vertrauen. Als ich eine E-Mail erhalte, dass ein Fahrdienst Sachspenden für die Bewohner der Favelas organisiert – man kann den Wellblechgemeinden Hilfspakete mit Grundnahrung und Reinigungsmitteln zukommen lassen –, schicke ich zwei Pakete los. Jemand anderer würde das auch für mich tun, wenn ich es bräuchte. Darauf hoffe ich nicht, das weiß ich.

❊ ❊ ❊

Aus Tagen werden Wochen. Aus Wochen werden Monate. Die Blätter des Seemandelbaums vor meinem Fenster verfärben sich erst rot, dann gelb. Viele lösen sich von den Ästen und tänzeln in leisen Pirouetten zu Boden, begleitet vom empörten Ruf des Schwefelmaskentyrannen. Der gelb-weiß-braune Sperlingsvogel wohnt in dem Baum und klingt stimmlich immer ein bisschen angepisst. Ich mag dieses Gezeter, beim Aufwachen weiß ich sofort, wo ich bin. In Brasilien ist offiziell der Winter angebrochen, und manche Cariocas wandern in Daunenjacken herum. Diese Erfrierungsangst ist mir hochgradig sympathisch, auch wenn ich sagen muss, dass die Winter in Rio temperaturtechnisch keine Winter sind. Sie gehen ehrlicherweise nicht mal als Herbst durch. Zwanzig Grad sind die Untergrenze, meistens wird es wärmer. Wenn mich die stets strahlende Hausmeisterin mit einem »Bom dia, querida!« (Schönen Tag, Schätz-

FÜNFZEHNTES KAPITEL

chen!) und dem Brummen des Türöffners auf die Straße entlässt, muss ich selten mehr als Shorts und ein Shirt tragen. Aber zu wissen, dass auch andere Leute beim kleinsten Anflug Gänsehaut vorsorglich mit dem Leben abschließen, verbindet. Auf meinem Laptop lebt die Route der vergangenen Monate Kapitel für Kapitel wieder auf. Thailand. Vietnam. Hawaii. Indien. Der Busch. Das Schreiben geht weniger schnell voran, als ich mir das wünschen würde, aber ich habe beschlossen, dass ich daran nichts ändern kann. Es dauert so lange, wie es eben dauert. Manche Tage sind gut, manche weniger, aber sie folgen alle dem gleichen Ablauf: Nach dem Joggen kaufe ich mir eine Kokosnuss an der Promenade und schaue ein paar Minuten aufs Meer hinaus, wo die Wellenreiter mit der Polizei Katz und Maus spielen. Kaum jemand kennt sich bei den ständig wechselnden Corona-Verordnungen noch aus, und die Surfer sind gut darin, die Trillerpfeifen der Exekutive zu ignorieren. Sie kommen erst dann aus dem Wasser, wenn sie das Gefühl haben, genug mit den Elementen gespielt zu haben, und wieder bereit fürs Stubenhocken sind. Bevor ich mich zurück in meine Wohnung trolle, schleiche ich unnötig lange durch die Regalgänge im Supermarkt. Ich mag es, einzukaufen, man kann dabei herrlich Leute beobachten und kriegt obendrein ein bisschen was von der Stimmung mit, die in der Stadt herrscht. Danach koche ich oft stundenlang. Ich habe mir in den Kopf gesetzt, während der Quarantäne eine Ernährungsumstellung auszuprobieren – kein Zucker, kein Weißmehl, nur ballaststoffreiches Grünzeug. Und jedes Mal, wenn ich entnervt hinschmeißen will und mir einen Teller Pasta herbeiwünsche, höre ich mir einen Podcast an, der mit »Motivation« oder »Durchhalten« zu tun hat. Es ist erstaunlich, wie viele Podcasts da draußen herumschwirren, für jedes Lebensproblem scheinen hundert Guru-Gespräche aufgezeichnet worden zu sein. Durch

(K)EIN HAFEN WIE JEDER ANDERE

Podcasts habe ich zumindest das Gefühl, dass jemand mit mir redet und nicht nur ich mit mir selbst. Einzig die Mittwoche gestalten sich marginal aufregender. An diesen Tagen muss ich mein Wohnzimmer freiräumen. Der Couchtisch wandert in Richtung Küchenzeile und der Teppich wird zusammengerollt, um Platz fürs Samba-Tanzen zu schaffen. Carla bietet Einzelstunden über Skype an, und ich überlege jedes Mal, ob ich nicht doch lieber absagen sollte, denn diese Online-Stunden sind brutal. Vor der Pandemie konnte ich mit meinem Gehopse in der Gruppe untertauchen, mich irgendwo ganz hinten verstecken, doch bei dem Einzelunterricht bleibt keine steife Hüftbewegung und keine Konditionsschwäche unbemerkt.

»Komm schon, Hüfte, Arme, Hintern!«, sagt Carla und geht ganz nah an den Bildschirm heran. »Ich will mehr Power sehen, Samba kommt aus dem Wurzelchakra, bring dein Schambein nach vorne, alles ein bisschen zackiger.«

Die Internetverbindung in meiner Wohnung schwächelt regelmäßig, bei Carlas Stunden tut sie das interessanterweise nie. Als einziges Korrektiv dient mir der Flachbildfernseher an der Wand, auf dessen schwarzer Oberfläche sich meine Silhouette spiegelt. Und manchmal stoppt die Couch, die mir im Weg steht, mein Tanzdrama. Der Nachbar unter mir hat jedenfalls beschlossen, sich das nicht länger anzutun. Er verlässt seine Wohnung mittlerweile fluchtartig, wenn ich Samba tanze und wie ein Elefant über seine Zimmerdecke trample. Ich höre dann immer die Tür knallen, aber er grüßt mich weiterhin freundlich.

Abgesehen von Carla habe ich nicht viel Kontakt zur Außenwelt. Kurz wollte ich mir auf Tinder Gesprächspartner für die Quarantäne suchen. Aber das erweist sich als eher aussichtsloses Unterfangen.

FÜNFZEHNTES KAPITEL

»Wie lange bist du schon im Fluss?«, werde ich oft gefragt. Ich weiß dann sofort: Mein Gegenüber schustert sich einzelne Sätze mithilfe einer Übersetzungs-App zusammen, der Stadtname Rio wird als »Fluss« ausgespuckt. Und mit jenen, die des Englischen mächtig sind, läuft sich die Sache thementechnisch schnell tot. Worüber soll man sich auch groß unterhalten? Trage heute ein blaues T-Shirt und esse Rotkohl-Quinoa-Petersilie-Salat mit Tahini-Dressing? Wozu eine Verbindung aufbauen, wenn man die Person nicht treffen kann, zumindest nicht auf längere Sicht?

* * *

Vier Monate geht das so. Ich lebe in meinem Seemandel-Bunker mit der Routine einer Zwangsneurotikerin und bin rundum zufrieden damit. In Rio zu bleiben, war die beste Entscheidung, denke ich oft, wenn ich rausgehe und von unfassbarer Naturschönheit, aber ebenso von ansteckender Lebensfreude begrüßt werde. So schlimm die Zahlen sich auch entwickelt haben, die Brasilianer begegnen dieser Gesundheitskrise relativ gelassen, wahrscheinlich, weil es nicht das erste Mal ist, dass das Land diesbezüglich herausgefordert wird. In der Vergangenheit hat man die hohen HIV-Zahlen erfolgreich eingedämmt, und als das Stechmücken-Virus Zika kurz vor den Olympischen Spielen in Rio aufkam, lernte man ebenfalls, damit umzugehen. Dass dann die Quarantäne-Maßnahmen auf dem Höhepunkt der Infektionszahlen gelockert werden und sogar der Flughafen wieder für den internationalen Reiseverkehr freigegeben wird, überrascht trotzdem. Plötzlich kehrt das Leben zurück. Mit neuen Regeln für die Allgemeinheit, doch immerhin. So darf man an den Strand gehen, aber nicht im Sand liegen und sich

(K)EIN HAFEN WIE JEDER ANDERE

sonnen. Die Klamotten-Geschäfte müssen sämtliche Umklei-
dekabinen geschlossen halten. Anprobieren ist nicht erlaubt,
als Kunde bekommt man ein erweitertes Umtauschrecht. Carla
darf wieder Stunden in ihrem Tanzstudio geben, allerdings nur
Einzelunterricht und mit Gesichtsmaske. Ich war der Überzeugung, ich hätte durch ihren Online-Drill dazugelernt. Aber als
sie mich zum ersten Mal live mit dem Hintern wackeln sieht,
hat sie an allem was zu bekritteln. Offensichtlich war der Bildschirm in der Quarantäne verschwommen. Ich quäle mich dennoch weiter. Der Tanz stählt das, was ich immer vernachlässigt
habe: meine Mitte – körperlicher und emotionaler Natur.

* * *

Am Abend vor meinem Geburtstag beschließe ich: Ich muss
feiern. Oder zumindest mit einem Schlückchen Wein auf mich
selbst anstoßen. Schluss damit, dass ich nur zum Einkaufen,
Spazierengehen oder zum Sport rausgehe. Es wird Zeit, die
ausgeleierte Schreibhose ins Eck zu feuern und wieder am
sozialen Leben teilzunehmen. Ein bisschen muss ich mich sogar dazu zwingen, denn die Quarantäne hat mich bequem, um
nicht zu sagen verschroben gemacht. Ich habe sehr rigide Vorstellungen davon entwickelt, wie Dinge »zu sein haben«, was
wo in der Wohnung rumstehen darf, und nährwerttechnisch
versuche ich mich neuerdings im Biohacking, immer darauf
bedacht, das Optimum aus jeder Mahlzeit rauszuholen. (Nur
bei Schokolade gelten meine hohen Standards nicht. Warum
auch? Jeder weiß, dass Schokolade seitlich an der Magenwand
vorbeigleitet und sich in nichts auflöst.) Obendrein will ich mit
meiner Reintegration in die Gesellschaft überprüfen, ob ich
tatsächlich so gereift bin, wie ich mir gerne einrede. Ich hatte

FÜNFZEHNTES KAPITEL

viel Zeit, über das Leben, die Liebe, Kindheitserinnerungen, Wünsche und Ängste nachzudenken, und manchmal hatte ich das Gefühl: Hey, ich erlebe hier gerade einen Durchbruch. Ich sehe Zusammenhänge, die mir auch eine Expertenanalyse nicht hätte besser aufzeigen können.

Darum raus. Und die Kommunikations-Götter zeigen sich anlässlich meines Geburtstags gnädig. Sie schicken mir bei Tinder einen Englisch sprechenden Weltreise-Kollegen vorbei. Er ist schmächtig, ziemlich klein, und das Haupthaar lichtet sich an vielen Stellen – aber er scheint ebenfalls die Pandemie in Brasilien verbracht zu haben. Eine Auskunft, die mich euphorisch stimmt. Man kann mit Freunden noch so viel telefonieren, ganz verstehen, wie's einem allein in einem fremden Land und vor allem in einer solchen Ausnahmesituation geht, können sie nicht.

»Bist du Ajay?«, frage ich, als ich im vereinbarten Restaurant eintreffe. Ich bin geschniegelt und gestriegelt. Den Umstand, zum Essen außer Haus zu gehen, habe ich mit einer Haarmaske zelebriert. Ich habe mich sogar dazu hinreißen lassen, Eyeliner, Wimperntusche und roten Nagellack aufzutragen. Ich sehe aus wie ein neuer Mensch. Zumindest erinnert gerade wenig an die zerzauste Einsiedlerin, die monatelang über den Laptop gebeugt und in »Eh schon egal«-Kluft in der Wohnung herumsaß.

»Ja, bin ich«, sagt Ajay, und als er sich in meine Richtung dreht, nehme ich Schweißgeruch wahr. Die Aussicht auf soziale Interaktion hat ihn nicht vorfreudig unter die Dusche hüpfen lassen. Aber egal. Ich will ihn ja nicht ehelichen. Ich will nur reden.

»Erzähl, wann bist du nach Brasilien gekommen? Auch vor viereinhalb Monaten?«, frage ich.

Ajay schnaubt dramatisch durch die Nase. »Ach, Zeit ... Was bedeutet schon Zeit? Eine Minute ... vier Monate. Ist das nicht einerlei? In beiden Fällen kann alles und nichts passieren.«

(K)EIN HAFEN WIE JEDER ANDERE

»Ich frage ja nur deshalb, weil wir im selben Land in eine nicht ganz alltägliche Situation geraten sind«, stammle ich. Wie kann man mit nur einer einzigen Frage gleich so falsch liegen? »Ich habe aufgehört, mich über Zeit zu definieren.« Ajay bleibt mir weiterhin eine Antwort schuldig, aber zumindest lässt er mich wissen, dass seine Loslösung vom klassischen Zeitgedanken einem Studium der Astrophysik in London und seiner indischen Herkunft zu verdanken ist. Als Inder ist man offenbar per Geburtsrecht erleuchtet. War mir so vorher auch nicht klar.

»Wenn ich dein Profil bei Tinder richtig interpretiere, entdeckst du mit dem Fahrrad die Welt?« Neuer Versuch.

»Ja und Nein. Das Rad wurde mir gestohlen.«

»Wirst du dir ein neues kaufen? Oder steigst du auf ein anderes Transportmittel um?«, frage ich.

»Ich muss erst emotional für mich klären, ob das Rad mich als Reisenden definiert.«

So geht es viele Minuten lang. Gegenfragen kommen nicht. Als die Kellnerin die Bestellung aufnehmen will, gedenkt Ajay, einen Cocktail zu nehmen. Aber er möchte keinen Sirup. Statt Passionsfrucht bitte Ananas. Und das Ganze solle nicht im Whiskeyschwenker angerichtet werden, sondern in einem langstieligen Martini-Glas. Dass er noch miserabler Portugiesisch spricht als ich, macht die Sache mit den Extrawünschen nicht leichter.

»Die Drinks hier sollen alle sehr gut sein. Lass dich überraschen«, versuche ich zu vermitteln.

Ajay sieht mich an, als hätte ich ihm soeben vorgeschlagen, das Wasser aus der Toilette zu trinken. »Ich will ein Getränk, das meinen Vorstellungen entspricht. Das Leben ist zu kurz für Kompromisse.«

FÜNFZEHNTES KAPITEL

»Wie hast du es mit dieser Einstellung bisher durch die Welt geschafft?«, raune ich und ziehe die Augenbrauen hoch. Ich dachte, nur meine Wenigkeit sei sonderbar geworden, aber Ajay scheint während des Lockdowns eine Meisterklasse in dieser Disziplin absolviert zu haben.

Nun knöpft er sich das Fischgericht auf der Tageskarte vor. »Sind die Kochbananen frittiert?«, murmelt er in meine Richtung.

»Keine Ahnung. Steht das hier nicht?«

»Nein. Aber ich will ohnehin keine Bananen zum Fisch. Die Küche soll mir stattdessen Maniok braten.«

Die Kellnerin erklärt, dass der Koch keine Maniokwurzeln vorrätig habe. Sie könne aber Gemüse oder Salat anbieten.

Ajay verschränkt die Arme vor der Brust. »Die sind mir zu unflexibel hier«, zischt er. »Ich will gar kein Hauptgericht.«

Ich erhasche einen Blick auf mein Handy. Einundzwanzig Minuten sind seit meiner Ankunft vergangen. Und jede einzelne Minute war bisher sehr lang, auch ohne Astrophysik-Studium.

»Was willst du essen?«, fragt er.

Ich schaue auf die Karte. Ich schaue auf Ajay. Dann flöte ich: »Ich möchte gar nichts mehr, danke. Ich werde jetzt nach Hause gehen und meinen Kopf ganz unkompliziert über einen Topf selbst gekochter Spaghetti hängen.« Und mit einem Lächeln, das kein Lächeln ist, fische ich das Geld für meinen Wein aus der Tasche und lege die Scheine der Bedienung hin. Die Gespräche an den umliegenden Tischen verstummen. Man bekommt auch ohne Englischkenntnisse mit, dass hier die Stimmung gerade mächtig kippt.

Ajay ringt um Fassung. »Was ist mit deinem Wein? Willst du nicht wenigstens deinen Wein austrinken?«, fragt er.

(K)EIN HAFEN WIE JEDER ANDERE

Ich schüttle den Kopf. »Lass ihn dir schmecken.« Dann marschiere ich hoch erhobenen Hauptes und höchst zufrieden aus dem Lokal. Vor ein paar Monaten wäre ich eine Stunde oder wenigstens einen Menü-Gang lang geblieben. Ein Teil von mir hätte das aus Höflichkeit getan, ein anderer aus Konfliktscheuheit. Außerdem: Wenn man viel Zeit vor dem Badezimmerspiegel verbracht hat, kehrt man nur ungern nach einundzwanzig Minuten in die eigene Höhle zurück. Aber Ajay hat schon recht: Das Leben ist zu kurz für Kompromisse. Und als ich den Gasherd anwerfe, um Wasser für meine Nudeln – kein Grünzeug! – aufzusetzen, denke ich: Das ist das beste Reinfeiern in meinen Geburtstag seit Langem. Es mag zwar keinen Wein geben (der Supermarkt hatte leider schon geschlossen), aber ich habe mir etwas viel Besseres für das kommende Lebensjahr geschenkt: Selbstrespekt.

Und mit diesem Gefühl und um eine Endziffer älter, beginnt der Prozess, mich langsam von Rio de Janeiro zu lösen. Das fällt mir nicht leicht. Aber ich muss mich mit dem Gedanken anfreunden, weiterzuziehen. Die Aufenthaltsbestimmungen der Einwanderungsbehörden waren durch die Pandemie höchst großzügig ausgesetzt, man hat allen unbürokratisch Zuflucht gewährt, die Zuflucht brauchten. Aber ewig gilt die Visums-Amnestie nicht, und ich will nicht bis auf den letzten Drücker warten, um das Land zu verlassen (bei rechtlichen Dingen werde ich immer ein bisschen nervös). Außerdem, es wird kein Abschied für immer sein, das weiß ich. Rio und ich, das ist große Liebe, grande amor, zumindest von meiner Seite aus. Und könnte ich mit der Stadt einen Beziehungsstatus auf Social Media öffentlich machen, er würde lauten: »Es ist null kompliziert.« Wenn ich groß, erwachsen, aber vor allem finanziell liquide bin, will ich hier eine Wohnung kaufen, damit ich

FÜNFZEHNTES KAPITEL

noch als Hundertjährige im Bikini am Strand flanieren und mich zur Lederhaut konservieren kann. Keine andere Destination dieser Reise hat mich so geprägt wie das Tropenparadies am Zuckerhut. Ich bin hier gewachsen, im wahrsten Wortsinn. Samba hat mir eine bessere Körperhaltung beschert, ich gehe nun ein, zwei Zentimeter größer durchs Leben. Und die Träumerin in mir ist zur selbstbewussten Traumerfüllerin gereift.

* * *

»Du hattest Glück, dass bisher alles glimpflich verlaufen ist«, bekomme ich manchmal zu hören. »Das Soloreisen als Frau, deine Finanzen, die Dinge haben sich mehr oder weniger so ergeben, wie du dir sie gewünscht hast.« Ich nicke dann gerne, doch meine aktuelle Lebenssituation nur aufs Glück zu münzen, ist mir zu einfach. Glück ist, wenn man im Zuge einer Lebensmittelvergiftung in Indien nicht draufgeht (ein herzliches Dankeschön an welch höhere Macht auch immer, ich gelobe, künftig von Tofu und undefinierbaren Eintöpfen abzulassen). Aber dass es mit meinem Nomadentum gut läuft, ist kein Zufall. Ich schreibe es vor allem meiner Herzensdisziplin zu. Mein Herz hat schon vor Jahren ein sehnsüchtiges Ziehen verspürt. Es wollte raus, die Welt sehen, mehr als nur fünf Wochen im Jahr. Die Kompassnadel war gesetzt, aber sie war nicht genug kalibriert, sie wurde immer wieder von Selbstzweifeln und »Das klappt so nicht«-Glaubenssätzen außer Gefecht gesetzt. Trotzdem hat mein Innerstes nie aufgehört, an diesem Wunsch festzuhalten und sich still und heimlich eine Wissensbibliothek für den Tag X aufgebaut. Bewusst wurde mir die Sache erstmals, als ich vor Antritt dieser Reise meine Wohnung auflöste und mein Leben in Kisten verpackte. Ich stieß dabei auf eine Ringmappe mit alten Arbeits-

(K)EIN HAFEN WIE JEDER ANDERE

proben. Als Anfängerin im Journalismus hebt man sich noch jeden geschriebenen Artikel auf, nicht etwa, weil die Storys
überragend gut gewesen wären. Man will damit bei Bewerbungs-
gesprächen belegen, dass andere Verlage mutig genug waren, das
verfasste Geschwurbel zu veröffentlichen. Als ich durch die teilweise zwanzig Jahre alten Storys blätterte, erkannte ich plötzlich
eine inhaltliche Klammer in meiner Arbeit, die mir so vorher nie
aufgefallen war. Seite um Seite fand ich Storys über Auswande-
rinnen, Abenteurerinnen oder Frauen, die beruflich oder privat
im Ausland lebten. Der Vollständigkeit halber sei erwähnt: Ich
habe auch nicht wenige Artikel über Bonsai-Ausstellungen, Ge-
meinderatssitzungen und Lippenstifte geschrieben, aber stolz
war ich offenbar nur auf die Aussteiger-Storys, denn nur diese
habe ich aufbewahrt. Ich schätze, ich habe mich in diese Art von
Geschichten verbissen, weil ich durch die Interviews selbst ein
Stückchen in die Welt hinauskam. Und von jedem dieser Gespräche konnte ich – unbewusst – etwas mitnehmen, das mir
heute auf meinem Weg hilft.

»Wär ein Reisemagazin nicht beruflich was für dich?«, haben Freunde oft gefragt, die meine Fixierung schneller erkann-
ten als ich.

»Nein, Reisejournalismus ist übelst bezahlt«, seufzte ich
dann. »Oft wird man mit Gratis-Übernachtungen und der
Übernahme der Fahrtkosten abgespeist. Und die einladenden
Hotels und Tourismusbüros erwarten sich ausschließlich Lob-
hudeleien, dafür bin ich nicht diplomatisch genug.«

Aus meinem Alltag bin ich ausgebrochen, weil ich auf der Suche nach einem Leben war, von dem ich keinen Urlaub brauche.
Ich dachte, ich müsste dafür einen Karrierewechsel in Betracht
ziehen. Safari-Guide werden. Zimmermädchen. Sozialarbeiterin.
Gärtnerin. Was weiß ich. Doch je länger ich Neues ausprobiert

FÜNFZEHNTES KAPITEL

habe, desto mehr habe ich gemerkt: Ich liege mit dem Schreiben prinzipiell schon richtig, und vor allem bin ich da, wo ich mich immer hingeträumt habe. Ich kann durch die Welt düsen und muss nicht zu Kreuze kriechen, ich bin frei und unabhängig. Zugegeben, hundertprozentig kostendeckend ist das Ganze noch nicht. Aber meine Ersparnisse gehen zumindest weniger schnell zur Neige, als ich ursprünglich angenommen hatte. Das verbuche ich als Teilerfolg. Und mit einer Vorstellungsrunde bei Redaktionen und ein bisschen Kreativität wird sich schon etwas finden, wovon ich auf selbstständiger Basis leben kann. Andere schaffen es ja auch, ihre Jobs mit ihrem Fernweh zu kombinieren. Es gibt reisende Bäcker, die ihre Brote sogar aus Autos heraus verkaufen, wobei ich stark davon ausgehe, dass dieses Geschäftsmodell steuerlich nicht ganz legal ist. Ich habe Lehrer kennengelernt, die Online-Unterricht für chinesische Upperclass-Kids geben und sich so ihre Abenteuer finanzieren. Und einmal war ich bei einer sehr glücklichen Friseurin, die sich mit ihrem »Ich habe alles für professionelle Strähnchen dabei«-Equipment durch die Welt schlägt. Ich habe sie über Facebook gefunden, Expat-Frauen rennen ihr die Tür ein, weil es vor allem in asiatischen Ländern schwer ist, jemanden zu finden, der mit Blondierungswünschen und kaukasischen Haarstrukturen umgehen kann.

Die finanzielle Seite wird sich finden. Das tut sie immer. Was mich wirklich euphorisch stimmt, ist die Erkenntnis: An der Macht der Gedanken ist was dran. Das Gesetz der Anziehung funktioniert. Man will durch die Welt reisen? Man wird durch die Welt reisen! Natürlich hätte es für meinen Geschmack gerne schneller gehen können. In den Jahren, bevor ich endlich losziehen konnte, war ich oft verzagt oder der Meinung: Ich habe mich und meine Träume verkauft, ich verfolge meinen Weg nicht konsequent genug und werde deshalb auch nie dort an-

(K)EIN HAFEN WIE JEDER ANDERE

kommen, wo ich hinwill. Aber an der Verzögerung war ich größtenteils selbst schuld. Sich nur etwas ganz fest zu wünschen, ist zu passiv. Man muss die Sache pedantisch durchdenken, weil erst auf klare Visionen konkrete Taten folgen. Vielleicht lässt es sich so einfacher erklären: Wer weltreisen will, sollte beginnen, wie ein Weltreisender zu denken und zu handeln. Braucht man das Auto wirklich? Gibt es Menschen, die einen ähnlichen Weg gegangen sind und von denen ich lernen kann? Wie viel Lebenszeit steckt umgerechnet in den Dingen, die ich kaufe? Und mit diesen Gedanken ziehe ich weiter. Wohin es gehen wird? Keine Ahnung. Erst einmal schaue ich für einen kurzen Besuch daheim vorbei – die Eltern und die Großmutter fest drücken, ein bisschen durchatmen, der beängstigend klugen Schwester für alles danken, was sie für mich macht, und sie mit so vielen Geschenken überschütten, dass sie auch weiterhin beim Sortieren der Belege fürs Finanzamt hilft. Dann ziehe ich weiter. Nur ich, mein Koffer, mein Laptop und meine Träume. Ich denke, ein Drei-Monats-Rhythmus ist für mich gut. Damit werde ich nicht so schnell wie zu Beginn dieses Trips reisen, aber auch nicht so langsam, dass mir langweilig wird. Denn Letzteres ist gefährlich für mich. Wenn mein Hirn sich uninspiriert fühlt, fällt es in alte Muster zurück. Es wird dann nimmersatt und unzufrieden: »Ich will ...! Ich brauche ...! Ich muss mir was gönnen ...!« Sogar in Rio de Janeiro, meiner Herzensstadt, habe ich mich nach zwölf Wochen dabei erwischt, abends wieder durch überteuerte Online-Shops zu scrollen. Ein wunderschön bedruckter Kimono für 250 Euro schien mir plötzlich für meine weitere Existenz essenziell. 250 Euro! Hauchdünne Seide! Auf Reisen! Das Teil gibt man einmal in die Wäsche und es ist zerstört, sofern vorher nicht schon ein Strauch ein Loch in den flatternden Stoff gerissen hat.

FÜNFZEHNTES KAPITEL

Drei Monate an einem Ort sind die Grenze, das fügt sich auch mit Visumbestimmungen ganz gut. Bin ich deswegen rastlos? Wahrscheinlich. Für mich ist der Begriff aber nicht negativ besetzt und schon gar kein Gemütszustand, den man behandeln müsste.

* * *

Wenn ich eines gelernt habe in diesem vergangenen Jahr, dann: ein Schritt nach dem anderen. Man muss den großen Plan nicht kennen. Wichtig ist nur, nicht stehen zu bleiben, sondern vertrauensvoll nach vorne zu gehen. Eine Liste von Zielen, die ich ansteuern will, gibt es nicht, ganz bewusst. Man kann – wie ich auf der Hawaii-Insel Maui bewiesen habe – im Paradies landen und sich trotzdem verloren fühlen. Darum habe ich lieber Dinge aufgeschrieben, die ich unterwegs lernen und erleben will. Denn wenn man ein Warum hat, finden sich das Wie und Wo meist automatisch. An der Liste doktere ich täglich herum, aber das ist der aktuelle Stand:

* Ich werde Portugiesisch lernen, so richtig und ohne Ausreden. Warum? Weil solide Sprachkenntnisse absolut Sinn machen, wenn man irgendwann ein Apartment in Rio kaufen und als Hundertjährige noch an der Copacabana herumgurken will. Und mein Schulfranzösisch muss auch aufgefrischt werden. Jede Sprache mehr bringt einen besser durch die Welt.
* Ich will Skateboarden. So ein fahrendes Brett hat viel mit Loslassen zu tun. Und für das Äquivalent im Wassersport, sprich das Surfen, bin ich nach wie vor zu feige.
* Ich werde einmal in einem übertrieben bunten Federn-Glitzer-Bikini beim Karneval in Rio mittanzen. Es macht ei-

(K)EIN HAFEN WIE JEDER ANDERE

nen Unterschied, ob man daheim Samba tanzt oder mit seinem Hintern vor Publikum wackelt, auf einem Festwagen, mit viel zu wenig Stoff am Leib. Der ultimative Weiblichkeitstest für mich.

❀ Ich will Baby-Schildkröten retten. Nur so. Fürs Karma.

❀ Ich möchte nähen lernen, zumindest in Grundzügen. Warum? Damit ich für meine Maxikleiderträume nicht vietnamesische Näherinnen in den Wahnsinn treiben muss.

❀ Ich will Ballettstunden nehmen, Hip-Hop, Modern Dance. Die Tanzlegasthenikerin in mir gibt nicht auf.

❀ Holi in Indien feiern. Pink macht immer Freude. Und Indien verdient noch eine Chance.

❀ In einem U-Boot den Meeresgrund entdecken und dabei nicht seekrank werden.

❀ Eine Food-Bank gründen. Jedem Menschen steht Nahrung zu.

❀ Einen Partner finden, mit dem ich bis ans Ende meines Lebens wachsen kann.

❀ Andere Frauen darin bestärken: Wenn ich das kann, kannst du das auch.

Ob das alles so realistisch und machbar ist? Die Traumerfüllerin in mir sagt:»Ja.«Weniger naiv-romantisch formuliert könnte man auch sagen:»Probieren geht über brillieren.« Es gibt nur eine Sache, die man im Leben nicht machen sollte. Man sollte nicht zu oft Nein sagen. Denn wer oft Nein sagt, wird sich später oft fragen:»Was wäre gewesen, wenn ...?« Ich habe mir diese Frage schon länger nicht mehr gestellt. Und ich habe auch nicht vor, es in Zukunft zu tun.

ACHT MILLIARDEN MAL DANKE

Hm. Wem sagt man Danke? Der Familie? Den Freunden, die unermüdlich Telefonseelsorge spielen? Der beängstigend klugen Schwester, die sogar dann die Fassung bewahrt, wenn man von unterwegs zwölf Kilo wunderhübsche Porzellanteller an ihre Adresse schicken lässt? Ich hatte mich auf der Durchreise in Portugal in das Geschirr verliebt und beschlossen: Das muss ich haben. Was geisteskrank ist, so ganz ohne Wohnung oder Plan, sich in absehbarer Zeit häuslich niederzulassen. Die Schwester aber meinte nur:»Du wirst es schon irgendwann mal brauchen« und lagerte die Sachen ein.

Auch meiner Verlagsbetreuerin gebührt eine Wagenladung Schokolade. Wenn man mit jemandem an einem Sonntag kurz vor Mitternacht telefonieren kann, um einen möglichen Titel für dieses Buch zu diskutieren, und dabei oft gemeinsam lacht, dann weiß man, dass man mit den richtigen Leuten zusammenarbeitet.

Ich mag zwar eine Soloreisende sein, aber im Alleingang passiert wenig. So wie es ein ganzes Dorf braucht, um ein Kind großzuziehen, ist die ganze Welt gefragt, um in ihr wachsen zu können. Mich tragen Millionen helfende Hände durch die

Welt. Und die wenigsten davon nimmt man bewusst wahr. Da sind die Putzdienste, Straßenplaner, Navi-Programmierer, die Fährleute, Pilotinnen, U-Bahn-Fahrer, Köchinnen, Spüler, Kellnerinnen, Logistiker, Ärztinnen, Regaleinräumer, Fischerinnen, Gemüsebauern – und vor allem die Begegnungen, die einem ein Lächeln schenken, wenn man eines braucht. So wie all diese Menschen ein Mosaiksteinchen in meiner Geschichte sind, hoffe ich auch, zu ein paar Sekunden ihres Lebens positiv beitragen zu können. Wir sind alle mehr verbunden, als wir glauben.

PS: Wer neugierig ist, wie's weitergeht: Unter www.waltraud hable.com finden sich regelmäßige Updates und Tipps für Alleinreisende. Keep on exploring!

Hallo Welt!

Waltraud Hable
MEIN DATE MIT DER WELT
248 Seiten, Softcover, Preis: 14,99 € (D), 16,50 € (A)
ISBN: 978-3-7701-6683-1
DuMont Reiseverlag www.dumontreise.de